社会統計学の可能性

経済理論・行政評価・ジェンダー

岩崎俊夫
Iwasaki Toshio

法律文化社

はしがき

　統計法は2007年5月,半世紀ぶりに全部改正された。日本の政府統計は従来,行政のための統計として位置づけられてきたが,今後は社会の情報基盤としての統計として提供される道が拓かれた。政府統計の位置づけとその性格の変更が社会・経済統計の利用可能性を拡充することは,疑いない。個票データの活用も進み,これまでには期待も実現もできなかった分析が可能となり,多くの研究者によって成果が生み出されている。統計環境の改善は顕著であり,今後の進展も予断を許さない。

　しかし,他方でいくつかの懸念がある。統計行政での予算制約,数理経済学との妥協とその受容,コンピュータ（ソフトを含めて）への安易な依存,経済理論と方法論の軽視などである。今日の社会統計学はこれらの諸契機を,期待される統計環境の拡充のもとで考察しなければならない。

　本書は,統計の果たす役割とその利用可能性を,上記の統計環境の激的変化と新たな問題状況とをふまえ,情報基盤の進展,自治体行政の展開,ジェンダー視点の重視という個別論点にしぼって検討することを目的とする。『社会統計学の可能性―経済理論・行政評価・ジェンダー―』と題した所以である。その際,とくに重視したのは統計利用のさいにベースとされるべき経済理論の意義であり,また evidence としての統計の意義と限界である。

　筆者は各編,各章を以下のように構想した。

　第Ⅰ編「統計と経済理論」では,「情報環境の変容と社会・経済統計の可能性―「データ」・社会統計・経済理論―」と「価格指数論への公理論的アプローチ適用の問題点」とで,統計と経済理論との関係の在り方について,現状を批判的に考察した。

　第1章「情報環境の変容と社会・経済統計の可能性―「データ」・社会統計・経済理論―」は「数理統計学研究の体系的受容」に直面する社会統計学の現状

をおさえ,そのような状況に至った契機を詳らかにし(情報環境の変容,「データ」理論［ミクロデータ分析,パネルデータ分析,データマイニング］の展開とその対極での経済理論の批判的考察の衰退),社会統計学の進むべき今後の方向を探るという課題意識のもとに書かれている。

　第**2**章「価格指数論への公理論的アプローチ適用の問題点」では,前章で指摘した経済統計学分野での価格指数論の検討の不十分を克服するために,この分野での議論の前提とされる公理論的アプローチをとりあげ,その方法論的問題点を検討した。議論を絞るためにILO『消費者物価指数マニュアル・理論と実践(*Consumer Price Index: Theory and Practice*)』(2004年)との関連で執筆した試論(ノート)である。一元的物価指数論ではなく多元的物価指数論を展望するうえで,公理論的アプローチの検討は避けることができない。

　第Ⅱ編「統計と自治体行政」では,統計と地方自治体の総合計画,行政評価に関わる二つの論稿を配した。この編に収めた論稿は,菊地進教授(立教大学)が企画,推進した文部科学省科学研究費補助金プロジェクト(4年間)に参加させていただき,幾多の調査と研究会を経て,筆者が自身の所属する立教大学経済学部の紀要『立教経済学研究』に投稿したものがベースになっている。内容的にはプロジェクト参加者との忌憚のない議論から吸収した知見に支えられているが,最終的には筆者が個人として責任を負う論稿である。

　そのことを前提として,第**3**章「地方自治体の行政評価と統計活動—改革の概観と枠組み—」の論点は,次のようである。都道府県,市の地方自治体の多くは,今日,中長期総合計画あるいはそれと結びついた単年度計画,アクションプランのもとで行政を運営し,あわせて政策,施策,事務事業の全部,あるいは一部に行政評価を取り込んでいる。この背景には,自治体が抱える厳しい財政事情,行政サイドからの住民への説明責任義務,行政の効率化の要請などがある。本章では統計が重視され,また統計に関与する部署と政策や企画に関する部署との連携が強化されつつあること,以上の動きが都道府県,市の自治体によって微妙に異なることを具体的事例にそくして示した。

　第**4**章「行政の進行管理に果たす統計と数値目標の役割」では,自治体の総合計画,行政評価が当初一律に策定され,実施されていたのが,それぞれの自

治体が経験を積むなかで，実情に合わせて調整していること，独自の工夫が散見されること，などの諸点を論じた。前章で論じきれなった総合計画，行政評価と統計（活動）との関係づけを示した。くわえて，自治体の総合計画，またその政策，施策，事務事業を進行管理する行政評価で，数値目標指標の設定が果たす役割と機能を，またその問題点を明らかにした。具体的事例にそくし，地方自治体の総合計画，行政評価における数値目標の意義と役割とを示した。

第Ⅲ編「ジェンダー統計」では，ジェンダー統計に関わる2本の論稿が収められている。

第5章「女性労働と統計―ジェンダー統計初期の動向―」では，ジェンダー統計黎明期の諸問題に焦点を絞り，女性の経済活動人口の統計による指標化に関わって，当時何が問題であったのか，その数量的把握にとって統計調査に固有の問題，とりわけ調査票の設計がいかに大きな位置を占めていたかについて論じた。それらの検討をつうじて多様で複雑な，かつ断片的で非定型的な女性労働の実態を統計によって把握することの難しさがあること，今日も継続してその克服の作業が必要であることを示した。

第6章「女性就業者と職業別性別隔離指数」の課題は，次のようである。OECDでは性別隔離指数（sex segregation index）を測定，公表し，就業構造における性別不平等度の指標としている。この指数は職業ごとの男女の偏在の程度を統計的に把握するという目的をもっている。男女の賃金格差の背景に，この性別隔離があるとの認識にたってのことである。本章は職業にみられる女性あるいは男性の就業率の偏りを示すこの指数の特徴と問題点を明らかにし，次いでその検討をふまえて指数を実際に計算し，女性労働の実態の一面の解明を課題とした。

叙述にあたっては，いくつかの配慮を行った。第一に，本書全体をとおして，筆者は統計学の学問的性格を，社会経済現象の数量的側面をとらえる方法科学にもとめる立場をとった。換言すれば，統計学の主要な対象を社会科学にも自然科学の量的諸現象の数理的研究とみなす見地に，あるいはそれを概念の純粋な意味で社会現象の量的側面の規則性の解明とみなす見地にもとめることには

無理があるということである。統計学の学問的性格をどのように考えるかについては諸説があるが，筆者は社会統計学の可能性の方向を上記の理解のもとに考えている。現在，統計学の学問的性格を表だって論じる空気はないが，上記の指摘はゆるがせにできない。社会統計学の可能性をこうした理解の延長上に求めたいし，それ以外の道はないであろう。

　第二に，社会統計学の分野での新しい動向を視野にいれた。第Ⅰ編で扱ったテーマはもちろんであるが，地方自治体の総合計画と統計との関わりを論じた章，またジェンダー統計について触れた章でも，そのことに最低限の注意を払った。他にもミクロデータ利用，統計品質論，国民経済計算の利活用など諸分野で，研究し，調査し，論ずべき課題は多く，注意を払わなければならない論点は多数ある。社会統計学の発展を見通し，希求しながら，諸課題の解明に今後とも取りくまなければならないであろう。筆者は諸章でそれぞれの検討課題をクリアにし，今後の課題の確認に配慮した。

　第三に，それぞれの専門分野では既に一般的になっていることでも，読者が必ずしもその知識をもっていないこともありうるので，この点についても最低限の予備的な叙述を行った。例えば，第Ⅰ編の論稿ではミクロ理論の消費者選考理論，公理論などについて経済学の専門家にとっては，また第Ⅱ編の論稿では，行政学の専門家にとっては常識的な事柄でも，予備的な叙述を行わないと筆者の意図が伝わらないと懸念した場合には，その記述を怠らなかった。

　以上の配慮のもとに，約15年の間にわたしが執筆した，本書のテーマに関わる論稿を改編してまとめたのが本書である。現時点で必要な，もとの原稿について最小限の，あるいは大幅な改稿を行った。とくにジェンダー統計に関わる論稿については，統計を最新のものとし，それにもとづく指数の試算を行った。

　振り返ると，本書に収められた論稿の執筆にあたっては，多くの方々の協力と支援があり，わたしの研究上の歩みはそれらを省みることなくを考えることはできない。この場を借りて，厚くお礼申し上げる。なかでも，自治体の聞き取り調査のプロジェクトへの参加に声をかけていただいた菊地進教授（立教大学経済学部）には研究と調査の両面で大変お世話になった。厚くお礼申し上げ

る。また，ジェンダー統計に関して，かつてその分野の知見に乏しかった筆者に，理論的，実践的なアドバイスを与えてくれた伊藤陽一教授（法政大学名誉教授）の学恩も長く記憶に留め，謝意をあらわしたい。

最後に，法律文化社の小西英央氏には，本書の出版に便宜をはかっていただいただけでなく，編集者としての丁寧な支援をくださり，大変お世話になった。京都からわたしの研究室に足を運んでいただいた。この場を借りてお礼申し上げる。

2010年7月

　　　　　　　　　　立教大学の研究室にて　　　　岩崎　俊夫

目　次

はしがき

第Ⅰ編　統計と経済理論

第1章　情報環境の変容と社会・経済統計の可能性── 3
― 「データ」・社会統計・経済理論 ―

　はじめに　3
　1　情報環境の変容と「データ」理論　6
　　1　情報環境の変容（6）　2　「データ」理論の展開（8）
　　3　「データ」と社会統計学の課題（11）
　2　経済理論への関心の後退（価格指数論を例に）　13
　　1　価格指数論プロパーの展開（13）　2　デフレータ・連鎖指数・ディビジア指数（16）
　3　経済理論とモデルの切断（産業連関分析を例に）　20
　　1　計算可能な一般均衡（CGE）モデル（20）　2　産業連関の経済理論（22）　3　経済理論と分析手法の切断（23）
　むすび　25

第2章　価格指数論への公理論的アプローチ適用の問題点── 32

　はじめに　32
　1　公理論的アプローチの基本性格とその適用限界　34

目次

  1 公理論の基本性格（34） 2 公理論の諸科学への適用限界（37）

2 価格指数論の系譜とその経済理論 41

  1 価格指数論の潮流と公理論的アプローチ（41） 2 価格指数の経済理論（43） 3 消費者行動論の問題点（47）

3 価格指数のテスト 49

  1 種々の指数と公理論的アプローチ（49） 2 「第1公理論的接近方法」と「第2公理論的接近方法」のテスト基準（51） 3 公理論的アプローチの帰結とその克服（53）

むすび 54

第Ⅱ編　統計と自治体行政

第3章　地方自治体の行政評価と統計活動――― 63
――改革の概観と枠組み――

はじめに 63

1 自治体行政改革のフレームワーク 65

  1 行政改革―用語の定義（65） 2 行政評価の実際（68）

2 総合計画と政策評価システム 76

  1 三重県の行政評価（77） 2 静岡県の「業務棚卸」方式（81）

  3 行政評価の「評価」（86）

3 総合計画・行政改革と統計活動 90

  1 行政と統計活動（90） 2 現状把握と数値目標の設定（92）

  3 統計セクションの位置づけと統計活動（96）

むすび 97

第4章　行政の進行管理に果たす統計と数値目標の役割 ———— 103

はじめに　103

1　総合計画・行政評価の変容　104
　　1　総合計画策定の現況（104）　　2　総合計画の型と変容（107）
　　3　総合計画の策定プロセス（111）　　4　行政評価の取り組み状況（115）　　5　行政評価見直しの動き（119）

2　数値目標と統計　121
　　1　数値目標としての人口推計（121）　　2　人口推計の実際（122）
　　3　数値目標の位置と役割（126）

3　総合計画・数値目標・統計　134
　　1　富山県, 茨城県の数値目標と統計（134）　　2　盛岡市の数値目標と統計（138）

むすび　142

第Ⅲ編　ジェンダー統計

第5章　女性労働と統計 ———————————— 153
　　　　　　—ジェンダー統計初期の動向—

はじめに　153

1　国際女性年と女性のための労働統計　155
　　1　国際女性年（1975年）以降の動向（155）　　2　女性労働統計の課題（159）

2　経済活動人口概念と調査票問題　160
　　1　経済活動人口の定義と問題点（160）　　2　R.アンカー（ILO）によるインドの調査票テスト（163）　　3　「労働力調査」の調査票（167）

む　す　び　171

第6章　女性就業者と職業別性別隔離指数 —— 176
　はじめに　176
　1　性別隔離指数の二類型　178
　　　1　一般的定式（178）　2　数値による例解（180）
　2　日本の性別隔離指数の試算　185
　　　1　指数試算の手順と結果（185）　2　女性就業者の職業分布（187）
　　　む　す　び　192

　　あとがき
　　索　引

【第Ⅰ編】
統計と経済理論

第1章

情報環境の変容と社会・経済統計の可能性
―「データ」・社会統計・経済理論―

　　　はじめに

　本章は「数理統計学研究の体系的受容」という事態を招いた社会統計学の現状をおさえ，この状況にいたった契機を問い，今後の方向を探る試論である。
　最初に用語の定義をしておく。まず「社会統計学」であるが，ここでは「社会科学を基礎におく統計学」とし，「数理によって統計的方法を構成し，かつデータ処理を主要な目的とする統計学の批判」を課題の一つに掲げる統計学と定義する。[1]次に，「数理統計学」とは何を指すかであるが，ここでは「統計学を数学の一分野と位置づけ，数理的方法を統計学の基本に据える統計学」と広義に捉える。[2]この定義は，本章でとりあげる産業連関分析に使われる手法を数理的なそれと考えることと関わる。
　社会統計学の分野の研究者はこの間，種々の分野で顕著な成果を産み出した。統計調査論，統計制度論，労働統計論，ジェンダー統計論，統計学説史などがそれらの分野である。[3]これらの分野で社会統計学には大きな貢献がある。しかしなお，全体として社会統計学の発展に勢いが感じられないと考えるのは筆者のみではなかろう。その理由は，単純である。社会統計学の存立基盤である統計学の理論的基礎が脆弱となり，数理的研究方法の無批判的利用が進行しているからである。10年前に是永純弘は，社会統計学の分野で，数理統計学研究の方法的欠陥の批判的解明が著しく軽視される対極で，「数理統計学研究の体系的受容」が強まりつつあることを次のように指摘した。「統計の本質，統計学の学問的性格についての，…数理統計学批判はもはや現代的意義を全く喪

失し，数理統計学研究の体系的受容を是認し，方法論の平和的共存を指向することのみがはたして統計学の,特に統計利用のあるべき姿なのであろうか[4]」と。そして，統計利用の領域のみならず広く統計学全体の当面する今後の最も重要な課題は，「データの数理解析に終始する現在の統計利用論の独断的容認，ないし妥協的風潮」に象徴される「社会統計学が現に陥っている一種の閉塞状況を打開・克服すること[5]」であると言明した。

社会科学としての統計学（社会統計学）がその傾向として，初期にあった推計学批判，計量経済学批判の姿勢を弱め，むしろ数理統計学的研究方法を肯定的に受けとめている状況を「数理統計学研究の体系的受容」という用語で整理したのは吉田忠である[6]。吉田はこの評価を，経済統計学会が10年ごとに発刊している記念号の章別構成の変遷から導き出した。言及されている数理統計学研究の内容には，上記の用語が使われた文章の文脈から判断して，広義には筆者が先に掲げた定義の範囲の数理統計学全般，狭義には推計学，計量経済学などが入る。吉田の社会統計学の学問的性格論の特徴づけから約15年が，また是永の上記の指摘から約10年が経過した。社会統計学の理論の現状を省みと，上記で指摘した傾向は今後とも強まっていくようにみえる。

本章の課題は，冒頭に述べた社会統計学による「数理統計学研究の体系的受容」の背景を明らかにすることに限定される。この課題の意図は，「数理統計学研究の体系的受容」という現状を克服し，社会統計学の今後の課題を展望するために予備的な考察を行うということにある。

社会統計学の分野に「数理統計学研究の体系的受容」を招来したことに関連して，筆者は次の四点を懸念する。第一は，科学方法論としての公理論，あるいは公理主義に対する検討が不十分であること，ないしは，批判的な検討がほとんどないことである。従来も，今日も公理論的アプローチは支配的な経済理論あるいは統計理論の主要な方法である。国民経済計算論，価格指数論の系譜をたどれば，このことは明らかである。しかし，その批判的検討は十分でない[7]。

第二に，社会統計学は統計ないし統計指標の背後にあり，それらを支える経済理論に意識的にせよ，無意識的にせよ，関心を欠き，その帰結として，それらを批判的に検討することがなくなった。この点はとりわけ，産業連関論と価

格指数論の分野で顕著である。

　第三は，社会統計学を支える社会科学の理論が脆弱になったことである。かつて，政府統計を社会科学の理論にもとづく批判的見地から，それを組み替え，加工する試みは，少なくなかった[8]。また，国民生活を守る観点から提起された社会統計学の成果は，幾つもあった[9]。そうした貢献は，近年では後退した。

　第四は，パソコンの能力が飛躍的に高まり，統計ソフトが充実し，データも膨大なものがミクロレベルで，しかも低コストで提供されるようになり，統計学専門家の研究内容は以前にも増して統計データの処理に時間と労力の多くを割くことへと移行した。

　これらの諸点は，結局のところ，情報機器の整備と情報環境とが新たに刷新された今日の状況の下で，伝統を継承した社会統計学が停滞していることと関連する。現実の情報環境の変化が急速に進行し，これに批判的に対応できない研究上の姿勢が今日の社会統計学の混沌とした状況の原因である。社会統計学の理論状況がこのようでは，数理統計学との理論的対峙はおぼつかない。「数理統計学研究の体系的受容」がまことしやかに喧伝される所以である。筆者が本章で表題に掲げた論点をとりあげるのは，こうした状況認識があるからである。

　以上の問題意識を掘り下げる観点から，本章の節立ては以下のようになる。

　第**1**節では，現実の情報環境の変化の実態を整理し，要約する。また，ミクロデータ分析，パネルデータ分析に象徴される「データ」理論の新しい動きを整理する。この要約と整理はこの節に続く各節の論点の前提となるので，紙幅をやや大目にとって説明する。また，この節では「統計」を「統計データ」としてクローズアップされる現状の問題点を指摘し，それらの同一視ないし用語の置き換えには，一見とるにたりないことのようにみえながら看過できない問題点があることを指摘する。

　第**2**節では，社会統計学の研究が「データ」にもとづく統計計算にシフトしていく対極で，経済理論への関心が弱まっていることを論じる。そのために統計プロパーの分野で議論が比較的活発な価格指数論をとりあげ，そこでの問題の所在，背景にある理論展開を検討する。日本のGDPデフレータが従来の固

定基準方式から連鎖方式の採用に変更（当面は並用）となったこと，この連鎖指数がディビジア指数と繋がりがあること，価格指数に品質変化の要因をどのように反映するかという（ヘドッニック・アプローチとの関係でも議論されてきた）重要な論点を整理する。社会統計学者の関心は現在，価格指数論にはない。この節では，価格指数論点検の今後に繋がる論点に道筋をつける。

第**3**節では，産業連関論，産業連関分析の例をとりあげ，社会統計学によるこの経済理論と分析手法の評価の変遷を確認する。産業連関論，産業連関分析に対しては，従来，社会統計学者が関心を寄せ，種々の視点からその意義と限界とが検討されたが，近年では全国，地域の産業連関表のデータを容易に入手でき，連関分析が手許のパソコンで可能になったこともあり，その経済計算の理論的基礎に立ち返った批判的研究は影をひそめている。産業連関表と連関分析に関わるこの転換（理論的基礎に立ち返った方法論的批判からモデルなり経済計算の手法の中立性の容認）は，社会統計学全体の今日的現状と無関係でなく，むしろ「数理統計学研究の体系的受容」の一つのモデルケースである。産業連関分析に対するアプローチの仕方の変遷を確認することが不可欠な所以である。

変容が著しい情報環境のもとで，連関論プロパーも価格指数論プロパーも，自らが拠る経済理論の展開と平仄を合わせて分析なり指標の構築なりを行っている。本章の結論では，社会統計学の発展は「数理統計学研究の体系的受容」にではなく，その理論的，方法論的基礎に立ち返った内在的批判とともに，独自の経済学の諸範疇の体系に照応した統計指標体系の構築とともにあること，ここにこそ将来の展望が定められるべきであることを強調する。

1 情報環境の変容と「データ」理論

1 情報環境の変容

社会統計学の現状を理解するには，進行中の情報環境の変容の客観的現実を見なければならない。そこで本節ではその現状を整理する。

戦後の統計行政のバックボーンであった統計法は，2007年5月に全面的に改訂された。その特徴は，一言でいえば，行政のために役立てられてきた統計を

「社会の情報基盤」のそれとして位置づけたことである。このことに平仄をあわせて，現在，総務省は統計制度改革の大きな柱として「統計調査等業務の最適化（情報システムを中心とした業務改革）」を推進している。その内容は，要約すれば，各府省で別々に開発，運用されていた統計関係の情報システムの集約，共同利用型システムの整備である。具体的には①母集団情報の管理および標本抽出の共通化，②統計調査のオンライン化の推進，③統計利用に係るワンストップサービスの実現である。この構想の実現は，これまでの政府関連の統計環境を大きく変え，統計ユーザーに極めて効果的な条件を与えることになるものと期待されている。[10]この動きが1995年3月の統計審議会の答申『統計行政の新中・長期構想』（以下「1995年答申」と略）の問題提起に端を発していることは，言うまでもない。

「1995年答申」は国際化の進展，高齢化の進展，国民の価値観と選択の多様化，経済構造の変化といった顕著な社会・経済をめぐる変化をふまえ，21世紀の統計行政のあり方を示す一つの画期となった文書である。[11]その目的は，①新しい経済・社会の変化に対応した統計調査の見直し，とくに企業単位の統計の充実と個別化しつつある世帯統計の整備，②各種の大調査の調査時期の調整，③利用者の便宜を考え，需要に応じたデータの作成，新技術を使った調査結果の提供，④新しい情報機器を活用した統計調査の一層の効率化，⑤日本の統計の国際比較性の向上である。行論との関係では，これら5点のうちデータの作成，調査結果の提供，情報機器の活用による統計調査の効率化に触れた③と④が重要である。[12]

当該文書の「調査結果の利用の拡大」では，情報通信技術の進歩を背景に「情報通信技術の進歩に伴う提供方法の改善」に少なからぬページが割かれ，調査結果の提供に関し，磁気テープ，フロッピディスクによる提供が実現できたことの延長で，CD-ROMだけでなく，オンラインによるデータの収集，提供が言及されている。また，従来，結果の公表の義務付けが表形式も含めて詳細に指定されていたが，この制約条件が取り払われ，自由で多様な集計が出来るような対応の仕方が検討課題に掲げられた。さらに，行政や研究上のニーズに応える標本データの公開の検討が提起された。ここでいう標本データとは，個票

から標本抽出を行い,世帯や事業所番号,地域区分など個体属性を消去したデータとしての調査票である。要するに,「1995年答申」は調査や結果の提供での情報・通信技術の利用の遅れ,その克服の必要性(「1985年答申」[統計審議会の答申『統計行政の中・長期構想について』])に盛り込まれていた問題点の解決)を喫緊の課題の一つであると認めた。

政府サイドの情報基盤整備に関わる統計改革の以上の動きのなかで,一部の社会統計学者が(おそらく無意識のうちに),「統計」を「データ」として認識することにためらいがなくなったのは,15年ほど前からのこと,あるいはもう少し時間を遡っても1990年代以降のことであろうか。換言すれば,演算算処理,記憶の能力という点で格段に進化したコンピュータの小型化があり,それらの価格は手ごろな値段になり,種々の数理的解析が,誰でもいつでも手許で容易にできる環境が整い,この条件に呼応して分析用ソフトと大量の携帯可能な電子媒体の統計が供給されるようになってからのことである。国レベルの統計行政はこの動きを後押しし,民間では事実が先行するかたちで業務内容の電算化が進められた。その具体的進展は,1980年代半ば以降のいわゆるME革命の掛け声と共に推進された金融機関による金融商品の開発とその取り扱い業務の電算化,あるいは小売業におけるPOSの積極的導入などを想起すれば十分である。

統計学研究の分野では,この間,データ解析法としてミクロデータ分析,パネルデータ解析,質的選択モデル分析,データマイニングなどの展開があった[13]。「統計」が「データとしての統計」に焦点が絞られるにいたった契機は,これらのデータ(解析)理論の展開に顕著である。次節では「データ」という用語が多用される契機が何だったのかに焦点を絞り,「データ」理論の要約を試みたい。

2 「データ」理論の展開

ある論者によれば,経済の実証分析の過去を鳥瞰すると使用されるデータの種類には三つのタイプある[14]。第一は,集計データに基づく分析であり,かつて広く扱われていた形式である[15]。第二は,集計データを構成する個人や個々の世

帯・事業所のミクロデータ分析である。第三は同一の個人や世帯，事業所を長期間にわたって調査し，サンプルごとの時間的変化を調査したパネルデータである。わが国で後の二者を中心として「データ」理論が盛んになったのは，1990年代以降である。行論との関係で，ミクロデータ，パネルデータについて説明する。

　ミクロデータの意義は，次のようなものとして一般的なコンセンサスがある[16]。すなわち，かつて，公表される統計は，行政目的のもとに作成され，一定の表式で集計さて提供されるのが普通であった。しかし，統計の利用者が客観的な社会経済分析を行うさいに，集計された統計の分類区分などといった表象の形式が分析当事者の利用目的に合致しないケースがしばしばあった。コンピュータの能力が限定され，汎用性に欠けていた時代に，利用者は当該の集計形式が意に満たない場合，これらを組替え，加工して利用するしか方法がなかった。今日，コンピュータの能力と汎用性が向上したことによって，統計の利用者は自らの目的にそくした分析を行うために，集計される前の大量の個別データをもとめるようになり，またそれに応えうる環境が整備され，以前には到底かなわなかったことが実現されるようになった（もちろん，この場合，プライバシー保護，個人情報の秘匿の保証という観点から，個人［個体］が識別されないようにデータの匿名化が必要であることは言うまでもない）[17]。

　ここで問題となるのは，ミクロデータを扱う利用者の側の分析の視点である。ミクロデータ処理の可能性が各段に向上し，情報環境が研究者にとって飛躍的に高まったとしても，そのことは社会統計学の前進をただちに意味しない。経済理論への関心が失せ，独自の社会科学的理論をもたないまま，データを扱うことに専心するのでは，数理統計学の統計処理方法の受容だけが結果としてクローズアップされることになりかねない。

　データの質という観点からの新たな検討課題もある。ミクロデータは，元になる全標本から再抽出された標本である。したがって，データの信頼性，正確性は従来の統計調査過程に由来する問題の延長で議論できる部分と，それだけでは済まない部分とがある。リサンプリング・データに固有の問題があるからである。時折見られる全標本とリサンプリング・データによる集計結果の一部

との齟齬は，その一例である[18]。

　パネルデータ解析にも，一時，注目がよせられた[19]。日本では1990年代に入って，家計経済研究所が1993年から「消費生活に関するパネル調査」(初年度24歳から34歳の女性とその配偶者を対象) を，またニッセイ基礎研究所が「暮らしと生活設計に関する中高年パネル調査」(1997年から) を，さらに厚生労働省が高齢者の健康や就業に関するパネル調査 (2005年度から) のほか，ミレニアム・プロジェクトの一環として「21世紀出世児縦断調査」「21世紀成年縦断調査」を開始した。パネルデータは，同一の個人，家計，企業などの意思決定主体の行動を追跡調査したミクロの長期縦断データである[20]。その目的は，同一の個体を，系統的に (時間的に) 調査を繰り返すことで，集計された全体的傾向に個体が及ぼす影響を分析することである。パネルデータの統計学上の起源は自然科学の分野にあるが[21]，問題はその方法なり考え方を社会科学の実証分析にどのように援用できるのか，すなわち同一の個人，家計，企業などの主体が時間の経過とともにいかにその行動を変えていくかを分析する手立てとして，パネルデータの構築とその分析がどの程度，有効かである。

　重要なのは「パネルデータは同一主体の時系列方向のデータが複数のクロスセクション・データとして入っているものであり，データとしてはクロスセクション・データの分析手法と時系列データの分析手法を組み合わせて使っているということであ (り)，従って，パネルデータ解析で用いられる統計手法として全く新しい統計手法があるわけではなく，既存の手法をパネルデータの特徴に合わせて改良したものだということである」[22]。パネルデータ解析の評価は今後の課題であるが，そこにはデータの信頼性の観点から従来の信頼性，正確性の検証の枠組みに収まらない固有の問題がある。脱落サンプルの問題は，そのひとつである。脱落サンプルは，実際の調査で無視できない比率に達することがある。脱落するサンプルがある傾向をもつと，被調査者集団が時間の経過とともにバイアスがかかってくる。また，調査が繰り返されることによる被調査者の回答慣れの問題も指摘されている。パネル調査は調査の期間が長いほど価値があるといわれるが，逆にそのことからくるデメリットもあり，統計調査のあり方として今後の検討は不可欠である。

最後にデータマイニングに触れておきたい。データマイニングには，大量のデータ蓄積が不可欠である。データマイニングにはデータウェアハウスと呼ばれるデータの蓄積に必要な「情報蓄積システム」が存在する。「隠れた法則を発見する」と盛んに喧伝されたデータマイニングのスタートは，日本では1990年代以降であろうか。データ蓄積量の大規模な増大は，大量データを処理するデータマイニングの考え方を生みだし，統計解析の手法や人工知能分野での検索技術等がそこに応用されるようになった。情報機器の飛躍的な普及と低コスト化，特に記憶装置と演算装置のそれは，膨大なデータの集積と加工を可能にした。メモリの制約によって以前には無駄なものとして捨てられたデータをとりあえず蓄積し，一見，無意味とも思われるデータを大量に含むデータを分析にかけると，過去の経験からは想像もつかない新たな知見がそこから引き出されるのがデータマイニングの思想である。データマイニングは，データから何らかの隠れた規則性の発見である。発見の方法，すなわち分析の手法は，多変量解析，回帰分析，因子分析，クラスター分析などさまざまである。なかでも，多変量解析はデータマイニング支援の強力な方法とみなされた。データは数量的なそれであるから，そこに適用される方法は主として従来型の数理解析的方法か，その発展形態である。経済理論がなくとも，種々の演算は可能である。可能な計算を行えば，経済理論をともなわなくともそれなりの結果は出てくる。データに対するこの接近法は，例えばPOSデータで「売れ筋商品と死に筋商品」を見極める民間レベルでの実用的利用で成果が確認されている[23]。社会科学の成果としては，みるべきものはない。

　問題なのは提供される大量データの計算に拘泥すると，計算に先立って必要な経済理論の構築や批判的な検討が視野から遠のき，本来，歴史的社会的規定性をもっていた「統計」の価値が数字データの観点からのみ評価されるようになることである。データの信頼性，正確性を問う問題意識が劣化する危険性がある。このような事情が支配的になれば，行き着く先は社会統計学による数理統計学の安易な受容であっても何ら不思議でない。

3 「データ」と社会統計学の課題

筆者は前項までで政府と民間とそれぞれに展開されている情報環境整備の現段階を確認し，高度情報化社会なかで進展している「データ」理論の現状を整理した[24]。これらに対する問題点の指摘と理論的，方法論的な検討がないまま，現状に追随していけば，そのことが向かう先は数理統計的方法の受容という陥弄である。情報環境整備はハードとソフトの両面で急展開しているが，社会統計学研究者はそのどちらも無視できない。検討課題は，このような情報環境整備と変化に対して「科学としての社会統計学」が十分に対応できているかどうかである。問題点を以下に要約する。

第一に社会統計学は整備され拡充された情報環境を背景に意欲的な分析が積み重ねられているが，経済統計のベースとなる経済理論の検討にはかつてあったほどの関心が見られない。そればかりか，理論と統計分析の意図的切断が見られる。第**2**節，第**3**節で，筆者は主としてこの問題について論じる。

第二は，「データ」をどのように考えるかである。従来，「統計」と呼ばれていた社会現象（集団）の量的側面の数字的資料は，今日，反省のないままに「統計データ」と読みかえることが普通になっている。「データとしての統計」あるいは「統計データ」という用語が安易に使用される背景には「社会経済過程を総量的に，代表的に反映する数字資料」である「統計」を「統計データ」と読み替え，それをもとに数理計算を行えば，何がしかの有益な分析結果を導出できるので，統計研究の重心をそこにおくという暗黙の了解があるのではなかろうか。この了解は，それがひとり歩きを始めると，統計に固有の社会的，歴史的規定性を蔑ろにしかねない。日常会話の範囲でならいざ知らず，研究上の議論のなかで「統計」と言えばよいことを，わざわざ「データ」とか「統計データ」と言い変えねばならない事情がどこにあるのであるのだろうか。用語は正確に使いたいものである。あるいは用語の背後にある暗黙の了解には，敏感でありたい。「データとしての統計」理解に対する批判的考察が，社会統計学の課題となるゆえんである。

第三に，統計調査論の重要性である。この重要性の確認は，二つの意味においてである。一つの意味はデータとしての統計が質，量ともに豊富化してきた

現状では，それらがどのように生産されたものかを統計調査過程にまで立ち返って検討するいわゆる統計の真実性の考察は欠かせない。従来，統計の信頼性と正確性の問題として議論されてきたこのテーマは，調査がその延長で情報社会と言われる今日的状況のなかで，改めて理論的点検を要する課題である。もう一つの意味は，調査過程の環境基盤そのものが電子化されつつあることと関係する。2007年10月に実施された「就業構造基本調査」は，調査の一部にインターネットによる調査票提出が試みられた。その割合は全調査区の3％ほどであったが，この方式は今後，他の調査にも普及するであろう。この状況に旧来の調査論の理論的枠組みで対応しうるのか，新たな論点の付加があるのか，今後の検討を待たなければならない。

2 経済理論への関心の後退（価格指数論を例に）

1 価格指数論プロパーの展開

　前節では統計環境，情報基盤の変化とそれと密接に関わる「データ」理論の展開，そしてそれらを受けて要請される社会統計学の課題について言及した。高度情報化社会と呼ばれる新しい局面にあっても，社会統計学にもとめられるのは，既存の統計とその背後にあってそれを支える経済理論の批判的検討である。筆者がこの問題提起をここで行うのは，社会統計学のこの伝統に翳りがあるように思うからである。

　一例であるが，社会統計学の分野での価格（物価）指数論に関する議論はこの間，低調であったのは誰しもが認めるところである。社会統計学者の価格指数論に対する姿勢の弱さは，社会統計学による数理統計学研究の体系的受容の背景にある経済理論に対する関心の希薄さと無関係ではない。このことを端的に示したのは，経済統計学会（前身は経済統計研究会）が2006年に刊行した第4集の記念号（記念号は10年ごとに刊行されている）に，それまでの記念号では必ず取り上げられた価格指数論のサーヴェイがなかったことである[25]。要するに，社会統計学のこの分野では10年間，目立った業績がなかった。本節で筆者は，次節でとりあげる産業連関論とともに，経済理論と密接に結びついている価格

指数論について課題解決への道筋をつけたい。

　価格（物価）指数論の分野では，その学説史への批判的解説が，また理論的批判が伝統的に展開された。その内容は，一言で要約することは難しいが，あえて言うならば「名目主義的貨幣理論と貨幣数量説に立脚した一般的価格指数論（W.S.ジェヴォンス，F.Y.エッジワース，C.H.ウォルシュ，I.フィッシャーなど）」と「主観的貨幣価値論に立脚した個人的価格指数［関数論的生計費指数］（G.ハーバラー，R.フリッシュなど）」が拠ってたつ消費者選好論（ミクロ経済学）を批判的に考察すること（ミクロ経済学の消費者選好論に裏づけられたランカスター・モデルに立脚するヘドニックアプローチの批判的考察），また消費者物価指数の対象反映性に関わる問題点（生活実感とのズレの根拠）の検討であった。筆者はこうした伝統にもかかわらず，社会統計学の価格指数論が低調であることに危惧をもつ。価格指数論プロパーの分野で議論が低調で，その検討に理論的意義がないというのであれば話は別である。しかし，現実はそうではなく，逆である。価格指数論プロパーの分野では内外で重要な議論展開があり，論点は多岐にわたり，実証研究も進んでいる。このことの認識がまず，重要である。そこで，特別に節を起こしてこの問題を取り上げ，今後の研究に繋がる論点を摘出したい。

　価格指数論は経済理論との連携が強い。多くの場合，上記で指摘したように，ミクロ経済学の消費者選考論がベースである。方法論的基礎としては，公理論的アプローチが特徴的である。後者についての批判的検討はないが，社会統計学の価格指数論のこれまでの批判的研究は，価格指数の基礎にある経済理論に立ち返ってこれを検討する姿勢をとってきた。現在，この分野でどのような議論があるのだろうか，何が肝要なテーマとなっているのだろうか。簡単に整理すると次のようである。

　日本では，GDPデフレータによる実質化の手法は，2004年12月から固定基準方式から連鎖方式へ移行することとなった。この移行は重要な転換である。連鎖方式への移行の理由として，「内閣府・経済社会総合研究所・国民経済計算部」は，次の諸点をあげている。すなわち，従来の基準年を5年ごとに更新する固定基準方式では，基準年から離れるにしたがって実質経済成長率が過大

に評価される傾向があることがつとに知られていたが、IT機器の革新が著しい今日、この偏りの度合いは看過できない程度にまでになった。固定基準方式によるのでは基準年からの時間の経過とともに比較時の財・サービス間の相対価格が変化し、このため基準年の価格や数量ウエイトの構造が変わり、デフレータとして適切な機能が果たせない。連鎖方式は、この偏りを解消するものと期待される。なぜなら、連鎖方式は指数算式に常に前年を基準年にとる方法を織り込むので、基準年以降の価格や数量ウエイトの構造の変化に比較的容易に対応できるからである。連鎖方式の導入により、GDPデフレータの算定は経済活動の実勢と直結したものとなるわけである[29]。

国外ではアメリカでM. J. ボスキン（スタンフォード大学）を委員長とする「消費者物価指数諮問委員会」のレポートが1996年12月に公表され、話題となった[30]。価格指数の見直し論議の契機となった当該レポートは、アメリカ合衆国・上院財政委員会の諮問に対する答申として公にされ、その結論は、同国の消費者物価指数には物価上昇率の過大評価、バイアスがあり、それは次の四つの要因（商品代替、新店舗、品質、新製品）によるというものであった。レポートの結論のなかで、日本の価格指数論議に影響を与えたのは、四つの要因の一つとして指摘された品質変化の指数への反映という問題である。

価格指数論の焦眉の課題の一つは、以上にみられるように価格指数に新製品の登場や品質変化をいかに反映させるかであった。この論点には、一連の理論的系譜がある。従来、理論的問題として取りざたされた問題が近年のIT関係の機器の発展を踏まえ、あらためてクローズアップされてきた。

現行のラスパイレス式で計算された消費者物価指数は、基準次の生活構造を前提として比較時の生計費の変化を反映した指数である[31]。この「基準時点の生活構造を前提とする」というのは、比較時点の財とサービスの購入が基準次と同一の質と量で行われるということである。しかし、実際には生活構造は変化し、変化の幅は大きい[32]。指数計算が基準時点から離れれば離れるほど、指数と現実との乖離は大きくなる。DVD、エアコンなどの家電製品は、各メーカーがしのぎを削り、毎年のように新製品が発表されている。乗用車はモデルチェンジが頻繁にみられる代表的な耐久消費財である。近年ではパソコン、携帯電

話の新旧製品の切り替えが著しく，そのサイクルは半年にも満たない。このことが価格指数に及ぼす影響はどのようであるか，あるいは価格指数に反映させることがそもそもどこまで可能なのだろうか。ラスパイレス式による価格指数は一般に基準時点と同一の商品の価格変化の測定を原則とするから，新旧製品の入れ替えによって価格調査の対象となる商品の交替が余儀なくされる場合には，入れ替えによる商品の価格差にあるかもしれない品質変化分のそれを除去する必要がある。入れ替え前後の商品を同一の商品として処理するための便宜上の方法が必要である。「品質調整」はこの方法である。

　学説史的には，消費構造の変化を指数にどのように反映させるかという課題とその克服の方向については連鎖指数につながるディビジア指数が，また品質変化を指数にいかにとりこむかという課題とその克服についてはヘドニック指数が関わる。どちらの指数もある一定の経済理論を基礎とするが，ここでは連鎖指数との関連でディヴィア指数のみをとりあげ，ヘドニック指数についての検討は機会を改める。

2　デフレータ・連鎖指数・ディビジア指数

　わが国のGDPデフレータは，既述のように2003年まで，基準年次を固定して公表された。指数のとり方には，基準次を一定期間固定する方式と，隣接する2時点の比較で毎期ごとに基準次を改定していく連鎖方式とがある。固定基準方式は，時間の経過にともなう実物経済の変化が大きいと，実態との乖離がはなはだしくなる（指数バイアス）。固定基準方式のこの弱点を回避するために，基準次を固定することなく，時間の推移にしたがって順次改定していく連鎖方式が推奨され，実際に採用されるようになった。

　連鎖方式による指数は，各年の指数を前期の値を基準に作成し，その手続きで基準次以降に作成された指数を掛け合わせてもとめられる。固定基準方式の代表的な指数算式は，ラスパイレス式（以下，L式と略），パーシェ式（以下，P式と略）である。L式，P式は，それぞれウエイトに用いる購入量を，基準時点と比較時点とに定めるかの違いがあるにせよ，それを固定して不変とする点で共通している。ウエイトの取り方が異なり，前者では基準次のそれ，後者で

は比較次のそれとする。換言すれば，L式は基準次でも比較次でも購入する財の組み合わせと量とを基準時点のそれとし，P式は基準次でも比較次でも購入する財の組み合わせと量とを比較次のそれとする。この仮定は基準次と比較次との時間が短期であれば受容できるが，両時点の間隔が広がれば計算結果に偏りが生まれる要因となる。

また，L式もP式も基準時点の価格と数量，比較時点のそれが計算式に組み込まれるが，これらの両時点間の価格と数量の変化は無視されている。

L式とP式のこの難点を回避するのが，連鎖方式である。連鎖指数の一般式は，次のようである。

$$\overline{P}_{ot} = P_{01} P_{12} P_{23} \cdots P_{t-1,t} \tag{1-1}$$

L型連鎖指数は，次のとおりである。

$$\overline{P}^L_{0t} = P^L_{01} P^L_{12} P^L_{23} \cdots P^L_{t-1,t} = \frac{\sum p_1 q_0}{\sum p_0 q_0} \cdot \frac{\sum p_2 q_1}{\sum p_1 q_1} \cdot \frac{\sum p_3 q_2}{\sum p_2 q_2} \cdots \frac{\sum p_t q_{t-1}}{\sum p_{t-1} q_{t-1}} \tag{1-2}$$

P型連鎖指数は，次のとおりである。

$$\overline{P}^P_{0t} = P^P_{01} P^P_{12} P^P_{23} \cdots P^P_{t-1,t} = \frac{\sum p_1 q_1}{\sum p_0 q_1} \cdot \frac{\sum p_2 q_2}{\sum p_1 q_2} \cdot \frac{\sum p_3 q_3}{\sum p_2 q_3} \cdots \frac{\sum p_t q_t}{\sum p_{t-1} q_t} \tag{1-3}$$

見られるように，連鎖指数は2時点の比較ではなく，基準次が次々と更新される系列で示され，これならば固定基準方式によるL式とP式の問題点がクリアされる。長く連鎖方式が採用されなかったのは，この計算に必要な情報が膨大であり，また計算が煩雑であるゆえであった。それが近年，データの豊富化，コンピュータによる計算速度の改善により連鎖方式採用が可能となった。計算の技術的基盤の充実がデフレータの計算方式の変更に大きく寄与した。

連鎖指数はディビジア指数と関わる[33]。ディビジア指数の特徴は，時間の経過とともに変化する価格指数ないし数量指数を定義できることにある。価格指数に限定すると，ディビジア指数は次のように定義される[34]。

財貨の総価額 $V = \sum pq$ は，物価水準Pと購入数量Qとに分解できる。すなわち，

$$V = \sum pq = PQ \tag{2-1}$$

ここで p と q は時間とともに変化するので，時間 t の関数である。そえゆえ，P と Q も時間 t の関数である。（2-1）式を対数微分すると，次式が得られる。

$$\frac{dP}{P} + \frac{dQ}{Q} = \frac{\sum qdp}{\sum qp} + \frac{\sum pdq}{\sum pq} \tag{2-2}$$

ここから，

$$\frac{dP}{P} = \frac{\sum qdp}{\sum qp} \tag{2-3}$$

$$\frac{dQ}{Q} = \frac{\sum pdq}{\sum pq} \tag{2-4}$$

（2-3）式は価格指数 P を，（2-4）式は数量指数 Q を定義する。

ここでは，価格指数の（2-3）が問題である。$p = p(t)$, $q = q(t)$ とし，これらを（2-3）式に代入すると次式となる。

$$\frac{dP}{P} = \frac{\sum qdp}{\sum pq} = \sum \mu \frac{dp}{p}$$

ここで

$$\mu = \frac{pq}{\sum pq} \quad \text{あるいは} \quad \mu_i(t) = \frac{p_i(t)q_i(t)}{\sum p_i(t)q_i(t)}$$

$$P(t) = P_0 \exp\left\{\int_0^t \sum \mu_i(t)\left[\frac{dp_i(t)}{p_i(t)}\right]dt\right\} \tag{2-5}$$

この式を解いて得られるのが，次のディビジア指数である。（2-5）式の解は，

$$P(t) = P(0) \times \exp\left\{\int_0^t \frac{\sum_{i=1}^n p_i(t)\, q_i(t)}{\sum_{i=1}^n p_i(t)\, q_i(t)} dt\right\} \tag{2-6}$$

ここで $p_i(t)$, $q_i(t)$ は t 期の第 i 財（$i = 1, 2, \cdots, n$）の価格と消費量，$p_i(t)$ は $p_i(t)$ の時間に関する導関数 $\dfrac{dp_i(t)}{dt}$ である。また，t 期の第 i 財の支出シェアを，

$$w_i(t) = \frac{p_i(t)q_i(t)}{\sum_{i=1}^n p_i(t)\, q_i(t)} \quad \text{とすると，}$$

$$P(t) = P(0) \times \exp\left\{\int_0^t \sum_{i=1}^n w_t(t) \left[\frac{\dot{p}_i(t)}{p_i(t)}\right] dt\right\} \quad (2-7)$$

というディビジア積分指数（Divisia integral index）となる。

　ディビジア指数は，時間の経過とともに変化する連続関数で表現される。ディビジア指数を離散型で与えられる実際のデータに適応させるには，連続型で与えられる上記の式を離散型に近似させなければならない。ディビジア指数が（2-1）の場合に対応する離散近似は，ラスパイレス連鎖指数またはパーシェ連鎖指数となる。

　ディビジア指数が（2-2）の場合に対応する離散近似は，対数変化型指数となる[35]。

$$P(t) = P(0) \prod_{t=1}^{t} \left[\prod_{i=1}^{n} \left(\frac{p_i(t)}{p_i(t-1)}\right)^{\bar{w}_t(t)}\right]$$

　指数理論へのF. ディビジアのアプローチ（1925年頃）は，純粋に数学的関心から出発していた。ディビジアの積分指数は，もともと経済取引の基本方程式（$PQ = \Sigma pq$）から微分法を用いて数学的に導出されたものである。当初，ディビジア指数はその経済理論的根拠が曖昧なため，ほとんど研究者の間でも関心を引くことがなかった。しかし，M. K. リヒターが1966年の論文で，ディビジア指数のみが不変性，比例性，連続性などの公理系を満足する指数算式であると言及し，この指数への注目度は高まった[36]。これに先立ち，ディビジア指数を消費者選好論と関連づける理論もR. ロイによって1942年の論稿で提起されていた[37]。要するに，指数の経済理論的裏づけがディビジア指数を蘇生させ，さらには今日の計算技術の加速的向上の追い風を受け，連鎖指数は後押しされて登場したわけである。

　社会統計学の分野では，品質調整の問題を含めた指数論の理解が弱い。また，価格指数論プロパーでは公理論的アプローチがもてはやされているが，それに対する関心は弱く，これを理論的に検討する兆しもない。本章では省略せざるをえなかったヘドニック指数の理論的検討には消費者選考理論を発展させたランカスター・モデルの検討が欠かせないが，この課題に取り組んでいる研究者は数少ない[38]。筆者はこの空白を埋めることが重要になると予感する。

3 経済理論とモデルの切断（産業連関分析を例に）

1 計算可能な一般均衡（CGE）モデル

本節では，社会統計学の変遷をたどると経済理論への関心が弱まっていること，そのことが「数理統計学研究の体系的受容」という現状の背景にあることを示す。経済理論への関心が弱まっていることが原因で「数理統計学の受容」が結果なのか，「数理統計学の受容」が原因で経済理論への関心の弱化が結果なのか—筆者は両者が共鳴して現状に収斂しているとみるが—，ここでは産業連関分析の事例をひきながら，この問題を考える。社会統計学分野での連関分析の評価は時間的推移とともに変わり，この理論がよってたつ経済理論と分析手法とは切り離しが可能であり，後者の理論的中立性が強調される。本節では，この事情を明らかにする。

コンピュータの発展，情報基盤の拡充によってもたらされた「データとしての統計」が質的にも量的にも豊富になっていることは，第1節で確認した。かつては大型計算機でなければ不可能だった種々の統計計算，経済計算が大量のデータを使って比較的容易に手許のパソコンで可能になった。それでは統計計算や経済計算が技術的な側面でのみ進行しているのかと言えば，そうではない。CGE モデル（Computable General Equilibrium Model：計算可能な一般均衡モデル）は，経済理論としての一般均衡論を情報化の進展著しい現状に合わせて具体化された理論モデルである[39]。

CGE モデルはこの意味で一般均衡論にもとづく経済モデルであるが，「計算可能なモデル」という実践的意味づけをもつことに特色がある。前提として，市場における需給調整が全ての財・サービス，生産要素（資本，労働）市場について設定され，これら複数の市場均衡が同時に成立するものと仮定されている。また，もう一つの仮定として企業や家計などの経済主体の需要・供給行動は（ミクロ経済学理論を基礎に），それぞれの最適化行動（効用最大化，利潤最大化）によって決まるとされる。こうした仮定のもとで作られたモデルは，経済政策の変更といった外生ショックが家計，企業などの個々の経済主体の行動にどの

ような変化をもたらし,例えば政策変更があった場合に,その前後で資源配分,所得配分,経済厚生などにどのような変化が生じるのかなどを分析し,評価することができるものと期待される。

ある研究者は「運輸効率化による沖縄経済の影響に関するCGEモデル分析」を示し,ここで沖縄の産業連関表を利用したCGEモデル分析を使用した。[40]研究の内容は,現在進行中の沖縄の港湾・海運・物流の改善,さらに那覇港国際物流関連施設設備・運営事業の実施などに象徴される一連の運輸効率化が長期的に沖縄経済にどのような影響を及ぼすかを計量的に測定するというものである。この研究者によれば,使用されたCGEモデルは「産業連関データと同時に産業部門を超えた政府・企業・家計・海外部門などの支出のやり取りをSAM(Social Accounting Matrix:社会勘定行列)として構築し,全ての生産物市場及び労働・資金を含む要素市場の生産・供給と消費を国内・海外の不完全代替関係を含めて関数でモデル化」したものである。

計測の結果,運輸部門の効率化が運輸の生産性をあげ,供給価格を低下させ,運輸需要を増加させるので,資本と労働がこの分野にシフトする。これによって,移入の増大が生じ,沖縄経済全体が「移入依存経済」に陥るかもしれない。そこで重要なことは,沖縄で一般的にその基盤が弱い製造業を強化することであり,モデルによる測定では,製造業のTFP(Total Factor Productivity:全要素生産性)の改善を行えば域内生産が増加し,各産業部門の労働流出も止まる。「沖縄における運輸改善に際しては,製造業の効率改善を強調政策として伴わせることが不可欠で,もの作り機能の放棄を回避しながらの運輸改善が不可欠であることが改めて認識される」というのが結論である。

筆者がここで強調したいのは,産業連関表を利用したこの種のモデル計算が経済理論と連携を保ちながら展開されていることであり,この経済理論の内容は従来の一般均衡論批判の延長で批判可能である部分とそれをさらに発展させ,具体化させなければならない部分とがあるという点である。いずれにしても,どのようなモデル計算もその背後にある経済理論と無関係に展開されるものではない。このことの確認が重要である。

2 産業連関の経済理論

産業連関分析は,周知のように,W. レオンチェフの『アメリカ経済の構造』によって,1934年に提唱された経済分析の方法である。連関表を使った連関分析は,一般均衡論の部分理論としての産業連関論を理論的基礎とする。社会統計学の分野ではこの理論と手法に比較的早く注目したが,当初はその経済理論的内容の批判的検討から始まった。

一般均衡論の簡明な要約は容易でない。しかし,要点のみ列挙してその特徴づけを行うと,次のようである。財が家計と企業の二主体からなる国民経済がまず想定され,ここでは財は家計から企業へ,企業から企業へ,企業から家計へと循環する。財は需要と供給とが交錯する市場で循環する。需要と供給とがバランスする状態は財の遅滞のない循環である。需給にアンバランスが生じても,それは市場での財の価格変動によって解消される。各経済主体は個々の経済的利害にしたがって行動するが,全体としてそれらは一般的な相互依存関係を保ちながら均衡を維持する。資源配分は市場に委ねられ,そこでは需要と供給とは事後的に常に一致するものと想定される。想定される経済モデルはこのようなものである。

産業連関論は原則的にこの経済観に立脚し,複数の産業部門の原材料として利用される生産物相互の依存関係を表現する取引基本表をもとに,各産業部門の生産物の需要量（中間需要と最終需要）と供給量との恒等関係を需給バランス式で表象し（連立方程式の数学的手法におきかえて）,所与の最終需要に数理的に対応する産業部門ごとの均衡産出量を算出する。

産業連関論は,一般均衡論の循環図式を前提としながら,次の点で異なる。すなわち,一般均衡論では生産係数が可変であり一般均衡論の一環としての産業連関論もその点で同様であるが,通常の産業連関論はこれを不変と考える。不変と仮定しなければ,連関分析は成立しない。もっともこの仮定は,J. M. ケインズが想定する労働市場の条件が容認されれば,すなわち労働市場が不完全雇用状態でも,変化した雇用量のもとでも賃金率が変化しなければ,生産係数が不変となり,産業連関関係が安定的となるという含意がある。「それ故,一般均衡論の一環としての産業連関論が,元来の産業連関論に一致するための

条件は，不完全雇用状態である。かくて一般均衡論の立場からは，元来の産業連関論は不完全雇用であることを暗黙のうちに前提しているというふうに見ることが出来る」[41]。この点で前者は後者の一部分であり，部分理論である。

モデルの経済観が，以上のように，一般均衡論で構想されること，そして最終需要を所与として部門ごとの均衡産出量を計算するプロセスにケインズ的な総需要管理の考え方が適用されること，さらに均衡算出量算出の逐次近似のプロセスを連立方程式の行列計算で解く方法が導入されていること，産業連関論の特色はこうした諸点にもとめられる。

社会統計学の分野では，こうした一般均衡論の経済観とともに連関論に固有の投入係数の固定性，非結合生産の仮定など多くの非現実的な諸仮定や数理的な分析手法の形式性が批判の対象となった。これらの問題点は既に論じ尽くされているので，ここでは社会統計学には従来，支配的な経済理論に対するこうした批判的精神があったという指摘にとどめる[42]。

3　経済理論と分析手法の切断

連関論，連関分析に対しては当初，社会統計学者の側からの経済理論的批判がなされたが，彼らには連関表に充填されている推計値がある程度，現実経済を反映しているのではないか，その限りでの利用可能性が保証されるのではないかとの認識があったにちがいない。しかし，連関表はそのまま利用されたのではなく，これを批判的に組み替えて活用する姿勢が貫かれた。連関表の加工と組替えを行ったうえでの利用である。その代表的事例として知られるのは，マルクス再生産表式にもとづく連関表の組替え利用である。その手続きは社会的再生産の構造変化を統計的に分析する目的でなされた。

その後，社会統計学の分野には「民主的計画化」の波及効果分析を産業連関分析で計算する研究[43]，またマルクス経済学の基本概念である剰余価値率の計算に連関分析の手法を援用する研究[44]が登場した。それらの研究をここでパラフレーズする紙幅はないが，ここでの重要な点は連関論，連関分析とそれらが拠ってたつ経済学の理論と手法とは「切断」が可能であり，研究者の姿勢，立場によって数理的分析手法に意味を付与することができるという考え方である。こ

の考え方は、手法そのものの中立性の主張に他ならない。数理的手法受容の方法論的原型がここにある。

連関論、連関分析がもともと立脚していて経済理論と切り離して活用可能という認識が可能ならば、分析作業の焦点が専らデータ処理の計算とそのテクニカルな検討と改善へ絞られていくまでの道程は短い。現に、社会統計学の分野での連関表の利用の仕方は、今日そういった方向で展開されている。

問題はこうした傾向が社会統計学の分野に広くいきわたるにしたがって、産業連関論、産業連関分析の評価が背後にある理論の検討を含むトータルなそれでなくなり、理論的基礎の検討にまで立ち返って統計計算を進める態度が失せてきたことである。理論と手法の限界の指摘が全くないわけではないが、指摘はあっても数理技術的な範囲の言及にとどまるものが多くなった。

もっとも、この種の経済計算の限界についての認識があるのはまだよいほうで、パソコンを活用した連関分析を繰り返し、それらを研究成果として示すケースがしばしば見られる。「理論なき計測」というべき状況が、社会統計学の産業連関論、産業連関分析の分野に蔓延している。

産業連関分析の発展の契機は、それが抽象的な経済理論にとどまらず、実証的な経済分析、経済予測の可能性をもっていたことにあった。そこで展開された数学的手法は連立方程式の解をもとめるものであり、その原理は難しいものではない。問題は、計算量の大きさである。具体的に言えば、連立方程式はそれを構成する方程式の数が増えれば、計算手続きは極めて煩雑で、労力がかかる。初期には、産業連関表を構成する産業部門の数は限定的であり、連関分析の評価もその範囲のものであった。それが、計算機の性能の飛躍的な向上がこの分析手法の価値をバックアップし、誰でもどこでも産業連関分析ができる環境が整った。他方、データの充実は顕著である。連関表の全国版データは総務省のホームページからダウンロード可能であるだけでなく、地域産業連関表(大分類、中分類、小分類の部門分類)のデータも投入係数表、逆行列係数表とともに各都道府県の行政機関のホームページから入手できる。分析ツールの提供を行っている県庁もある。[45]

こうした事情は、産業連関論、連関分析の評価を大きく変える背景である。

しかし，計算機の処理と記憶能力の飛躍的向上と膨大なデータの蓄積の存在そのものは，連関論，連関表，連関分析を支える経済理論の変更を迫るものではない。また，経済理論を不要にするわけでもない。CGE モデルの理論的検討を含め，連関分析の利用とそこから生まれた成果の評価は，慎重になされるべきである。

むすび

本章の課題は，環境整備が著しく進んだ高度情報化社会の現状を確認し，その享受を得て社会統計学の成果が積み上げられる一方で，統計指標や統計分析の基礎にある経済理論の検討が立ち遅れるか等閑視され，結果的に「数理統計学研究の体系的受容」という事態が起きていることを明らかにすることであった。冒頭で取り上げた，吉田の言う社会科学による数理統計学研究の体系的受容とこれに対する是永の批判とが，どのような情報化社会の現状と社会統計学の理論状況を背景としているのかについて，筆者が考えてきたことを編んだものが本章である。文中，多くの課題を列挙したが，そのことは社会統計学が岐路にたっていることの証と理解していただきたい。

数理的手法はもとより「統計データ」解析をも理論や社会的規定性から「切断」し，それらから中立的な手法なり，単なる数字資料としかみない統計学を展望するならば，社会統計学を数理統計学と区分することは意味がないのではなかろうか。そうなれば，事は前者による後者の受容でなく，あるのは両者の収斂，収束である。

社会統計学の「数理統計学研究の体系的受容」克服の方向の一つの鍵を，筆者は経済指標体系の構築に見る。このことをもはや論じる暇はない。ひとこと言及できるのは，この指摘は社会統計学の内部で繰り返し確認されてきたことで，筆者の創見ではないということである。例えば，是永は経済学研究における数学的方法利用の意義と限界について書いた1962年の論文「経済学研究における数学利用の基礎的諸条件の研究」の末尾で既に，自らの課題を展望しつつ，その筆頭に「経済学の諸範疇の体系に照応した統計指標体系の作成」[46]を掲げた。

また，絶筆となった「経済研究における統計利用の基本問題」では，再び末尾で次のように述べている。「実質科学たる経済学の研究のために…，多種多様な統計の体系的利用と，統計以外の量的ないしは質的な諸情報との有機的連関のもとで，統計利用の固有の体系を確立することこそが今後の社会統計学の担うべき主要課題の一つとなろう[47]」と。吉田が次のように述べているのも，同じコンテクストで理解できる，「統計指標論は，はじめ物価指数論としてとり上げられるだけであったが，不平等度の指標等へと広がりつつある。しかし，その体系化はまだ不十分である[48]」と。

　統計指標体系の構築に向けた議論は，筆者も含めた社会統計学研究者の今後の課題である。

1) 筆者の念頭にあるのは，現在の経済統計学会の前身である経済統計研究会の研究活動とその延長にある社会統計学である。
2) 数理統計学の内容として確率論と推計にポイントをおいた考えかたがあり，またそのほうが妥当な定義になることもあるが，ここでは数理を重視する統計学という大きな括りで定義する。
3) 1990年以降の業績に限定しても次の文献がある。永井博（2006），『経済体制と指数・指数算式―エリ・エス・カジネッツの指数理論と現在―』梓出版社；伊藤陽一編著（1994），『女性と統計―ジェンダー統計論序説―』梓出版社；岩井浩編著（1993），『現代労働力の雇用構造・階層構造の統計研究』関西大学経済・政治研究所『研究叢書』第84冊；杉森滉一（1991），『人口分類と階級分析』御茶の水書房；桂昭政（1997），『福祉の国民経済計算』法律文化社；長屋政勝（2006），『ドイツ社会統計方法論史研究』梓出版社；木村和範（2001），『標本調査論の生成と展開』北海道大学図書刊行会；森博美（1991），『統計法規と統計体系』法政大学出版会；山口秋義（2003），『ロシア国家統計制度の成立』梓出版社；良永康平（2001），『ドイツ産業連関分析論』関西大学出版部；水野谷武志（2007），『雇用労働者の労働時間と生活時間―国際比較統計とジェンダーの視角から―』御茶の水書房；芝村良（2004），『R. A. フィッシャーの統計理論―推測統計学の形成とその社会的背景―』九州大学出版会；木村和範（2008），『ジニ係数の形成』北海道大学出版会；岩井浩（2010），『雇用・失業指標と不安定就業の研究』関西大学出版部。
4) 是永純弘（2000），「経済研究における統計利用の基本問題」『統計学の思想と方法』北海道大学図書刊行会，2頁。（是永純弘［2000］，『経済学と統計的方法』八朔社，所収）。
5) 同書，2頁。
6) 吉田忠編（1995），「社会統計学の現状と課題」『現代統計学を学ぶ人のために』世界評論社，91-93頁。

7) 価格指数論への公理論的アプローチを検討することの重要性を鑑み，第**2**章で検討する。
8) 例えば，大橋隆憲（1971），『日本の階級構成』岩波書店。
9) 例えば，統計指標研究会（1977），『統計：日本経済分析（上）（下）』新日本出版社。
10) 電子政府，電子自治体構想との関連で次のシステムも注目できる。一つは1997年（平成9年）の霞ヶ関WAN（Wide Area Network）の整備運用である。このシステムは，「行政情報化推進基本計画（1994年12月25日閣議決定）」に基づいて整備された「電子メールや電子文書交換システムなどによる省庁間のコミュニケーションの迅速化・高度化や，法令，白書等のデータベースによる情報共有の推進を図るための総合的なネットワーク」である。もう一つはLGWAN（Local Government Wide Area Network）である。これは「地方公共団体間のコミュニケーションの円滑化，情報の共有による情報の高度利用を図ることを目的」とするネットワークで，2001年に創設され，2003年度までに東京都三宅村を除くすべての市区町村で接続されている。
11) 総務庁統計局統計基準部（1995），『統計行政の新中・長期構想』全国統計協会連合会。
12) 統計調査へのコンピュータの本格的導入は，1960年の国勢調査が最初である。その導入は，続いて他の統計調査に及んだ。コンピュータ化の範囲は，当初，集計，処理作業であり，調査の実施，結果の提供という領域での導入であった。1975年には統計審議会に情報処理部会が設置され，同部会によって初期データコードに関するガイドブックが作成され，次いで1995年には，「磁気テープにより民間及び都道府県に提供される統計データの在り方」が公表された。さらに，1985年以降，統計データ（主に指定統計）は磁気テープで提供されるようになった。
13) 田浦元（2006）「データ解析法」経済統計学会編『社会科学としての統計学（第4集）』（『統計学』90号［創刊50周年記念号］），産業統計研究社。
14) 樋口美男・太田清・新保一成（2006），『入門・パネルデータによる経済分析』日本評論社，5-6頁。
15) 全国レベルの失業率，平均所得，平均消費支出の時系列分析，所得階層別ないし都道府県別に集計されたある時点のクロス・セクション分析などがこれである。
16) この領域では社会統計学の注目すべき成果が出ている。松田芳郎・濱砂敬郎・森博美編（2000），『統計調査制度とミクロ統計の開示（講座：ミクロ統計分析①）』日本評論社。以下も参照；松田芳郎・伴金美・美添泰人（2000），『ミクロ統計の集計解析と技法（講座：ミクロ統計分析②）』，松田芳郎・垂水共之・近藤健文（2000），『地域社会経済の構造（講座：ミクロ統計分析③）』，いずれも日本評論社刊；『ミクロ統計データの現状と展望（特定領域研究「統計情報活用のフロンティアの拡大」A02「ミクロデータ利用の社会制度上の問題」平成11年（1999年）2月。水野谷武志は，「社会生活基本調査」のミクロデータを活用し，公表された集計表では明らかにできなかった雇用労働者夫妻の生活時間の実態を分析した（水野谷武志［2005］，「雇用労働者夫妻の生活時間（Ⅰ）―「社会生活基本調査」ミクロデータによる研究―」『雇用労働者の労働時間と生活時間―国際比較統計とジェンダーの視角から―』御茶の水書房）。岩井浩・村上雅敏は，「就業構造基本調査」の秘匿処理済ミクロデータを使って日本のワーキング・プアの推計を行ってい

る(岩井浩・村上雅俊［2007］,『日本の Working Poor の計測―就業構造基本調査リサンプリング・データの利用―(「調査と資料」第103号)』関西大学経済・政治研究所)。
17) 社会統計学の分野でのミクロデータを中心とする個票データの利用・分析の到達点,問題点,その利用可能性に関しては次の論稿で行き届いた整理と問題提起がなされている。坂田幸繁(2006),「個票データと統計利用」経済統計学会編『社会科学としての統計学・第4集』[『統計学』第90号創刊50周年記念号], 産業統計研究社。
18) 水野谷武志,前掲書, 140頁。
19) この種の調査は, 1960年代にアメリカで始まった。1966年からのオハイオ州立大学による NLS, 68年からのミシガン大学による PSID がこれである。前者は調査初年度に特定の年齢コーホート(30歳から44歳であった女性, 45歳から49歳であった男性, さらに12歳から24歳であった男女)を対象に, 中高年の雇用問題, 若年失業の問題に関する質問項目を設定して, 世代に固有の問題を分析するために設計された調査である。後者は, 1966/67年の人口センサスから全年齢層から抽出したサンプルによる全国の母集団を反映した情報の提供を課題としている。ヨーロッパ諸国でのパネル調査としては, ドイツ経済研究所が実施する「ドイツ社会経済調査」が代表的である。1980年代にはこの他, ベルギー, オランダ, ルクセンブルクで実施され, 1991年にはイギリスで, また1994年からは EU 統計局(Eurostat)が中心になって12カ国, 60,819世帯, 129,877人を対象とするパネル調査が行われようになった(北村行伸［2005］,『パネルデータ分析』岩波書店, 10-15頁)。水野谷が行った規模は小さいがパネルデータを使った雇用労働者夫妻の生活時間研究にも注目すべきである。水野谷武志(2007),『小規模パネル調査による雇用労働者夫妻の生活時間研究』(平成16年度〜平成18年度科学研究費補助金［若手研究B］研究成果報告書)
20) 樋口・太田・新保,前掲書, 7頁。
21) ガウス, ポアンカレの天文観測の観測誤差の理論, またフィッシャーが実験計画法の中で用いた分散分析などである。
22) 北村行伸,前掲書, 3頁。
23) 池田伸(2006),「民間企業におけるデータの蓄積と利用―マーケティングリサーチ, データマイニング, 統計―」『社会科学としての統計学・第4集』[『統計学』第90号［創刊50周年記念号］産業統計研究社。
24) 金子治平(1996),「情報化と統計学」『社会科学としての統計学・第3集』[『統計学』第69/70号［創刊40周年記念号］産業統計研究社。
25) 高崎禎夫(1976),「経済指数論」『社会科学としての統計学―日本における成果と展望―』(『統計学』第30号［創立20周年記念号］), 石原健一(1986),「物価・家計統計」『社会科学としての統計学・第2集』[『統計学』第49/50号［創刊30周年記念号］])石原健一(1996),「指数論」『社会科学としての統計学・第3集』[『統計学』第69/70号［創刊40周年記念号］]), 以上, 産業統計研究社。
26) 高崎禎夫(1975),「価格指数論史」佐藤博編著『現代経済学の源流―学説史的検討―(講座:現代経済学批判Ⅱ)』日本評論社；岩井(1972),「貨幣価値と価格指数―いわゆる『価格指数の経済理論―』」『経済論集』(関西大学)第22巻3号。高木秀玄(1994),

『物価指数論史』（高木秀玄先生著作刊行会）などを参照。
27）このことは次の文献を読めば了解できる。国際労働機構（2006），『消費者価格指数マニュアル・理論と実践』[ILO [2004], *Consumer Price Index: Theory and Practice*]（財団法人・日本統計協会訳）。
28）この他に1990年代半ばには通産省産業政策局物価対策課と総務庁との間でCPI（消費者物価指数）が実態を正確に反映しているかをめぐる論争（西友物価指数もこの論争に関与）があった。
29）内閣府・経済社会総合研究所・国民経済計算部（2004），「実質GDP（支出系列）における連鎖方式の導入について」（http://www.esri.cao.go.jp/jp/sna/041122/shiryou1.pdf（2010年7月1日アクセス）
30）Advisory Commission to Study the Consumer Price Index, *Toward a More Accurate Measure of the Cost of Living: Final Report*, 1996.
31）消費構造の変化に対応してウエイトより高い精度で更新する方法として「ラスパイレス連鎖方式による消費者物価指数」が参考指数として，1975年（昭和50年）基準から作成されている（総務省統計局[2006]『平成17年度・消費者物価指数の解説』32頁）。さらに連鎖方式による月次指数が2007年（平成19年）基準から公表されるようになった。
32）変化の内容は様々である。これらはいくつかのパターンに分けて考えられる。第一は品目が変更された場合である。例えば，掃除をするのにかつて箒が使われていた。箒が掃除機によって代替されるようになったという場合がこの「品目変更」である。第二は，銘柄が変更された場合である。この場合は，さらに2とおりに分けられる。一つは品質や機能が変化したとみなされる場合である。この場合，価格指数の接続は新旧銘柄の価格比を使う。もう一つはブランド名の変更のような，品質や機能の変化と関係がない場合である。この場合には，新旧銘柄はそのまま接続される。重量，容量の変化の場合は，同一単位量に換算して接続される。第三は，品質に変化があったとされる場合である。商品の品質は一般に，時間とともによくなる。とりわけ近年はIT関連商品でそれが著しい。パソコンを例にとると，その処理速度，主記憶容量，補助記憶装置の種類，容量は日進月歩である。この品質調整を価格指数にどのように反映させるかという問題がある。価格指数の測定でとりわけ困難な問題と考えられるのが，この「品質調整」という問題である。
33）価格指数と連鎖方式との関係は指数論の歴史とともに古い。連鎖指数の発想は，マーシャルまで遡ることができる。マーシャルは「コンテンポラリー・レビュー（*Contemporary Reviews*）」誌（1887年3月）に掲載された論文「一般物価の変動の救済策」のなかで，価格指数に新商品をどのように組み込むかについて触れている。もともとこの論文は，当時のイギリスの物価変動を避けるために通貨の基礎として二つの金属を採用することが可能かどうかを論じたもので，価格変動の救済策を価値の基準としての役割を通貨から解放し，これとは独立に購買力の基準確定を複本位制と呼ばれる二つの金属を基礎に実施すべきだという政策提言を行っている。当該論文は，したがって価格指数論を中心に論じたものではないが，末尾で通貨一単位の購買力の評価方法に言及し，新製品の発明を考慮するには「二つの離れた時点を，中間の時期の詳細な統計を利用することなし

第 I 編　統計と経済理論

に比較しようと試みるならば，いかに努力して見ても大して役に立つことがないが，組織的な統計によってかなりよく克服できる」として，新商品が登場したさいには「1890年の購買力の単位は，新商品を除いた他の商品を，1年前の価格で，1年前の単位が購入したのと同じ商品群を，1890年の価格で購入できるように作成される。しかし，1891年の単位を作成する時には，1890年の単位の「ウエイト」に多少の手直しを加えて，新商品がそれに加えられるようにする。その上で1891年の単位が，1890年の単位と同一の，新商品を含むすべての商品を購入できる力を与えるように決定される」と述べている。

　　(Marshall, A. [1887], "Remedies for Fluctuations of General Prices," *Contemporary Review,* March 1887; in A. C. Pigou (ed.), *Memories of Alfled Marshall,* London, 1925, p.209. (永井越郎訳 (1991)『マーシャル・経済論文集』188-189頁)。

34) ディビジア指数については，次の文献参照。森田優三 (1989),『物価指数理論の展開』東洋経済新報社；水野勝之 (1991),『ディビジア指数』創成社；水野勝之 (1998),『経済指数の理論と適用―消費分析への経済指数の適用―』創成社。本文中の数式展開は蓑谷千凰彦「経済指数」『経済学辞典III』東洋経済新報社，1981年，741-742頁に拠った。

35) ディビジア指数がいくつかの難点をもつことはよく知られている。難点の一つは，この指数が循環テストに合格しないことである。循環テストは，個々の指数算式の長所，短所を比較検討するときに便利な方法である。ディビジア指数がこのテストに合格しないということは，この指数が経路依存性を有するということ，すなわち基準時点から比較時点までの価格変化がその途中の価格変化の影響を受けるということ，両時点の個別価格が同じであっても，途中経路の価格が異なれば，指数の値も異なってくるということである。

36) M. K. Richter (1966), "Invariance Axioms and Economicndexes", *Econometrica*, Vol.34, No.4.

37) R. Roy (1942), De l'utilite. *Actualites Scientifiques et Industrielles.*

38) 石原健一 (1980),「ヘドニック価格指数の基本問題」『千里山経済学』(関西大学大学院)，第14巻2号；石原健一 (1988),「物価指数における品質の理論的取り扱いについて」『岐阜経済大学論集』(岐阜経済大学)，第22巻第2・3号。

39) CGE モデルの作成手順は，例えば，次のようである。①SNA，産業連関表から SAM (社会会計行列) を作成する。②SAM の全勘定の収支をバランスさせ，一致させる。③SAM が表象する均衡条件を再現するために SAM の各セルの値を特定し，収支一致メカニズムを設定する (CGE モデルの方程式体系の構築)。

40) 木村洋史・土井正幸 (2006),「運輸率変化による沖縄経済の影響に関する CGE モデル」『環太平洋産業連関分析学会・第17回 (2006年度) 大会・報告要旨集』46-50頁。なお，この学会ではセッション6「CGE モデル」が組まれ，二つの報告があった。

41) 森嶋通夫 (1956),『産業連関論』創文社，185頁。

42) 岩崎俊夫 (2003),「産業連関分析の現在とその展開」『統計的経済分析・経済計算の方法と課題』八朔社，参照。

43) 置塩信雄・野沢正徳編 (1983),『日本経済の数量分析 (現代資本主義叢書・第24巻)』大月書店。

44) 泉弘志（1992），『剰余価値率の実証研究』法律文化社．
45) 岩崎俊夫（2008），「研究ノート：地域産業連関表作成と利用の現状」『立教経済学研究』（立教大学経済研究会）第61巻3号．
46) 是永純弘（1962），「経済学研究における数学利用の基礎的諸条件の研究」（是永純弘『経済学と統計的方法』八朔社，2000年，142頁）．
47) 是永純弘（2000），「経済研究における統計利用の基本問題」『統計学の思想と方法』北海道大学図書刊行会．（是永純弘［2000］，『経済学と統計的方法』八朔社，66頁）．
48) 吉田忠（1995），「社会統計学の現状と課題」吉田編著『現代統計学を学ぶ人のために』世界思想社，91頁．最近では，石原健一，上藤一郎が統計指標体系の意義を強調している．とくに，上藤は石原の「社会科学的統計指標体系」の問題提起を評価しながらも，実際には難しい現状があるので，「社会科学的統計指標を体系化するには，様々な統計指標を組み合わせながら，あるいは独自の指標を作成しつつ然るべき社会科学の理論と方法に従って実証分析を行い，社会・経済問題に切り込むことによって，様々な社会・経済問題に対する理解が深まるのは無論のこと，統計指標体系それ自身の社会科学的意義もまた問い直され，社会科学的統計指標の体系化が漸次推進されていくものと思われる」と述べている．上藤一郎（2002），「統計利用の方法―社会統計学と数理統計学―」吉田忠・広岡博之・上藤一郎編著『生活空間の統計指標分析―人口・環境・食糧―』産業統計研究社，10頁．

第2章

価格指数論への公理論的アプローチ適用の問題点

はじめに

　本章の課題は，国際労働機構（ILO）が2004年に刊行した『消費者物価指数マニュアル・理論と実践（*Consumer Price Index: Theory and Practice*）』をとりあげ，そこで紹介されている価格指数論への公理論的アプローチを検討し，従来の価格指数論の批判的研究の到達点を確認することである。課題設定の動機は，次の3点である。

　第一に，経済学の分野でしばしば適用される公理論的アプローチの批判的検討は少なくないが，統計学あるいは統計指標論の分野でのその適用に対して，従来ほとんどそれがなされてこなかった。あるいは，関心が払われなかった。この点は，筆者が長く疑問に感じていたことであった。筆者はこの疑問の是非を確認したいと思い，本章の執筆を構想した。

　第二の動機は，前章で検討した社会統計学分野で「数理統計学研究の体系的受容」と関連する。ここで言う社会統計学とは，社会科学に基礎をおく統計理論であり，数理統計学に批判的な統計研究を目的とする統計学である。社会統計学による数理統計学の受容は，公理論的アプローチに対する関心の低さと無関係でない。筆者はこのことを懸念し，とくに価格指数論研究の先細りに着目し，この傾向に警鐘を鳴らす必要があると思うにいたった。付言すると，価格指数論の検討が近年，社会統計学の分野で停滞しているのは事実であるが，過去に遡れば，その業績の蓄積は豊富である。筆者は，本章でこの伝統を継承し，それらの現代的意義を再確認し，価格数論の今後の研究への指針を得ることを

意図している。

　第三に，ILO は2004年に『消費者物価指数マニュアル・理論と実践』の改訂版を刊行したが（以下，ILO マニュアルと略），このなかで公理論的アプローチの指数理論に多くのスペースが割かれている[1]。この作業には専門的な知識と広汎な経験とが必要であるが，同書はそのことを配慮して価格指数作成のための多くの概念的，理論的概観を提供している。価格指数論プロパーの分野の議論はこのマニュアルを別としても，現在もなお盛んである。記憶に新しいものとして，1966年12月にアメリカで M. J. ボスキン（M. J. Boskin）［スタンフォード大学］を委員長とする「消費者価格指数諮問委員会」のレポートがある[2]。ひるがえって日本の状況をみると，1990年代半ばには通産省産業政策局物価対策課と総務庁との間で CPI（消費者価格指数）についての論争があり[3]，また実務面では2004年12月から国民経済計算（GDP デフレータ）の実質化の手法が基本的に固定基準方式から連鎖方式へ移行することとなった。消費者物価指数論の分野の事情がこのようであるから，上記の一連の論議の検討に入るまえに，それに繋がる論点整理は意義のあることと思われる。とは言え，価格指数論をここで十全に展開することはできない。そこで，以下では公理論的アプローチが価格指数論に果たす役割の検討に焦点を絞り，議論の範囲を限定する。

　本章の主題を検討することの意義を一言，述べたい。価格指数論が過去から現在にいたるも，公理論的アプローチをその主要な方法としている事実は，価格指数論の学説史的展開を辿ると分かる。しかし，社会統計学の分野でそのことが指摘されることは稀であった。その方法論的な意義と限界は，検討されてこなかった。社会統計学の弱みである。何故なら，本文中で触れるように，価格指数論の分野では種々の指数算式の公理は種々のテストよって点検されてきたし，また現在もそうであるから，公理論的アプローチとは一体何かを検討することなく指数論の是非を評価することは本来できないはずである。また，指数論の経済学的アプローチと呼ばれるものも，公理化された経済学を理想とし，そこから発想して構成された経済学，具体的には経済主体の最大化行動仮説から出発して目的関数を定め，それを満たすべき条件を列挙して最大化問題を解く経済学が拠り所である。したがって，価格指数論に直接的にせよ，間接

的にせよ，思考の主要な枠組みとして使われる公理論に関心を向け，その考え方を批判的に検討することが重要なのである。本章がそのための契機になれば，と思う。

本章の構成は，以下のとおりである。第**1**節では，公理論アプローチの基本性格，とくにその問題点を確認する。第**2**節では，価格指数論と経済理論との関係を再確認する。ここでいう，経済理論とはミクロ経済学の消費者選好論である。価格指数論への公理論的アプローチの事例を引きながら，その得失を吟味する。第**3**節ではILOマニュアルにみられる公理論的アプローチを紹介，検討する。

全体を通して，価格指数論の分野では公理論的アプローチが重視されていること，そのことが価格指数を指標体系として構築するよりも一元的価格指数をめぐる議論（「真の価格指数」「最良の価格指数」）に帰着させてしまっている点を指摘したい。

1 公理論的アプローチの基本性格とその適用限界

1 公理論の基本性格

経済理論，統計理論（経済統計，統計指標）は，しばしば公理論的アプローチの対象となる。代表的事例をあげると，倉林義正はかつて，国民経済計算の計算構造の公理論的基礎を検討したO. オークルスト（O. Aukrust），J. ベナール（J. Benard）の研究に，また国民経済計算の対象である「国民経済」と企業会計の「企業」との相違を公理論的基礎にたちかえって検討したO. アルキポフ（O. Arkhipoff）の研究に着目し，彼らの研究を継承して国民経済計算の計算構造の公理的基礎の解明を試みた。倉林が試論で与えた公理は，「主体と対象に関する公理」「活動，所有，状況，および取引に関する公理」「実物的循環に関する公理」「実物的対象の循環と金融的循環の結合に関する公理」「取引のバランスに関する公理」である[4]。国民経済計算の分野では，その公理論的構成をめぐっての議論は，現在でも健在である[5]。

公理論的アプローチとは，上記の国民経済計算の公理論的アプローチに顕著

なように，経済学や統計計算に，数学の分野で認知されている公理論の基本的枠組みを適用する方法である。それでは，この公理論とは，そもそもどのようなものなのか。この点の要約を以下で試みたい。

公理論とは，少数の端緒的な定義 (definition) から始めて，公理 (axiom)，公準 (postulate) を確認し，定理 (theorem) を論理的に演繹的に証明する方法である[6]。古代ギリシャの数学者ユークリッド (Euclid) の『原論 (ストイケイア)』は，幾何学の構成で公理的方法を確立し，この方法は数学分野の財産となった[7]。

定義は，例えば「点とは部分をもたないものである」「線とは幅のない長さである」として示される。

公準は，次のとおりである。
(1)任意の2点を通る直線を引くことができる。
(2)線分は任意に延長できる。
(3)任意の点を中心とする任意の半径の円を描くことができる。
(4)すべての直角は等しい。
(5)平面内の二直線が第三の直線と交わり，その片側の向かい合った内角の和が二直角より小さいならば，その二直線を限りなく伸ばすと二直角より小さい角のある側で交わる（平行線公準）。

公理は，次のとおりである[8]。
(1)同一のものに等しいのなら，それらは同一である。
(2)等しいものを等しいものに加えたら，その結果も等しい。
(3)等しいものを等しいものから引いたなら，その結果も等しい。
(4)お互いに一致するものどうしは等しい。
(5)全体はそのどの部分よりも大である。

公理論という用語の淵源は，このユークリッドの『原論』にある[9]。ユークリッド段階では，公理と公準とは区別して使われ，前者は証明なしに容認できる命題を，後者は公理ほどには自明でないが，公理と同様に証明不可能な命題である。公理と公準とは歴史的に見るとかつては微妙に使い分けられていたが，現代数学では，両者は同じものとして区別されない。佐々木力は数学上の思想的革命に値するものとして「古代ギリシャにおける公理論的体系の発見」「17世

紀の微分積分学の定式化」「19世紀初頭の非ユークリッド幾何学の形成」を挙げている[10]。

　確認しておくべき重要ことは，次の二点である。一つは，数学を公理的に構成するユークリッド幾何学の登場は，もともとは経験的な科学であった数学が理論的科学に転換した後に初めて可能となったのであるが，経験科学としての蓄積が前提である[11]。第二に，ユークリッドの公理的方法とその体系は古代ギリシャの数学にとって決定的な意義をもったことは事実であるが，ギリシャ数学の財産はそれだけでなくアルキメデスによって提示された機械学的発見法も問題的解析の卓越した方法であった。古代ギリシャ数学の産物として公理的方法による理論の整序のみに着目するのは，一面的である[12]。

　その後，近代に入ってユークリッドの第5公準（平行線公準）を否定する命題をもつ幾何学，非ユークリッド幾何学を定式化する新しい幾何学の体系が提唱され，D. ヒルベルト（David Hilbert）はユークリッド幾何学を新たな次元で再構築した（『幾何学基礎論（*Grundlagen der Geometrie*）』）[13]。19世紀後半のことである。ヒルベルトの公理系は基礎的概念，公理に具体的な解釈をもとめず，空間的内容を捨象し，非空間的対象の性質をも取り込む。それは，ユークリッド幾何学にも非ユークリッド幾何学にも共通する命題の研究を可能にする公理体系の提供であった。曖昧さと矛盾のない壮大な数学体系を構想したヒルベルトの体系は，20世紀初頭の数学界を革新する画期的業績であり，他の科学分野に与えたその影響力は絶大であった。

　しかし，ヒルベルトの公理系とプログラムの実現は，B. ラッセルやK. ゲーデル（K. Gödel）などの論理学者，数学者が指摘しているように矛盾を内包している。ゲーデルは，不完全定理の証明によって，完全で無矛盾な数学体系を構想するのは不可能だということを証明した[14]。数学史の研究者である佐々木力によれば，ヒルベルトの公理論の難点は，問題とされる数学理論を構成する形式的な公理系がどこから来たのか，その由来を説明できないこと，であると述べている。佐々木はまた，形式主義的数学を無矛盾性の証明で正当化するヒルベルトの試みが悪循環を含んでいることを示したオランダのL. ブラウアー（L. Brouwer）の指摘（K. ゲーデルの不完全性定理の公表に先立って）を重視した[15]。佐々

木は「ゲーデルが不完全性定理によって，形式化された数学理論の限界性を浮き彫りにし…まともな数学理論は，自己完結性をもたず，その意味で『不完全』であり，純粋な観念の世界に自足できないこと，現実世界から完全には離脱できないことを示した（傍点は佐々木）」ことを再確認し，公理論または公理的方法だけに頼ることが数学の世界でも妥当しないことを示した。

2　公理論の諸科学への適用限界

数学分野の事情は，このようである。それでは，公理論を数学以外の科学，すなわち物理学などの自然諸科学あるいは社会科学に適用することに意義があるのだろうか，そして，その適用の可否の基準をどのように考えたらよいのだろうか。

G. ルザービン（Г.И.Рузавин）は，この点に関して，次のように述べている。理論を公理化する課題の一つは，学問の諸材料を系統化することであり，公理的方法は形式化の欠くべからざる要素であり，これによって科学上の知識の一定の組織化，すなわち系統化が可能になる[17]。理論構成への公理的方法の適用は，演繹的科学には重要な条件である。この方法は，既存の不変な概念や判断の間の論理的な関係を確立する。公理的方法あるいは一般に形式的方法の適用が効果をもつのは，使われる諸概念が大きな安定性をもつか，概念の変化や発展を捨象しうる科学の領域である。この条件の下では，理論のさまざまな要素の間の内的，論理的な関係は，重要な意味をもつ。それ故，数学および数学的自然科学では，公理化や形式化が顕著な成果を生みだす[18]，と。

ルザービンは，しかし，この理解の延長で，物理学を例に，その適用可能性について言及している。「物理学の理論を公理的に構成する目的は，理論を如何に理解するかに本質的に関係する。理論を，物理的実相を解明する手段として，すなわち経験的所与が演繹的に関連づけられる形式的構造として理解するならば，何よりも形式的厳密性をより満たしている公理化をよりよいものとみなすことは当然であろう。しかし，直接に験証しうる端緒的主張や，その帰結が実験的に験証しうる基本原理から，理論の命題を引き出そうとする場合には，形式的厳密性への考慮は一段と後退する。公理化がつねに物理学的理論の

発展の一部でしかなく，しかももっとも主要な部分でないのは，そのためである」と[19]。結局，非数学的科学における公理的方法の適用は，これらの科学で現象の量的分析についての数学的方法，たとえば解析学，統計学が充分に普及することによって，初めて可能になる。人文科学，社会科学の分野での多くの公理的方法の試みが不成功に終わったのは，現象の量的分析についての数学的方法の適用に限界があるからである。したがって，この方法の適用は普遍的でありえない[20]。

ところで，ヒルベルト自身は自らの一般相対論の公理論的提示がA. アインシュタイン（A. Einstein）の特殊相対性理論と同等の価値があると考えていた。ヒルベルトの公理論の影響力が第一次世界大戦後の物理学界で非常に大きかったことは，よく知られている。純粋数学の分野で通用していた審美性，無矛盾性，完全性の規範は，当時の物理学者をとりこにした。しかし，こうした物理学界の状況のなかでも，アインシュタイン自身は，ヒルベルト，H. ミンコフスキー（H. Minkowski）をはじめとしたゲッチンゲン大学の数学者による「物理学の公理化」の意図に違和感をもっていた，と伝えられている[21]。アインシュタインの数学的素養は確かなものであったが，彼自身は数学的形式を物理学的推論に役立つ道具とみなし，物理学の法則は実験的現象との緊密な比較によって達せられると考えていた[22]。数学者たちによる物理学の公理化を図る傾向を指し，アインシュタインは「彼らが物理学者より頭がよいことを誇示したいだけなのではないかと皮肉った」というエピソードがあるほどである[23]。

経済学の分野への公理的方法の導入にあたっては，ヴィーン派のC. メンガー（C. Menger），O. モルゲンシュテルン（O. Morgenstern）などが地ならしを行なった。経済学を数学的方法で展開することに努力を惜しまなかった論者は，その道を歩もうとした。その影響を受け，日本では早くから，水谷一雄などが公理的方法を持ち上げた[24]。水谷の理解は，ヒルベルトに言及しながら公理経済学の可能性に論及した次の引用に象徴的である。水谷は「それが（数学が―引用者）経済学を記述するに適当なるや否やは未知数であるが，少なくとも現今までの経過に徴すれば，その独自の厳密性の故に適用の範囲が非常に限局せられた高度の抽象化を前提にしてのみ始めてその適用を見るの事情にあった。

…経済学の全部を掬み盡して余蘊なきが如き言葉の体系を数学にもとめることは畢竟不可能ではないかとの疑問は依然として残る」と述べながら，次いで「…数学的厳密性を保ち乍ら而も経済学の全部を残りなく表現し得べき表章手段の体系を如何にして構成しうるかの問題…に答へんとするのが公理経済学である」と述べている。[25]

経済学の数学的方法に批判的スタンスを崩さなかった是永純弘は，こうした公理的構成による「経済学への数学的方法の適用」を正当化した経済学に批判を加えている。是永はモルゲンシュテルンの経済学を，「数学基礎論上の公理主義，数学の公理系構成の論法を，経済理論の構成にもそのまま類推・適用しようという試み[26]」と特徴づけた。モルゲンシュテルンは，是永が正当に指摘したように，ヒルベルトに依拠して「公理論的方法はすべての学問に適用できる。…理論経済をひとつの公理論にすることも充分に可能である」とし，経済学の理論の「精密化」のために，また「最初からすべての推論の帰結を認識することのできない人間の知能の限界性を補強する」ために，公理論的な構成が必要であると述べた確信的な公理論的経済学者であった[27]。

公理系においては一般に，①公理から演繹される諸命題の無矛盾性，②公理からの演繹可能性，③諸公理相互間の無矛盾性，などの諸要件が充たされなければならない。とくに重視されるのは「公理系の無矛盾性」である。とはいえ，経済学での公理系の基礎命題の内容は恣意的である。公理化された経済学では，公理の内容が現実的であるかどうかは，経済分析の妥当性にとっては切実でない，と言い切る論者もいる。是永はこのように公理主義の基本性格をおさえ，結論として公理主義における理論体系の無矛盾性の要求，基礎命題の内容の任意性の容認が，経済学の本来の研究対象となるべき事象から研究者の目をそらせる役割を果たすと，懸念を表明した。なぜなら，公理的方法は単なる形式化の方法の行きつくところ，理論の真理性の基準として形式論理学的規則による演繹過程の無矛盾性を標榜する限り，そこでは概念や命題の真の発展の過程を期待しえないからであり，また公理主義が公理の内容の任意性を容認するかぎり，経済理論は経験的規則性，法則性とは無関係な「道具箱」におきかえられるからである[28]。

杉森滉一の批判は、より直截的である。「現代経済学の理論分野では、まず公理系を展開しておき、その帰結を経済現象と対応させて、数学的命題の経済的解釈という形で経済理論を導くという仕方が…一般化している。また、経済的現実を素材にした数学的展開がすでにある場合には、そこから経済的意味を捨象して、より抽象的な公理系に整理することがおこなわれている」。杉森はこれらを公理主義的利用論ととらえ、その考え方の背後にある「プラトン主義的性格（抽象的な公理系を観念的に想定し、現実をその具現とみなす見地）」「プラグマチズム的性格（公理系を現実を説明する手段とみる見地）」にメスを入れた。さらに杉森は「公理的方法が数学においてきわめて有効であったこと[29]」、「また、公理的方法自体は、…分析・総合という科学の方法を方法論的に厳密にする上で…参照すべき素材を提供」し、「この意味で公理的方法の（経済学をふくむ）諸科学における、方法論としての意義は軽視できない[30]」ことを認めつつ、無矛盾性、完全性、独立性が保証された複数の公理で基礎付けることから出発して演繹によって諸定理を導出し、これらを記号化することで対象である経済現象の構造、関係を表現し、明らかにしたとする経済学を方法論的公理主義と批判した。

　経済学を公理論で構成しようとする試みの基本性格は、以上の指摘で端的に特徴づけられている[31]。関連して、一点、付言すると、統計解析の数学的解釈、とくに確率の数学理論を公理化した A. コルモゴロフ（A. Kolmogorov）は自身の成果として「満足のいく確率の数学理論を構築した」にもかかわらず、そのことは「確率論の定理と手法が内部的にはまったく自己矛盾のないことを意味しているにすぎ」ず、「確率は実生活においてどんな意味合いを持っているのか」を検討することが最終課題であり、「もしもこの問題が解かれることのないままなら、科学に対するすべての統計的アプローチが、自らの矛盾に堪えきれずに崩壊するかもしれない」と考えていた。コルモゴロフの晩年の研究はこの課題に捧げられ、そのさいに彼がとった方法は過去の公理や自らの答えを拭いさって確率を考え直すことであった[32]。

　公理論とは何か。また、数学以外の領域（物理学など）への適用の条件とその可否、とくに経済学の公理化が意味することは、以上である。筆者がここま

でに行ったのは，公理論的アプローチの基本性格の要約である。次に，本章の主題である，指数論への公理論的アプローチの検討に入る。

2 価格指数論の系譜とその経済理論

1 価格指数論の潮流と公理論的アプローチ

価格指数論への公理論的アプローチは，2とおりある。第一のそれは価格指数論を支える経済理論が公理論的な構成をとっている場合である。第二のそれは，さまざまな指数算式の指数としての妥当性を公理から出発して検討する方法である。この方法では指数は，種々のテストによって公理論的点検を受ける。

以下ではまず，価格指数論の系譜を概観し，上記のうち第一のアプローチに関わって，どのような経済理論が指数論の基礎となっているかを確認する。次いで，第二のアプローチにと関わって，テストによる指数の評価の内容を点検する。R. フリッシュ（R. Flish）はかつて，以下で述べるように，価格指数論の系譜を原子論的アプローチ（atomistic approach）と関数論的アプローチ（functional approach）とに整理した。[33] 上記の第一のアプローチに後者が，第二のアプローチに前者がそれぞれ対応する。

原子論的アプローチは，種々の財の価格と数量の2組をそれぞれ独立の変数とみなし，価格の一般的な変動を測る関数を形式的な基準で定義する考え方である。このアプローチは，さらに確率論的アプローチと，形式的テストの方法を重んじるアプローチと区別することができる。今日の統計的接近（statistical approach）は，この流れの延長上にある。W. S. ジェヴォンス（W. S. Jevons），F. Y. エッジワース（F. Y. Edgeworth），C. H. ウォルシュ（C. H. Walsh），I. フィッシャー（I. Fisher），などの価格指数論は，この系譜に属する。

これに対し，関数論的アプローチは，種々の財の価格と数量との相互依存関係（ただし，価格は独立に変化するが，対応する数量は価格によって決定されるとされる）を特定の消費者が同一の効用水準を得るために必要な貨幣支出額の比率として測定することを特徴とするが，さらに消費者選好論を援用し，経済理論的に意味づける。今日の経済理論的アプローチ（economic-theoretic approach）は，

この流れをくむ。A. C. ピグー（A. C. Pigou），G. ハーバラー（G. Haberler），A. A. コニュス（A. A. Конюс），A. L. ボーレー（A. L. Bowley），R. G. D. アレン（R. G. D. Allen）などの価格指数論は，この系譜である。

　価格指数論の系譜を顧みると，そこでの主要な課題は，指数の測定対象である「貨幣価値変動測定」（「生計費変動測定」とする論者もいるが，その内容は「貨幣価値変動測定」の問題の別の表現と考えてよい）の問題にどのように接近するか，ということに他ならなかった。複数の価格指数を提起した統計学者がいないわけではない。例えば，エッジワースは価格指数を複数の標準のもとに6種類に分けた。それらの標準は，不変標準，通貨標準，消費標準，所得標準，生産標準，資本標準である。しかし，エッジワースは，貨幣価値を対象とする不変標準を一般的な価格指数と考えた。指数論の課題がこのように限定されていたことを確認したうえで，従来の価格指数論が依拠してきた経済理論は過去から現在に至るも主観価値説（限界効用理論）の立場をとり，内容的には限界効用理論に立脚する主観的貨幣価値（指数は2時点の同一の結合財の価格総額の比較による貨幣の効用価値の変動の測定）と貨幣数量説であった。[34]

　指数論の来歴は，上記のとおりである。しかし，これにいくつかのヴァリアントがある。ディビジア指数の再評価[35]，品質変化を考慮したヘドニックアプローチの実証的研究[36]などがそれである。ディビジア指数はもともと微分法によって開発された指数であり，経済理論と関係をもたないと考えられ，その評価は曖昧であったが，その後，公理論的解釈のもとに再評価され，近年ではむしろ経済理論的接近からも再解釈され注目を浴びている。ヘドニックアプローチは関数論的アプローチの産物であるが，ランカスター・モデルというミクロ経済学の消費者選好論の応用によって理論的に基礎づけられた。指数論のこれらのヴァリアントに関する検討は重要な課題であるがここでは深入りせず，別の機会に論じる。

　上記の原子論的アプローチと関数論的アプローチとの間では，あるいは統計的アプローチと経済理論的アプローチとの間ではかつて，後述のように，資本主義経済と通貨制度の客観的な構造的変化を反映して，熾烈な論争があった。木村太郎はかつて次のように指摘した。貨幣論的立場からの多元的指数論は「第

一次世界大戦後の物価水準測定の問題が，…小売物価と卸売物価との乖離，貨幣の国内価値と対外価値との分裂に対応し，従来の一般的物価水準測定を建前とする集団的平均的物価指数論（原子論的アプローチによる：筆者）に対する批判として展開されたことは必然であったといえよう。／Jevons を創始とし，Bowley, Walsh, Mitchel, Flaskamper 等によって継承されている伝統的物価指数論すなわち集団的平均的物価指数論に対して，経済理論的立場からの，特に貨幣論的立場からの猛烈な攻撃が開始され」[37]た。

今日では両者の対立的傾向は，顕著ではない。むしろ，両者は相互補完的な関係を維持しているように見える。指数論への公理論的アプローチを大枠とし，両者の価格論は経済理論的には限界効用論に主導された主観価値説をベースとし，方法論としての重心の置き方，あるいは焦点の絞り方での差異を相互に容認しながら展開されている。両アプローチによる評価の補完関係の好例は，ディビジア指数である。ここでは詳細な言及できないが，この指数はもともと F. ディビジア（F. Divisia）が純粋に数学的関心から，経済取引の基本方程式（$PQ = \Sigma pq$）から出発し，微分法を用いて導出したものである。当初，ディビジア指数はその経済理論的根拠が曖昧と評価され，指数論者の間でも関心を惹くことがなかった。しかし，ディビジア指数を消費者選好論と関連づける理論が R. ロイ（R. Roy）[38]によって1942年の論稿で提起され，経済理論的に基礎付けられた。また，M. K. リヒター（M. K. Richter）が1966年の論文で，不変性，比例性，連続性などの公理系を満足する指数算式はディビジア指数のみであると言及したことで，この指数への注目度は高まった[39]。見られるように，ディビジア指数はその出発の動機づけはともかく，二つのアプローチから解釈が与えられ，現在の評価にいたっている。

次項では前者の「公理化された」経済理論的アプローチからの価格指数論について，問題点の整理を行う。次いで，その問題点指摘する。

2　価格指数の経済理論

関数論的価格指数の要点は，説明の方法が論者によって微妙に異なる。通説では，ハーバラーによって基礎付けられた指数論の定式化が認知されている

が，学説史的にはコニュス，ボルトケヴィッチ（L. v. Bortkiewicz），フリッシュなどの指数論の継承と捉えるべきである。

　関数論的価格指数論ではまず，一定の効用関数を有する個人の消費行動が定義づけられる。実際問題としては，この効用関数を決定し，基準時点および比較時点の等価的支出を確定することはできない。そこで，関数論的価格指数の定義に可能な限り近似的な値を獲得する研究がなされた。その方向は，2とおりであった。第一は，限界値論（theory of limits）と呼ばれる，価格水準の変動割合を限界値から絞り込んで確定する方法である。第二は，近似値論（theory of approximations）と呼ばれるもので，価格指数の正確な値を近似的にでも把握しようとする方法である。

　多くのテキストで取り上げられている限界値論のスタンダードな説明は，以下のようである。[40]関数論的価格指数論は他にも上記の近似値論，弾力性論などがあるが，限界値論は関数論的指数論の特徴が明確であるうえ，理解が容易であるので，その主張の概要を念頭に入れておくと，指数論理解に役立つ。

　限界値論は，ミクロ経済学の消費者選好論の応用である。関連づけられる価格指数は良く知られたラスパイレス指数とパーシェ指数なので，馴染みやすい。

　観察不可能な真の価格指数（真の生計費指数）と観察可能なラスパイレス指数およびパーシェ指数との関係を理論化したのは，コニュスが最初である。コニュスは，この理論を次の2個の公準（postulate）から解く。[41]

公準1：消費者の欲望を満足する一般的状態は，消費される消費財 $x_1, x_2, x_3, \cdots x_n$ の数量の関数である。

公準2：もし消費者が一定期間に，$a_1, a_2, a_3, \cdots a_n$ の価格をもつ異なる財の数量 $x_1, x_2, \cdots x_n$ を消費したなら，そのとき選択された消費財の量は彼の効用関数が最大化されるように選択されたのである。

　これらの公準から導出されるコニュスの結論（conclusion）は，次のようである。[42]

結論1：欲望満足の一般的状態（生活水準）は，相対価格と消費者の総支出額とによって決まる。

図2-1　消費者選好図

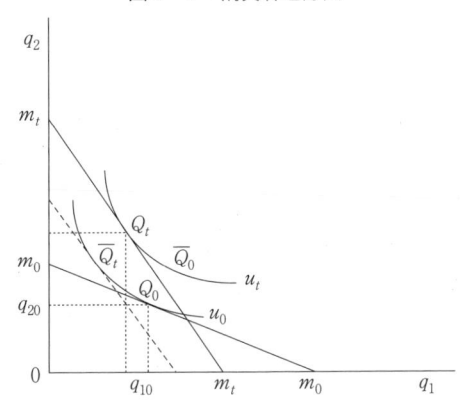

結論2：各財の消費数量は全ての財の価格と消費者の総支出額によって決まる。

80年ほど前に提起された限界値論のこの原型は，今日ではフリッシュによる無差別曲線アプローチにならって，次の簡明な説明が与えられている。[43]

まず，2財モデルで考える。ある消費者が2財 q_1, q_2 を購入し，2財の組み合わせで消費を行い，満足を得るとする。満足の度合いが，効用である。財 q_1, q_2 の組み合わせを考えると，同一の効用を得るにはその組み合わせは2財 q_1, q_2 の代替関係でさまざま考えられる。等しい効用を得る点をつなぐと原点に対して凸の曲線を描くことができる。この曲線は，無差別効用曲線（utility indifference curve）と呼ばれる。

当該消費者の所得を Y とし，当該の2財の価格を p_1, p_2 とすると，所得 Y という予算制約のもとでの購入可能な財の組み合わせが次式である。

$$Y = p_1 q_1 + p_2 q_2 \quad \text{（添字は財の番号）} \quad (1)$$

所得と2財の価格を与件として，消費者はこの条件下で効用の最大値をもとめて行動すると仮定する。この場合 q_1, q_2 の組み合わせは，予算制約式と無差別曲線の接点で決まる。q_1, q_2 の組み合わせが，均衡購入量（equilibrium purchase）である。

ミクロ経済学の消費者行動モデルでは，このように代替関係にある財を品質の異なる財として定義し，そこでの消費者選好の関係を異なる財の消費量として，また消費者均衡点を予算集合と無差別曲線の接点で示す。

基準時点における2財の価格が p_{10}, p_{20} であり，予算制約式が m_0, m_0 であるとする。予算制約のこの直線と無差別曲線は u_0 との接点 $Q_0(q_{10}, q_{20})$ は，基準時点での2財の購入量の組合せである。基準時点の2財の購入結果は，

第Ⅰ編　統計と経済理論

$$Q_0 = \sum_{i=1}^{2} p_{i0} \, q_{i0} \qquad となる。 \qquad (2)$$

これを多数財に敷衍すると，次式が得られる。

$$Q_0 = \sum_{i=1}^{n} p_{i0} \, q_{i0} \qquad (3)$$

ところで，t時点に各財の価格がp_1からp_2に変化したとすると，この価格体系のもとで，上記の組み合わせと等しい効用を得るには，同一の無差別曲線u_0上の点を$\overline{Q}_t$とし，この点での均衡購入量を$\overline{q}_{it}$とする次式になる。

$$\overline{Q}_{it} = \sum_{i=1}^{n} p_{it} \, \overline{q}_{it} \qquad (4)$$

新価格体系P_tのもとで従来の購入量q_0を得る組み合わせ$\sum_{i=1}^{n} p_{it} \, q_{i0}$と比較すると，無差別曲線は原点に対して凸であるから，

$$\sum_{i=1}^{n} p_{it} \, q_{i0} > \sum_{i=1}^{n} p_{it} \, \overline{q}_{it} \qquad (5)$$

となる。

消費者は新価格体系のもとで，基準次の購入量を継続して$\sum_{i=1}^{n} p_{it} \, q_{i0}$の支出を行わない。彼はより大きな効用をもとめ，基準時点の価格体系で決まる購入量よりも有利な購入の組み合わせを選択し，無差別曲線u_t上で$\sum_{i=1}^{n} p_{it} \, \overline{q}_{it}$の支出をする。これを０時点の実際の購入額で除すると次式のようである。

$$P_t^L = \frac{\sum_{i=1}^{n} p_{it} \, q_{i0}}{\sum_{i=1}^{n} p_{i0} \, q_{i0}} > \frac{\sum_{i=1}^{n} p_{it} \, \overline{q}_{it}}{\sum_{i=1}^{n} p_{i0} \, \overline{q}_{i0}} = I(u_0) \qquad (6)$$

（6）式の左辺はラスパイレス指数であり，右辺は効用不変価格指数である。真の価格指数がラスパイレス式でもとめた価格指数より小さいことを示したこの不等式は，価格体系が変化した場合，消費者はもとの価格よりも有利な購入量を選択するはずであるという仮定のもとに成立する。

次にt時点に実現した財の購入を考える。図の$Q_{it} = \sum_{i=1}^{n} p_{it} \, q_{it}$について，この時点の無差別曲線は$u_t$である。価格体系$P_0$を考えた場合，それぞれの$p_{i0}$のもとで効用$u_t$を得るための均衡購入量は，$u_t$曲線上で０時点の予算制約式$m_0 m_0$との平行線$m_1 m_1$との接線$Q_0$でのそれとなる。この点での均衡購入量を$q_0$とすると，

$$\sum_{i=1}^{n} p_{i0} \, q_{it} > \sum_{i=1}^{n} p_{i0} \, \overline{q}_{i0} \qquad (7)$$

が成立する。

u_tの効用不変価格指数を,

$$I(u_t) = \frac{\sum_{i=0}^{n} p_{it}\, q_{it}}{\sum_{i=0}^{n} p_{i0}\, \bar{q}_{i0}} \qquad \text{とすると,}$$

$$I(u_t) = \frac{\sum_{i=0}^{n} p_{it}\, q_{it}}{\sum_{i=0}^{n} p_{i0}\, \bar{q}_{i0}} > \frac{\sum_{i=0}^{n} p_{it}\, q_{it}}{\sum_{i=1}^{n} p_{i0}\, q_{it}} = P_t^P \qquad (8)$$

である。P_t^Pは，パーシェ指数である。

ここで $I(u_0) \approx I(u_t)$ と考えられるから，$P_t^L > I(u_t) \approx I(u_0) > P_t^P$ が成立する。[44]

このように考えると，真の価格指数（測定できない）は，ラスパイレス指数を上限値とし，パーシェ指数を下限値とみなす領域の範囲に存在することになる。

3 消費者行動論の問題点

　限界値論に代表される，無差別効用曲線，予算制約線，消費者均衡点などの概念を使った消費者選好論は，後述のように限定された消費者個人の選好尺度不変の仮定をおいた理論構成物である。その内容はこの消費者個人の消費慣習が変化しない短期の，静態的性格をもった指数論である。[45]

　消費者選好論は，非現実的ないくつかの仮定の下に成立する。消費者は，目的となる価格指数に対して限定された行動をとる集団のなかの抽象的な個人である。所与の予算をもつこの消費者は，効用関数に表される選好尺度に従って効用最大化の原理のもとで消費行動を行う。一定の予算制約のもとで，消費者は最大の効用をもとめて行動し，その実現が仮定される。行動の動機は主観的であり，価格水準が比較される2時点間で選好尺度は変わらない。

　財はさしあたり2財であり（toy problem），相互に代替的である。それぞれの財にはそれぞれ2時点の価格が与えられる。

　理論のフレームは，以上のとおりである。一見して，ここに与えられた経済は特殊な条件のもとで，いわば現実からの抽象ではなく，観念的にかつ先見的に構成された空間である。単独の消費者の行動にそくした原理が構成されることを含め，上記の諸条件は予め証明する必要のない与件，本章のテーマにそく

して言い換えれば公理的与件と考えられる。想定されたこの空間は，実はどこにもない世界である。内容がこのようなものなので，まさにそれゆえに市場原理が成立している空間さえ保証されれば，どの経済社会にも適用可能である。このようなアプローチで歴史的，社会的な尺度である価格の水準と動向を測ることは難しいであろう。

　次いで，財が相互代替的な2財が与えられ，消費者はそれぞれの財の相対的な価格の変化の情報をいちはやく得ることができると仮定され（その費用には触れず），個々の消費者は効用最大化に向けて行動する。効用最大化の行動と言っても，その内容は所与の価格水準にある財の組み合わせによって得られるものの最大値をめざす行動であるから，これも驚くほど単純な条件である[46]。くわえて，効用最大化行動の仮定といっても，消費者が価格情報をすぐさま得ることができること，またそれが結果として実現すると予定されていること，さらに相互代替の条件におかれている財の範囲での効用の最大化にすぎないことなど，いくつかの前提がある。これらの前提はある程度，現実からの抽象という側面がないわけではないと強弁することはできるかもしれないが，論理の全体は，先に指摘した公理をもとに，極めて制約された思惟の範囲で，観念的，形式的な演繹による命題の導出のプロセスである。

　論理展開を現実に近づけるために，消費者選好論は市場に存在する財を2財から，多数財へ，その一般化を測る。しかし，その一般化の方法は，記号による一般化である。形式的な演繹の過程も省略されることがある。

　「真の価格指数」が指しているものが何かは不明であるが，限界値論を支持する論者は上記の公理論的説明で，その存在がラスパイレス指数とパーシェ指数との間に存在することを「証明」したかのように考える。しかし，現実経済の動態の考察を回避したこの論理操作からは，意味のある回答を導出することは無理なのではなかろうか。

　以上，要するに，消費者行動の理論は日常の消費生活とは全く脈絡のない，消費者行動の「理路整然」とした数学的分析である。消費する諸財の関数として効用がはかられ，その関数の導関数が限界効用であり，同一の効用を与える諸財の組み合わせの軌跡が無差別曲線である。この理論内容を理解するには，

初等の微積分の知識さえあればよく,経済全体のメカニズム,また消費経済に関する実態的な知識のあるなしは,経済理解の深浅と関わらない[47]。

なお,公理論的アプローチとの関わりで,P. A. サミュエルソン (P. A. Samuelson) が上述の消費者選好論を公理論的観点から進化させたことを指摘しておきたい。彼の提唱したアプローチは,無差別曲線によるアプローチにたよることなく,最小限の反証可能な公理からの演繹でこの理論の諸定理を証明するものである。無差別曲線を使わない点ではA. A. コニュスの指数論も同様であったが,サミュエルソンのアプローチは最小限の公理をおいて「消費者選択指数理論が実証分析の場面で,価格と数量データの範囲で,何を論証できて何が論証できないのかを単純明確に語っている点で優れていた[48]」。もっともサミュエルソン・アプローチの優位性に関わるこの評価は,あくまでも公理論的観点の下でのそれである。したがって,サミュエルソンの提唱は,本章で展開している公理論的アプローチに対する筆者の評価を変えるものではない。

3 価格指数のテスト

1 種々の指数と公理論的アプローチ

ILOマニュアルは,公理論的アプローチの説明に先立ち,指数論の簡明な解説を与えている。価格指数は「2つの時点に関する価額の比を,2時点間の価格の全般的な変化を計測する成分」であり,これは2時点間の数量の全般的な変化を計測する成分である数量指数とセットである。最も単純な指数は,固定マーケット・バスケット方式の指数であり,このバスケットを基準次で固定するか,比較時で固定するかで,ラスパイレス式とパーシェ式との相違がある。ラスパイレス指数とパーシェ指数の算式は,既に示した。

この他,ロウ指数,フィッシャー指数,ウォルシュ指数,ツルンクビスト指数などが登場する。それぞれの算式は,順に次のとおりである。

$$\text{ロウ指数} \quad P_{LO} \equiv \frac{\sum_{i=1}^{n} p_i^t q_i}{\sum_{i=1}^{n} p_i^0 q_i}$$

フィッシャー指数　　　　$P_F \equiv \sqrt{p_L p_P}$

ウォルシュ指数　　　　$P_w \equiv \dfrac{\sum\limits_{i=1}^{n} P_i^t \sqrt{q_i^t q_i^0}}{\sum\limits_{i=1}^{n} P_i^0 \sqrt{q_i^t q_i^0}}$

ツルンクビスト指数　　$p_T = \prod\limits_{i=1}^{n}(p_i^t/q_i^0)^{\sigma_i}$　　ここで$\sigma_i = \dfrac{S_i^t + S_i^0}{2}$

　ロウ指数は，比較時点間において，マーケット・バスケットと呼ばれる一定量の財の数量の購入に要する費用の割合の変化として指数が定義される。フィッシャー式は，ラスパイレス式とパーシェ式のそれぞれの指数の幾何平均である。理想算式とも呼ばれる。ウォルシュ指数は，購入数量が２時点の数量の幾何平均で構成される。ツルンクビスト指数は，２時点間の平均支出割合をウエイトとする価格比の幾何平均である[49]。

　指数論への公理論的アプローチの一般的方法は，まず複数の公理をたて，この公理を基準に個々の指数をテストと呼ばれる方法で点検する。具体的には，指数が持つべき特質が公理として掲げられ，種々の指数をテストにかける，テストに合致すれば，そのテストに限って，妥当な指数とみなされ，逆は逆である。テストは複数あるので，個々の指数はあるテストには合格しても，他のテストには合格しないこともある。いずれにしても，複数のテストを受けることで，指数の性格，得失が定められる。このアプローチの考え方は，指数の背後には「真の物価水準」が存在するとみなし，個々の指数が表象する物価水準はこの「真の物価水準」とは何がしかの誤差をもつ観測値とみなされるので，公理にもとづくテストで個々の指数の指数としての妥当性を吟味するものである。その目的は「真の物価水準」を反映する望ましい指数の採択を可能な限り目指すことである。こうした考え方は，統計学の分野の伝統として古くからあり，フィッシャーのテストが古典的なテストとしてつとに知られている[50]。

　ILOマニュアルは，CPIのベースにある指数論と経済理論について書かれた第15章から第18章のうちの１章を割き，CPIへの公理論的アプローチを紹介している[51]。公理論的アプローチは，このマニュアルによれば「指数がもつことの望ましい多くの特性を列挙し，特定の算式がそれらの特性をもっているかどう

第2章　価格指数論への公理論的アプローチ適用の問題点

かを検査する」方法と述べられている[52]。それは「指数算式の数学的特性を見ること」であり，「指数の望ましい性質を提案し，任意の算式がこれらの性質又は検査に矛盾しないかどうかを見つける」ことである[53]。指数論への公理的アプローチについて，上記で指摘したことと同じことがここでも指摘されている。

2　「第1公理論的接近方法」と「第2公理論的接近方法」のテスト基準

公理論的アプローチをこのように説明し，同書は指数の枠組みを「一元的指数」と「二元的指数」とに区分する。前者は一時点の価額合計値を，その時点の価格水準を反映した数字と数量水準を反映する数字との積に分解する指数であり，後者は同じ n 品目の価格及び数量が二時点について与えられ，その目的が一時点の全般的な価格水準をもう一つの時点と比較する指数である。価格ベクトルと数量ベクトルが独立変数とみなされる「一元的指数」では，物価および数量水準の決定の公理論的アプローチを追及することは無益とされ，次いで二元的価格指数を決定する場合への公理的方法の適用を「第1公理論的接近方法」と「第2公理論的接近方法」とに区分する。前者は「価格及び数量指数，比較される二つの時点に関する二つの価格ベクトルと二つの数量ベクトルの関数として定義」され[54]，20の公理を要求する。後者は「価格指数は2組の価格又はその比率，及び2組の価額の関数として定義」され[55]，17の公理を要求する。

「第1公理論的接近方法」は，フィッシャーが開発した伝統的テストである。価格指数，数量指数は，比較される二つの時点に関する二つの価格ベクトルと数量ベクトルの関数で表される。価格と数量とは，基本的に独立変数である。フィッシャー指数は，ここで掲げられた20のテストを全て満たすので「最良」である，あるいは全てのテストを満たすのはフィッシャー指数のみである。ラスパイレスおよびパーシェ指数は，三つの転逆テスト（時間転逆テスト，数量転逆テスト，価格転逆テスト）を満足させないが，もし個々のテストの重要性が同等であるならば，これらの指数は「次善」である[56]。

「第2公理論的接近方法」。ここでは価格指数は2組の価格またはその比率，および2組の価額の関数である。ここではそれらのうち，主な八つのテストを引用する[57]。

51

T 1　正符号性（価格指数および価格と数量の構成ベクトルは正である）。
$$P(p^0, p^1, v^0, v^1) > 0$$

T 3　同一性（もし全ての生産物の価格が両時点で同一ならば，価格指数は，数量ベクトルが何であろうが，1である）。
$$P(p^0, p^1, v^0, v^1) = 1$$

T 5　基準時点価格反比例性（時点0のすべての価格に整数λを乗じると，新しい価格指数は元の価格指数の$1/\lambda$倍である）。$\lambda > 0$ に対し，
$$P(\lambda p^0, p^1, v^0, v^1) = \lambda^{-1} P(p^0, p^1, v^0, v^1) \quad \lambda > 0$$

T10　時間転逆検査（もし時点0と1のデータを入れ替えたとすると，得られる価格指数は元の価格指数の逆数と等しくなる）。
$$P(p^0, p^1, v^0, v^1) = 1/P(p^1, p^0, v^1, v^0)$$

T11　固定価額ウエイトの場合の価格の遷移性（時点0から1への指数に時点1から2への指数を乗じた積が，時点2の価格を時点0の価格と直接比較した指数に一致すべきである）。
$$P(p^0, p^1, v^r, v^s) P(p^1, p^2, v^r, v^s) = P(p^0, p^2, v^r, v^s)$$

T14　現在価格に関する単調性（時点1のある価格が上昇するならば，[価格ベクトルは固定するとして] 価格指数は上昇すべきであり，$P(p^0, p^1, v^0, v^1)$はp^0, v^0, v^1を固定したとき，p^1の要素において増加する）。
$$P^1 < P^2 \text{ ならば} \quad P(p^0, p^1, v^0, v^1) < P(p^0, p^2, v^0, v^1)$$

T16　自己の支出割合による価格のウエイト付け（ここで $\left[v_1^t / \sum_{k=1}^n v_k^t \right]$ は時点tの商品1への支出割合s_1^tに等しい。2時点の支出を任意に与えるとすれば，指数は商品1の2つの価格及び商品1の2つの支出割合のみに依存する）。
$$P(p_1^0, 1, \ldots, 1; p_1^1, 1, \ldots, 1; v^0, v^1) = f\left(p_1^0, p_1^1, \left[v_1^0 / \sum_{k=1}^n v_k^0\right], \left[v_1^1 / \sum_{k=1}^n v_k^1\right]\right)$$

T17　微小な価額ウエイトを持つ価格変化の無関係性（商品1の価額ウエイトが微小ならば，2つの時点の間の商品1の価格がどうあっても指数には関係ない）。
$$P(p_1^0, 1, \ldots, 1; p_1^1, 1, \ldots, 1; 0, v_2^0, \ldots, v_n^0; 0, v_2^1, \ldots, v_n^1) = 1$$

ツルンクビスト指数またはツルンクビスト・タイル指数はここの掲げられた17の全てのテストをクリアすると指摘されている。ただし，この指数は要素転逆テストを満足させない。ロウ指数は時点転逆テストと循環性テストを満たす

ので，公理論的アプローチからは優れた指数といえる[58]。これがILOマニュアルの結論である。

3　公理論的アプローチの帰結とその克服

　以上，ILOマニュアルが依拠する公理的アプローチについて，その公理がどのようなものかを見た[59]。

　テストは，その呼び名が「最良指数」であろうが，「理想的指数」であろうが，「真の価格指数」に近似する絶対的かつ客観的な，一元的指数の選択のために行われる。公理は，その基準である。

　問題は結局，価格指数が何を測定しているのか，という問題に帰着する。指数が測定しているのは，貨幣価値の変動なのか，生計費の変動なのか，あるいは文字どおりに諸物価の平均的水準の変動なのか，である。それとも，価格指数はデフレータ作成のために用意されるものであろうか。種々の指数が編み出され，それらがテストにかけられて，指数としての可否が問われるが，残念ながら，この点の議論が欠けている。公理論的アプローチは，それに先立つ経済学的な範疇規定，正確な概念構築が必要であるが，それらが無いのである。テストによって「理想指数」や「最良指数」をもとめるアプローチには，殊にこの点の理論的な自覚が乏しい。

　公理に基づくテストによって個々の算式をチェックするアプローチの目的は，時点転逆テストを例にとれば，基準時点と比較時点とを置き換えて比較の方向を逆にしても変化の割合が同一であるかどうかを点検するものであるし，要素転逆テストでは同形の算式を使った価格指数と数量指数との積が金額指数に一致するかどうかを点検するように，算式そのものの無矛盾性を判断することである。要するに，アプローチの方法そのものが，指数の経済学的検討に関与しない形で構成される。もとめている価格指数を「真の価格指数」「真の生計費指数」「最良の価格指数」と称していること自体が，この一元的価格指数がいったい何を測定しているのかが正確に認識できていないことを示している。公理論的アプローチにたよるかぎり，価格指数のもつ固有の経済学的な認識への道は拓けない。

かつて，貨幣価値変動の測定に指数の重きがおかれていた時代があった。19世紀後半段階までの金本位制度下（ないし金・銀複本位制度下）のヨーロッパ資本主義経済では，貨幣価値の変動は市場の諸商品価格水準の変動と繋がり，また国内物価水準の変動は為替平価の変動と対応していた。価格指数は貨幣価値ないし貨幣の購買力を反映するものとみなされ，価格指数の代表とみなされた卸売物価指数が一元的な物価指数として通貨政策，景気対策のメルクマールとして利用された。原子論的アプローチからの一元論的指数論が登場した客観的背景には，こうした状況がある。しかし，大戦後，物価水準は分裂状況になる。卸売価格と小売価格との乖離，生産財価格と消費財価格との乖離などがそれである。価格指数論の重心は種々の商品相互間の価格変動の測定に関心が移り，このなかで関数論的アプローチからの多元的指数論が，原子論的アプローチの価格指数論に対する猛烈な批判として登場してきた。経済活動に必要な貨幣量の変化を表す価格指数を各経済主体の差異という視点から分解したハーバラーによる，また価格変動の多元的分裂を複数価格指数とその差異から説明したケインズ（J. M. Keynes）による多元的価格指数論の展開は，資本主義経済と通貨制度の大きな変化が背景にある。[60]

詳しく論じる余裕はないが，複雑で多様な現代資本主義の経済の価格水準は一元的な指標で表現しえず，多元的な指標で示されるべきである。[61] 現代の複雑な価格変動の現実を把握するには，貨幣側の要因によるそれを測定する一般的価格指数を含んだ一般的価格指標体系の構築が必要である。公理論による抽象的世界に存在するとことを予定された「真の価格指数」「最良の指数」という理念的，一元的価格指数を考えるのではなく，現実分析にふさわしい一般的価格指標体系を構築することがもとめられているのではなかろうか。[62] この点については，本章のテーマの範囲を超えるので，機会を改めて論ずる。

む　す　び

本章は価格指数論への公理論的アプローチの検討に先立ち，まず経済学への公理論の適用に関する過去の数少ない批判的検討をまとめて，予備的考察とし

た。次いで，公理論的アプローチの検討を行った。

　ひとくちに公理論的アプローチといっても，ミクロ経済学の消費者選好論に立脚した価格指数論である限界値論などに適用されるそれと，いわゆる関数論的アプローチや統計的アプローチに使われるそれとがある。両者は，指数論への適用の方法のディテールでは異なるが，現実の経済分析，価格分析に関与することなく，理念的に価格指数論を先見的な公理から展開する意味では同一である。

　公理論的アプローチは，本章で見てきたように価格指数論の主要な方法になっている。経済学の分野でも，統計学の分野でも，定義は性格に定めなければならず，論証が必要な場合は，それを避けて通れない。

　しかし，「真の価格指数」「最良の価格指数」を公理論的に導出し，それによって指数算式の優劣，得失を考えるまえに，価格指数で何をどのように測定するのかの経済学的検討がなければならない。学説史的には一般的物価水準に影響を与える貨幣価値の変動の測定が探求されたことがかつてあり，現在の管理通貨制度のもとでも価格の度量標準の名目的切り下げはインフレーションを招来するから，そうした貨幣側の要因から生まれる価格変動をとらえる総合的な，ないし一般的な価格指数は必要であろう。こうした指数がまずあって，さらに複雑な経済系に適合的な種々の価格指数体系を構築することが，重要である。

　この問題意識は，公理論的アプローチそのものからは出てこない。公理論的アプローチに依拠した現状の価格指数論は，その経済学的内容の明確でない「真の価格指数」「最良の価格指数」といった一元的価格指数をめぐる議論に帰着する。複雑な物価現象を一元的に定めようとすること自体，実態の経済から遊離することになる。本章の結論は，この点にある。

1) 国際労働機構（2006），『消費者価格指数マニュアル・理論と実践』（日本統計協会訳）。このマニュアルは，各国での消費者価格指数の作成，改訂の作業担当者を支援することを目的に編まれたものである。(ILO [2004], *Consumer Price Index: Theory and Practice.*)
2) Advisory Commission to Study the Consumer Price Index, *Toward a More Accurate Measure of the Cost of Living: Final Report,* 1996.消費者価格指数諮問委員会は，この判断から消費者価格指数の作成を担当している労働統計局（BLS）と大統領及び議会に対

し，バイアスの是正を勧告した。CPI のバイアスがアメリカで深刻に論議されるのは，財政支出と収入の項目，具体的には社会保障や年金などの項目，あるいは所得税の項目がスライド制をとって価格指数と連動するシステムをとっているからである。価格指数に関する見直し論議を強める契機となったこのレポートはアメリカ合衆国・上院財政委員会の諮問に対する答申であるが，それによると，同国の消費者価格指数のバイアスが4つの要因により実際の物価上昇率を過大評価（平均1.1％）されていた。

3) 通商産業省政策局物価対策課 (1994)，『最近の小売物価の状況に関する調査結果』。古田裕繁 (1994)，「価格動向を反映する基礎統計『CPI』」『統計月報』東洋経済新報社9月号。
4) 倉林義正 (1989)，『SNA の成立と発展』岩波書店，2-12頁。
5) 最近では，作間逸雄が国民経済計算の公理化を，自身の言葉では「グラフ理論を用いて国民経済計算の営為を公理的に再構成する」ことを試みている。佐間逸雄 (2006)，「国民経済計算の公理化の試み」『産業連関』第14巻1号。
6) 以下の公理論の説明と評価については注での指摘も含め，G. I. ルザービン／山崎三郎・柴岡泰光訳 (1977)，『数学論——数学的認識の本性——』岩波書店，に多くを依拠している。
7) 斎藤憲 (2008)，『ユークリッド「原論」とは何か——二千年読みつがれた数学の古典——』（岩波科学ライブラリー148），参照。
8) (4)(5)がユークリッドのものであるかについては，数学者のなかでも必ずしもコンセンサスがあるわけではない。（一松信・伊藤雄二監訳『数学辞典（*Mathematical Dictionary* [James & James])』朝倉書店，477頁。）
9) 言うまでもなく，現代の幾何学のから見れば，ユークリッドの方法は，諸概念の定義の仕方の曖昧さ，基本的な無定義概念を列挙していないなど，多くの欠陥がある。しかし，ユークリッドの公理的方法は，時代が下っても科学的厳密性を誇る科学的方法との認知を受け，アルキメデスの理論力学，さらにはニュートンの『プリンキピア』，ラグランジュの『解析力学』などでは，それらの体系構成の展開に公理的方法が適用されるなどその影響力は絶大であった。また，ユークリッドの公理は，その本姓において，具体的な物理的空間に関する直感的な表象の理想化であり，より抽象的なヒルベルトの公理論とはこの点で異なる。
10) 佐々木力 (2005)，『数学史入門』筑摩書房，208頁。
11) G. I. ルザービン (1977)，前掲書，48頁。
12) 佐々木力 (2005)，前掲書，52-63頁。
13) D. ヒルベルト／中村幸四郎訳 (2005)，『幾何学基礎論』筑摩書房，参照。
14) サイモン・シン／青木薫訳 (2006)，『フェルマーの最終定理』新潮社，231頁。この本には，フェルマーの最終定理の証明という難問解決の試みを無に帰するかもしれないほどの影響を与えたゲーデルの不完全性定理についての興味深い記述がある。しかし，周知のように，フェルマーの最終定理は，すべての楕円方程式がモジュラー形式に付随するという「谷村＝志村予想」に取り組んだイギリスの数学者，A. ワイルズによって，1994年10月に証明された。E. ナーゲル，J. R. ニューマン／林一訳 (1999)，『ゲーデルは何を証明したか——数学から超数学へ——』白揚社，も参照。

15) 佐々木力 (1996), 『科学論入門』岩波書店, 146頁。
16) 佐々木力, 同書, 148頁。
17) 佐々木力, 同書, 119頁。
18) 佐々木力, 同書, 96頁。
19) 佐々木力, 同書, 91-92頁。
20) 佐々木力, 同書, 92-93頁。
21) L. パイエンソン／板垣良一・勝森真・佐々木光俊訳 (1988), 『若きアインシュタイン』共立出版, 120頁。
22) L. パイエンソン, 同書, 33頁。
23) 佐々木力 (2001), 『二十世紀数学思想』みすず書房, 168頁。
24) モルゲンシュテルンの論理学的数学主義, とくに経済学の公理化の批判的検討については, 次の論稿を参照。是永純弘 (2000), 「経済学研究における数学利用の基礎的諸条件」『経済学と統計的方法』八朔社, 116-126頁。
25) 水谷一雄 (1935), 「公理経済学の意義及び其の方法」『国民経済雑誌』第58巻第2号, 68頁。なお, 引用にあたって, 旧漢字は新漢字に改めた。
26) 是永純弘 (1995), 「経済学における数学的方法の利用について」『思想』4月号, 488頁。
27) 是永純弘, 前掲論文, 488頁。
28) 是永純弘, 前掲論文, 489頁。
29) 杉森滉一 (1975), 「現代経済学と数学的方法」是永純弘編著『現代経済学の方法と思想（講座：現代経済学批判Ⅰ）』日本評論社, 148頁。
30) 杉森滉一, 前掲論文, 149-150頁。
31) 是永純弘の次の指摘が正鵠を射ている。「公理論的方法は, 始点におかれる公理の具体的内容が実践によって検証された科学的認識の成果であるかぎりにおいて, 理論の論理的斉合性を確保する手段となるであろう。公理の形式性・抽象性それ自身は, 決して公理化に反対すべき理由とはならない。／しかしながら何を公理の具体的内容とするか, 同型の公理論のいずれをとるか, といった問題にたいする答えを公理的方法そのものの中に見出すことはできない。経済理論の公理化が真に経済学の科学性をたかめうるためには, 分析の1歩1歩が事実と実践によって裏づけられた具体的内容的な研究が必要であろう」。(是永純弘 [1962], 「経済理論の公理化について」『経済研究』[一橋大学経済研究所] 13巻1号)。
32) デイヴィット・ザルツブルク／竹内恵行・熊谷悦生訳 (2006), 『統計学を拓いた異才たち―経験則から科学へ進展した一世紀』日本経済新聞社, 183-184頁。また是永純弘は, 経験世界の頻度構造から構成されたミーゼスの確率論を検討したさいに, 確率論の公理論的樹立で著名なコルモゴロフが経験世界, 現実の諸現象の世界での確率概念適用が可能になるための諸前提ではミーゼスの研究を利用した, と述べていたことの意義を強調した。是永純弘 (1960), 「確率論の基礎概念について」『統計学』8号, 36頁。(是永純弘 [2000], 『経済学と統計的方法』八朔社, 28頁)
33) フリッシュが要約した価格指数論の分類である。現在でもこの特徴づけは大筋で変わ

らない，と言われる。Frisch, R. (1936), Annual Survey of General Economic Theory: The Problem of Index Numbers, *Econometrica*, Vol. 4, No. 1. 時子山和彦 (1978), 「消費者価格指数理論の展望」『経済研究』(一橋大学経済研究所) 29巻 1 号, も参照。

34) 価格（物価）指数論の学説史については，次の論文で高崎禎夫と岩井浩が簡明な説明を行っている。高崎禎夫 (1975), 「価格指数論史」佐藤博編著『現代経済学の源流―学説史的検討―（講座：現代経済学批判Ⅱ）』日本評論社。岩井浩 (1972), 「貨幣価値と価格指数―いわゆる『価格指数の経済理論』―」『経済論集』(関西大学) 第22巻 3 号。高崎論文は，「名目主義的貨幣理論と貨幣数量説に立脚した一般的価格指数論（ジェボンス，エッジワース，ウォルシュ，フィッシャーなど）」と「主観的貨幣価値論に立脚した個人的価格指数［関数論的生計費指数］（ハーバラー，フリッシュなど）」という区分で学説史を批判的に整理し，労働価値説に基づく価格指数の意義を確認している。また，高木秀玄 (1994), 『物価指数論史』(高木秀玄先生著作刊行会) を参照。

35) 価格と数量を時間の連続関数として処理する方法。フランスのF. Divisiaが1925年の論文で提起した。

36) 種々の財の価格とそれらの諸特性に回帰させるモデルで，品質調整の問題に接近する方法。この手法は，Waugh, F. V. が論文 "Quality Factors Influencing Vegetables prices" *Journal of Farm Economics,* Vol. 10, No. 2 で示した手法である。hedonicは「快楽的」の意。Court が自動車の品質を扱う問題にこの手法を応用したさい，乗り心地と快適さとをその諸特性にあげた。彼の友人の助言でこの手法に「ヘドニック（hedonic）」という名称が与えられたが，内容的には特性接近法（characteristics approach）という表現のほうがよい。(太田誠 [1980]『品質と価格』創文社，155頁。白塚重典 [1998]), 『物価の経済分析』東京大学出版会，83頁）。

37) 木村太郎 (1977)「価格指数論考」『統計・統計方法・統計学』産業統計研究社，237頁。なお，改訂版 (1992年) では241頁。

38) Roy, R. (1942), *"De l'utilité'" Actualités scientifiques et industrielles.*

39) Richter, M. K (1966), "Invariance Axioms and Economic Indexes" *Econometrica,* Vol.34, No. 4.

40) 消費者行動論及び消費者選好論の理論的検討に関しては，それだけで別のテーマになる。下記に掲げるテキストは代表的なものであるが，この他にも多くのテキストがある。この理論の説明の仕方，理解の仕方には著者によって相異があるので，何をもって標準的とするかは難しいが，ここでは一般に普及している簡明な説明にとどめた。矢野誠 (2001), 『ミクロ経済学の基礎』岩波書店，参照。

41) Konüs, A. A. (1939), "The Problem of the True Index of the Cost of Living", *Econometrica*, Vol. 7, pp.12-13. (Проблема истнного индекса стоимости жизни, Экономический Бюллетень Коньюктурного Института, Москва, Но. 9-10. 1924. の英訳）

42) Konüs, A. A. (1939), *ibid,* p.14.

43) 説明の代表的な例として，以下では経済産業省政策局調査統計部編 (2005), 『指数の作成と利用（鉱工業指数読本：第 5 版）』202-204頁記載の数式展開を引用した。この説

明は，若干の語句の修正があるものの，初版（1985年）から20年間変わっていない。
44) この仮定は，多くの論者が指摘するように，簡単に断定できない。
45) 限界効用論を非現実的な短期的な「単なる個人的指数」として批判的に論じたものとして次の論稿がある。高崎禎夫（1975），「価格指数論史」佐藤博編著『現代経済学の源流―学説史的検討―（講座：現代経済学批判Ⅱ）』日本評論社，とくに212-218頁。
46) 塩沢由典は，複雑系経済学構築の観点から，経済学のこうした人間経済活動原理の非現実性を批判している。塩沢由典（1997），『複雑さの帰結―複雑系経済学試論―』岩波書店，30-31頁，125頁，256頁など参照。
47) この簡明な要約は，佐和隆光（1982），『経済学とは何だろうか』岩波書店，87-88頁，を参照。
48) 岡部純一（2002），「顕示選好の歪みと指数理論」『アルテス　リベラレス』（岩手大学人文社会科学部紀要）第71号，61-62頁。この論稿は消費者選択理論による価格指数の理論化は事実上，破綻している，という視点で書かれている。
49) ディビジア指数を対数変化型指数で離散近似したとき，ウエイトを当期と前期の平均値でとると，ツルンクビスト指数に帰着する。ここでは，そのことの指摘にとどめる。
50) T1：比例テスト [proportionality test：$p_{ti}=\lambda p_{st}(i=1,2,\cdots,n)$]，T2：循環テスト [circular test：$p_{sh} p_{ht}=p_{st}$，ここで$h=s$とすると同一性テスト（identity test），$t=s$とすると時点転逆テスト（time reversal test）であるから，循環性テストはこれらのテストを含む]。T3：確定テスト [determinateness test：指数に現われる各財の価格や数量がゼロに近づいてもp_{st}は無限大，不定あるいはゼロにならない]。T4：単位無差別テスト [commensurability test：財の測定単位を変更しても指数の値は変化しない]。T5：要素転逆テスト [factor reversal test：$P_{st} Q_{st}=V_{st}$　ここで$V_{st}=\dfrac{\sum p_t q_t}{\sum p_s q_s}$]。

しかし，周知のように，フィッシャーのテストは整合的でなく，相互に矛盾しているものがあることは早くから知られていた。T2，T3，T4を同時に満たす指数は存在しない（フリッシュ），またT1，T2，T5を同時に満たす指数は存在しない（ワルド）。
51) ILOのマニュアルで説明されている公理論的アプローチは，「公理」と「検査（テスト）」の用語上の区別が曖昧なところがある。本章では「公理」と「検査（テスト）」とを次のように区別する。前者は，指数に数学的厳密性を確保する意味で必ず有しなければならない特性であり，後者は個々の算式がこれらの特性に適合するかどうかを検証する手段であり，文字どおりの「テスト」である。
52) 国際労働機構（2006），『消費者価格指数マニュアル・理論と実践』（日本統計協会訳）「読者ガイド」，21頁。
53) 国際労働機構，同書，483頁。
54) 国際労働機構，同書，12頁。
55) 国際労働機構，同書，17頁。
56) 国際労働機構，同書，497頁。
57) 国際労働機構，同書，510-515頁。
58) 国際労働機構，同書，515-520頁。
59) ILOマニュアルは，公理論的アプローチの制約に自覚がないわけではない。「公理論的

接近法の一つの制約は，公理のリストが不可避的に若干恣意的であるということである。…公理論的接近法を単純に適用することのもう一つの問題は，どの検査が不合格であるかを知っても十分ではないという点である。その指数がどの程度ひどく不合格であるかを知ることもまた必要である」。[国際労働機構（2006），同書，14頁。]
60）木村太郎（1977），前掲書，参照。
61）岡部純一は，次の論稿の前半で価格指数論史を一元論（物価変動の統一的動向を対象とする単一価格指数を究明する理論）と多元論（異質な物価変動の多岐的動向を対象とする複数価格指数を究明する理論）の二つの系譜に整理している。岡部純一（1989），「価格指数論から物価指標体系論へ」『統計学』（経済統計学会）56号。
62）是永純弘（1978），「インフレーションと物価指数論」松井安信他編『信用と外国為替』ミネルヴァ書房，213頁，参照。

【第Ⅱ編】
統計と自治体行政

第3章

地方自治体の行政評価と統計活動
―改革の概観と枠組み―

はじめに

　本章の課題は，地方自治体の総合計画作成で，統計あるいは統計指標がどのように利用されているのか，そこでは何がどのように問題とされ，検討されているのか，その実情を整理し，今後を展望することである。本章は引き続く第4章に先立ち，当該の課題の概観を示す位置にある。

　この点を課題に掲げた動機は，次のとおりである。第一は筆者が2006年度から2009年にかけて，メンバーの一人として参加したプロジェクト『地域経済活性化と統計の役割に関する研究』と関わる[1]。このプロジェクトは「地域経済活性化のためのさまざまな施策や評価において企業統計がどのように利用されているか，あるいは企業を対象とする独自調査がどのように行われているか，その実態を都道府県ごとに具体的にしかも全国規模で明らかにする」ことを目的とした。それとともに，本章の課題として掲げた地方自治体の総合計画と政策評価（行政評価）に統計がどのように活用されているかを調査することをも射程に入れていた。このプロジェクトでは，複数の県，市自治体の担当者を訪問し，この課題の考察に必要な聞き取り調査を実施した[2]。時間の経過とともに，自治体行政のこの分野での実情に少しずつ変化の兆しのあることが分った。以下ではそのことを念頭に前半の2年間の成果の一部をわたしの関心の範囲で示す。

　第二に，今日ほど，政策立案，行政評価などの場面で統計の活用がもとめられる時期はないが，国のあるいは地方自治体でのその現実的対応は緒についた

ばかりであるという点に関わる。統計の活用の必要性について，例えば経済社会統計整備委員会は具体的政策策定，実施の現場で「明確な証拠 evidence に基づく政策の立案と政策評価」が必要であると指摘している。また，「行政機関が行う政策の評価に関する法律」の第3条第2項第1号には，「政策効果は，政策の特性に応じた合理的な手法を用い，できる限り定量的に把握すること」という言及がある。これらの指摘はいずれも政策立案の客観性を確保する指針として有益であるが，改善に向けた実際の進行は遅れている。筆者の念頭にあるのは，この認識の当否の確認である。

第三に，わが国の各都道府県，市では，経済活性化のためのさまざまな立案，評価に統計がどのように利用されているか，その実態を都道府県ごとで具体的に明らかにしようとする試みは少ない。各自治体では財政逼迫などをはじめとする厳しい条件のもとで地道な取組みが行われている。筆者のねらいは，地方自治体でのこれらの営為を支援し，研究上の空白を埋めることにもある。

おりしも，戦後の統計行政を支えてきた「統計法」は，2007年（平成19年）5月に全部改訂され，政府の統計改革は鋭意，進行中である。改訂された「統計法」は，従来，主として行政のために役立てられてきた統計を，「社会の情報基盤」のそれとして位置づけている。法律の内容そのものにそくして言えば，今回の「統計法」改訂は公的統計の体系的整備およびその有用性確保のために，公的統計整備の基本的な計画を策定し，統計の利用促進に関する措置を内容とする現行法体系の全部改正である。平仄をあわせて現在，総務省は統計制度改革の大きな柱として「統計調査等業務の最適化（情報システムを中心とした業務改革）」に取り組んでいる。この動きは従来，各府省で別々に開発，運用されていた統計関係の情報システムを集約し，共同利用型システムを整備することである。一連の動きが1995年（平成7年）3月の『統計行政の新中・長期構想』（統計審議会）の，遡っては1985年（昭和60年）年10月の『統計行政の中・長期構想について』（統計審議会）の統計行政に関わる問題提起に端を発していることは言うまでもない。

以下では，主として県庁，市庁での聞き取り調査で筆者が知りえた事柄，また事後の文献調査から得た情報を整理する。

第3章　地方自治体の行政評価と統計活動

　本章の構成は，以下のとおりである。第1節「自治体行政改革のフレームワーク」では行政評価の定義，総合計画の諸特徴（行政改革・評価の実際とその理論的基礎にある新公共経営の内容，計画策定プロセス），行政評価導入の契機と法的整備などについて，テーマに関わる範囲で要約し，予備的作業とする。

　第2節「総合計画と政策評価システム」では三重県の総合計画と行政評価（事務事業評価），静岡県のそれ（棚卸評価）について，聞き取り調査の結果と資料をもとに要約する。

　第3節「総合計画・行政改革と統計活動」ではこの10年ほどの間に進行した自治体の行政改革のなかで統計業務がどのように展開され，統計がどのように利用されているかを要約し，今後の検討課題を展望する。

　聞き取り調査の成果を要約する性格上，全体はコラージュの体裁をとらざるを得ない。本章で行われる諸問題の検討は，筆者にとって今後の継続的な研究のために必要でかつ重要な里程標である。

1　自治体行政改革のフレームワーク

1　行政改革—用語の定義

　地方自治体の行政改革と行政評価が三重県で始まったことは，つとに知られている。三重県のこの改革，評価活動の発端は，1996年度（平成8年度）から導入された「事務事業評価システム」（三重の評価システム）である[3]。地方自治体における類似の行政改革活動としては，北海道の「時のアセスメント」，静岡県の「業務棚卸評価」[4]，青森県の「政策マーケティング」などが有名であった。これらのうち，三重県，静岡県の行政評価については，第2節で詳述するが，あらかじめその簡単な紹介を行うと次のようである。

　三重県の「事務事業評価システム」は行政運営で結果としてのアウトカムを重視し，事務事業の遂行管理に計画（Plan）—実行（Do）—評価（See）のマネジメント・サイクルを活用するというものであった。今となっては，全国の多くの自治体にいきわたったこの方式の嚆矢となったシステムである。北海道の「時のアクセス」は，長期間停滞している施策の役割と効果とを「時」という

客観的な物指しで点検,評価し,住民要求に合致した行政の実現を目標とした。また,静岡県の「業務棚卸評価」は,民間の経営手法である棚卸の考え方に立脚し,全ての業務を効率性の観点からチェックし,自治体が所管する業務全体を「目的と手段の樹木構造」で表現し,組織の自己評価を行うことであった。さらに,青森県の「政策マーケティング」は,住民の声を取り上げ,政策に反映させるための「政策評価・形成システム」を実施し,政策の成果を行政と住民との共通の理解のもとで評価し,実施する方法であった。政策を住民にマーケティングするのがこの「政策評価・形成システム」の考え方であった。

「行政評価」をキーワードとするこうした一連の自治体の行政改革はその後,全国的規模で展開され,スタートから約15年が経過した。当初は行政評価と言えば「事務事業評価」のことであったが,次第に総合計画とのリンクが日程にのぼり(この間,一部で外部評価が導入される),現在では行政管理から行政経営への転換が特徴的である[5]。いずれにしても,自治体の行政改革は紆余曲折はあるが,「待ったなし」で進んでいる。

総務省行政評価局・政策評価官室は2006年(平成18年)12月から2007年(平成19年1月)に地方公共団体における行政評価等の取組に関する調査を実施した[6]。ここには政策,施策,事務事業の各レベルでの行政評価の実施状況の要約がある。それによると,行政評価の導入状況は都道府県レベルで96.7%,政令指定都市レベルで92.9%,中核都市では93.9%,特例市では89.5%である。これが2008年10月の総務省調査では,都道府県,政令指定都市レベルでは行政評価の導入は100%である。中核都市では94.9%,特例市では90.7%,市区では65.1%,町村では24.5%である[7]。2007年時点で都道府県では「政策+施策+事務事業」で行政評価に取り組んでいるのは9件,「施策+事務事業」では22件である。これらの都道府県を含め,政令指定都市,中核都市,特例市での取り組みの状況は,**表3-1**のとおりである。この表は全国132地方公共団体のうち行政評価を導入している123地方公共団体についての評価対象別内訳である(実施していない9団体は除いている)。

三菱総合研究所地域経営本部は毎年,「地方自治体における行政改革の取り組みに関する実態調査」を行っているが,その2007年調査[8]によると行政評価の

表3-1 評価対象の組み合わせ別，団体別の行政評価等の実施団体数

(単位：団体，%)

評価対象＼団体区分	都道府県		政令指定都市		中核市		特例市		計	
	団体数	割合	団体数	割合	団体数	割合	団体数	割合	団体数	割合
政策のみ	0	(0.0)	0	(0.0)	0	(0.0)	0	(0.0)	0	(0.0)
施策のみ	4	(8.9)	0	(0.0)	1	(3.2)	1	(2.9)	6	(4.9)
事務事業のみ	9	(20.0)	5	(38.5)	21	(67.7)	24	(70.6)	59	(48.0)
政策＋施策	1	(2.2)	0	(0.0)	0	(0.0)	0	(0.0)	1	(0.8)
政策＋事務事業	0	(0.0)	0	(0.0)	0	(0.0)	0	(0.0)	0	(0.0)
施策＋事務事業	22	(48.9)	7	(53.8)	8	(25.8)	8	(23.5)	45	(36.6)
政策＋施策＋事務事業	9	(20.0)	1	(7.7)	1	(3.2)	1	(2.9)	12	(9.8)
計	45	(100)	13	(100)	31	(100)	34	(100)	123	(100)

出所）総務省：http://www.soumu.go.jp/hyouka/seisaku_n/pdf/gaiyou_1803.pdf より。

導入は都道府県別で100%である。レベル別では，「政策レベル」で21件（44.7%），「施策レベル」で40件（85.1%），「事務事業レベル」で42件（89.4%）である。これが市区別になると，導入は「政策レベル」で35件（7.0%），「施策レベル」では127件（25.5%），「事務事業レベル」では312件（62.7%）である。県が市・区を「政策レベル」「施策レベル」「事務事業レベル」のいずれのレベルでも上回っていること，レベル別では「事務事業レベル」での導入の割合が大きいことがわかる。改革の内容は多様であり，画一的な展開となっているわけではない。しかし，全体としての枠組みには，共通項もある。（一部の自治体では内容のマンネリ化，業務の煩瑣化がみられ，試行錯誤を余儀なくされているが，この点については第4章で触れる）。

全国の地方自治体での改革のあらましは以上のようである。これ以降の議論を円滑に進めるために，ここでいくつかの用語の簡単な定義を与えておきたい。

まず，「行政評価」とは，政策（施策）評価，事務事業評価を内容とする行政運営の評価のことと定義づけたい。[9] 参考までに指摘すると「行政機関が行う政策の評価に関する法律」(2001年)には，「政策の評価」という用語が使用され，

「行政評価」という用語は見当たらない。同法では，「政策」とは「行政機関が，その任務又は所掌事務の範囲内において，一定の行政目的を実現するために企画及び立案をする行政上の一連の行為についての方針，方策その他これに類するもの」とされている（2条2項）。

2001年1月の新府庁発足直後に公にされた「政策評価に関する標準的ガイドライン」では「政策評価」の「政策」とは，①国の行政課題に対応するための特定の目的や目標を持ち，②これらを実現するための手段として，予算，人員等の行政資源が組み合わされた行政活動が目的に照らしてある程度のまとまりになっており，③行政活動の実施を通じて，一定の効果を国民生活や社会経済に及ぼすもの，としてとらえられている。ここでは「政策（狭義）」とは，特定の行政課題に対応するための基本的は方針の実現を目的とする行政活動の大きなまとまりを言う。「施策」とは，上記の基本的な方針に基づく具体的な方針の実現を目的とする行政活動のまとまりであり，「政策」を実現するための具体的な方策や対策ととらえられるものである。「事務事業」とは，具体的な方策や対策を具現化するための個々の行政手段としての事務および事業であり，行政活動の基礎的な単位である。

付言すると，地方自治体の条例での用語の使い方は微妙に違いがある。都道府県の条例では「行政活動の評価」(宮城県)，「政策評価」(北海道)，「政策等の評価」(秋田県，岩手県)という用語が，市町のそれでは，「行政評価」(神戸市，志木市，新発田市，高根沢町)という用語が使用されている。自治体の場合でも，評価の対象として，一般に「政策」「施策」及び「事務事業」という三層の区分が想定されている。市町の場合では，これらは行政評価という用語で括られている。すなわち「行政評価」とは，「政策」「施策」及び「事務事業」の効果を把握し，政策等の必要性，有効性又は効率性の視点等からの評価行為を指す。行政評価条例は，これらの全部または一部の条例化である。

2 行政評価の実際

2-1 総合計画と行政評価　どの自治体にも，通常は中・長期総合計画がある。「通常は」というのは，若干の例外があるからである。例えば，沖縄県

第3章　地方自治体の行政評価と統計活動

には，他都道府県の「総合計画」と類似した『沖縄振興計画（2002年度～2011年度）』があるが，この計画の作成主体は地方自治体ではなく，国が関与して作成したものである。また，鳥取県には，2007年度まで，総合計画がなかった。新潟県では2006年（平成18年）7月に『新潟県「夢おこし」政策プラン』が策定されたが，この計画はいわゆる中長期計画ではない。この計画まで6次にわたって策定された「長期総合計画」は，この時点で廃止となった。長野県では田中康夫知事のもとで過去に数次にわたって策定されてきた総合計画が廃止されたが，村井仁知事就任後，2008年度（平成20年度）を初年度とする『長野県中期総合計画』が復活した。このように若干の自治体は例外として，多くの自治体では県レベルでも，市レベルでも行政は中長期の総合計画のもとで進行している。行政改革は，それぞれの自治体の総合計画の作成と経緯と無関係ではない。この点は行政改革の実際を考察するさいに，注目しなければならない第一の特徴である。

　総合計画の構成には，それがどの地方自治体のものであれ，ある種の共通性がある。この共通性とは，総合計画の全体が上層から下層へと三角形状に配置される「基本構想」「政策」「施策」「基本事業」のシステムとなっている点である。一例として『北上市総合計画（2001～2010）』の政策体系を示すが（図3-1），これが総合計画の体系の典型的モデルである。総合計画はこの図が示すように，底辺に向けて「政策」「施策」「事務事業」という下位各層に細分化，具体化される三角形として表示される。頂点に「基本構想」が置かれることもある。行政評価は，重点のおきどころが多少異なるが，これら「政策」「施策」「事務事業」の各層で行われる。

　ここに例として掲げた『北上市総合計画（2001～2010）』は，2001年度から2010年度までの10年間の総合計画である。この総合計画は，「基本構想」「基本計画」「実施計画」から成る。基本構想は，北上市のまちづくりの目標（美しい環境のまち，彩り豊かな暮らしのまち，優れた価値を創り出すまち）とその方向，そして行財政運営の基本となる指針を内容とする。「基本計画」は，「基本構想」に基づき，福祉や教育，環境など分野別に取り組む具体的な個別施策を体系化したものであり，かつ地域それぞれの将来方向をみすえた「地域政策」「推進体制」

69

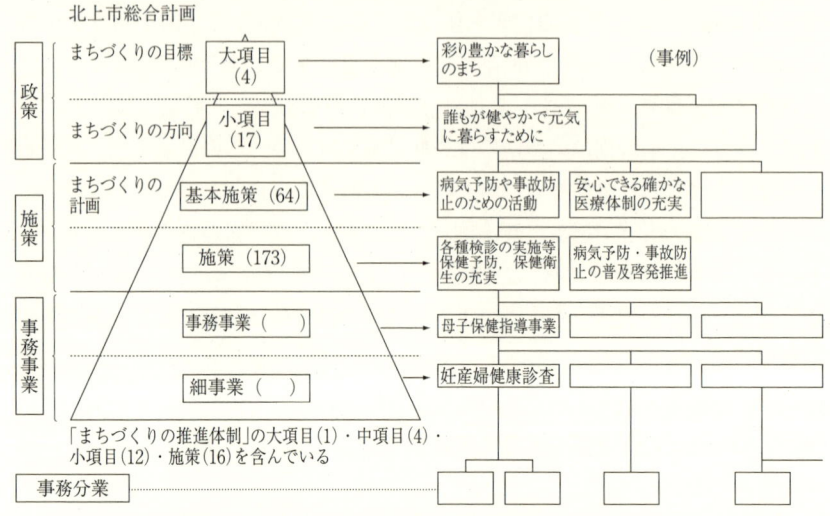

図3-1　北上市総合計画の概念図

北上市総合計画

政策
- まちづくりの目標　→　大項目（4）　→　彩り豊かな暮らしのまち　（事例）
- まちづくりの方向　→　小項目（17）　→　誰もが健やかで元気に暮らすために

施策
- まちづくりの計画　→　基本施策（64）　→　病気予防や事故防止のための活動／安心できる確かな医療体制の充実
- 施策（173）　→　各種検診の実施等保健予防、保健衛生の充実／病気予防・事故防止の普及啓発推進

事務事業
- 事務事業（　）　→　母子保健指導事業
- 細事業（　）　→　妊産婦健康診査

「まちづくりの推進体制」の大項目(1)・中項目(4)・小項目(12)・施策(16)を含んでいる

事務分業

出所）「北上市『業務棚卸』・『業務量算定』『事業費算定』作業要領概要版（平成15年10月7日）
http://www.city.kitakami.iwate.jp/file_1/1000025925_tanaoroshi-gaiyou.pdf

「事業計画」を含む。このうち「政策」としては例えば，まちづくりの目標の一つである「彩り豊かな暮らしのまち」には「(1)互いに助け合う心豊かな社会をつくるために」「(2)誰もが健やかで元気に暮らすために」「(3)知恵を生かし人を育てるために」「(4)かおり高い文化をはぐくむために」があり，その下位に「基本施策」が位置づけられている。それらのそれぞれに計画と数値目標が掲げられている。[10]「(2)誰もが健やかで元気に暮らすために」では，「病気予防や事故防止のための活動」「健康を守るための健全な環境づくり」「安心できる確かな医療体制の強化」「健康増進のためのスポーツ推進」が「基本施策」として並んでいる。「基本施策」はさらに「施策」に，「事務事業」に具体化される。「事業計画」には「基本計画」のなかの個別計画に対応する15分野の10年間の事業名，事業内容，事業費，事業主体が掲げられる。「実施計画」は，基本計画の具体的な施策・事業についての五ヵ年計画である。

付言すれば「基本企画」のなかの「地域計画」には北上市内16区（黒沢尻北，黒沢尻東，黒沢尻西，立花，飯豊，二子，更木，黒岩，口内，稲瀬，相去，鬼柳，江釣

子，和賀，岩崎，藤根）の現状，課題，将来像，プランが示されている。

2-2 新公共経営（NPM：New Public Management）理論とマネジメント・サイクル　第二の特徴は，上記で示された総合計画システムが新公共経営（NPM：New Public Management）理論」の定着と一体となっていることである[11]。NPM理論とは，1980年代半ば以降，イギリス，ニュージーランドなどの諸国で行政に採用された「革新的な」行政運営の理論といわれる。その内容は，ひとことで言えば，民間企業の経営手法の行政の現場への導入である。導入の目的は，行政運営の改善，すなわち行政部門の効率化，活性化であり，その運営に関する住民への説明責任遂行である。この NPM 理論の革新は，マネジメント・サイクル（PDC [Plan, Do, Check], PDS [Plan, Do, See] あるいは PDCA [Plan, Do, Check, Action]）の採用である。手法としてはアウトカム指標（成果指標）の実現を目指す目標志向型の行政運営である。そのための道具立てとして注目されるのは数値目標の設定，ベンチマークによる進行管理である。ベンチマーク方式の特徴は，既述のように個々の政策（施策）に数値目標を設定し，それを目安に政策（施策）の進行程度をチェック，評価し，実績値を目標値と絶えず比較し，この継続的なプロセスをもって計画の進行管理とすることにある。ベンチマークの名称は，実績値を基準値（ベンチ）と対比することに由来する。この方式も民間企業では広汎に活用されている手法である。

　政策，施策，事務事業の各層で上記の PDC サイクルという回路をもつ NPM 理論では，「計画」は「実施」され，「評価」されなければならない。政策，施策，事務事業には数値目標の設定がなされているケースが多く，この数値目標を睨みながら評価は，アウトプット（活動指標）とともにアウトカム（成果指標）に対しても成される。数値目標は，その達成程度に関して絶対的なものではない。目標が達せられなければ，その原因が点検され，継続してその達成に向けた改善の手立てが打たれる場合もあるし，目標そのものが見直される場合もある。数値目標の設定は努力目標であるとともに，行政内容の評価基準であり，事業の意義をはかる目安として使われる。場合によっては，予算との関係が問われる。継続して予算をつけるか，予算を増やして目標達成に向けた強化措置を講じるか，あるいは事後の継続を断念して，予算削減に踏み切るか，いずれ

にしても予算措置との折り合いはつけられなければならない。

　行政内容の数値目標の評価については，それはそれとして完結させ，予算と連携させない自治体もある。むしろ，その連携を断つことで，行政内容の実現が弾力的になることもある。

　評価は内部評価であることもあれば，外部評価（第三者評価）を受けるようにシステム化される場合もある。このことと関連して，住民の意識調査（満足度調査）は必ず実施されるようになっている。

　2-3　計画策定プロセス　　第三の特徴として，計画策定のプロセスに言及したい。総合計画は，およそ次のように策定される。通常のケースは，有識者によって審議会が構成され，ここで政策案が検討される。あわせて，住民の意識調査，アンケートが実施される。案は住民に対して公開され，パブリックコメントをもとめるケースが増えている。まとめられた案は議会に上程され，審議され，議決を経て計画の執行となる。総合計画の遂行は，この過程で見直される。

　山形市では『いきいき・躍動・山形プラン』が進行中である[12]。この計画策定では，従来の審議会方式による方向づけではなく，市民アンケートおよび学識経験者と公募によって人選された市民からの意見聴取，地域・各種団体との意見交換会を重ねるなかで案を煮詰めていく方法がとられた。その方法は，まず4000人の市民を対象とした意識調査（平成17年9月実施，郵送調査，有効回答[2083件，52.1％]）により，ニーズの把握を行い，これを計画に反映させる。次いで，地域や各種団体との意見交換会を実施し，その結果を計画に反映させる。学識経験者，有識者，まちづくりに関心のある市民に依頼し，意見聴取を複数回実施し，これにより課題の整理，解決策の検討を行う。策定経過については「広報やまがた」やホームページ，意見交換会をとおして随時公開し，情報の共有化につとめる。このように市の計画策定が議会（審議会）のルートを経由しないと，計画策定に関与するのが市民を代表する議員が構成する議会なのか，あるいは地域住民・各種団体などから構成される市民委員会なのかという問題がおこりかねない。実際に山形市ではそのような微妙なやりとりもあったと伝えられる。

総合計画はそれが中期の場合でも，長期の場合でも，それらの中途で知事選挙があり，知事が交代すると選挙中に示したマニフェストとの関連で進行中の計画をどう見直すかという問題に直面する。知事選挙サイクルの問題である。先に紹介した三菱総合研究所の調査では，2007年調査で初めて首長のマニフェストと行政評価との関係を問う項目をたて，興味深い結果を引き出した。すなわち，知事選挙で当選した知事がマニフェストを掲げたかどうかについて問う設問に対して31の道府県自治体（66.0％）が「はい」と答えている。この31の自治体について，マニフェストと総合計画の関係を問うた質問には表3-2に示す回答分布になっている。すなわち，マニフェストを「総合計画と連動させている」が38.7％，「総合計画とは別体系で対応している」が25.8％，「対応の方向で検討している」が22.6％である。

2003年（平成15年）12月に高橋はるみ知事のもとでスタートした『北海道新生プラン』は，知事の選挙マニフェストを盛り込んだ政策体系であった。北海道の計画としては既に1998年（平成10年）に『第三次長期計画（1998年〜2007年）』が決定されていた。高橋知事はこの計画の後半部分と関係することになったが，知事は選挙中に掲げたマニフェストに合わせる形で，かつ進行中の長期計画と矛盾しないように計画を調整し，選挙公約の実現につとめた。

岩手県では県の総合計画が1999年度から2010年度までのスパンで構想され，実施に入っていたが，2007年（平成19年）に知事選挙で当選した達増拓也知事が選挙中に掲げたマニフェストを総合計画に反映させ，『いわて希望創造プラン（2007年度〜2010年度）』を後期実施計画として策定した。知事自身はこのプランについて，マニフェストで強調した雇用や人口流出，医療崩壊などに緊急

表3-2　マニフェストへの対応方法

	総合計画と連動させている	総合計画とは別体系で対応している	対応の方向で検討中である	対応していない	その他	無回答	合　計
件　数	12	8	7	0	3	1	31
％	38.7	25.8	22.6	0.0	9.7	3.2	100.0

注）母数は，「当選した知事がマニフェストを掲げたか」の問いに，「はい」と回答した自治体の件数

対応させた措置と説明した。

　知事マニフェストに重きがおかれ，総合計画を廃止した県もある。『新潟県の「夢おこし」政策プラン』は，2004年（平成16年）の選挙で当選した現泉田裕彦知事のマニフェストに基づく計画である。知事が重点的に取り組もうとした政策目標が明示され，その実現のための政策・施策の方向が示され，その意味で総合計画ではなく知事選挙サイクルごとに見直される機動的な計画である。計画期間は2006年度（平成18年度）から2016年度（平成28年度）末までの11年間であるが，知事の任期にあわせて4年ごとに見直しがおこなわれることになっている。したがって「夢おこし」政策プランは2007年度（平成19年度）に中間評価を受け，2008年度（平成20年度）の選挙後に見直しが行われた。

　2-4　「行政評価」の導入契機と法的整備　　自治体の行政改革が一挙に進んだ背景には，いくつかの事情がある。第一は，深刻な財政危機である。政策，施策，事業の展開，推進は財政的裏づけをともなう。財政はその主要な源泉が税であるから，個々の財政支出に無駄があってはならないし，その効率的執行に特段の配慮が必要である。予算の執行は，効果的に行われなければならない。財政支出項目の事前の検討が不可欠なゆえんである。本来こうしたことは財政の制約条件が厳しいか，そうでないかにかかわらず実行されなければならないが，実際には財政的ゆとりがなくなって，問題が表向きとなる場合がある。従来型行政は，これらの諸点の配慮に必ずしも意識的でないことがあった。見直しは必然的に行政改革に繋がらざるを得なかった。

　第二は，上記の事柄と関係するが，行政に対する住民の不信が改革を促した。いくつかの自治体で税金の不適切な使途が発覚し，この結果として自治体は政策，施策，事業のあり方，財政の使途などに説明責任が問われ，必要で詳細な資料の公開も一部義務付けられるようになった。住民サイドから言うと，このことは住民が自治体を監視し，説明責任を問い，政策策定に参加する契機となる。自治体改革の重要なポイントは，まさにこのことにある。

　第三は課題となっていた地方分権の推進である。既に1995年（平成7年）5月に「地方分権を総合的かつ計画的に推進することを目的」とした地方分権推進法が公布されていた。その基本理念は，「地方分権の推進は国及び地方公共

団体が分担すべき役割を明確にし，地方公共団体の自主性・自立性を高め，個性豊かで活力に満ちた地域社会を実現すること」とうたわれた。しかし，現実の地方分権の実際の進行には紆余曲折があり，問題は山積している。地方分権によって自治体の政策責任は従来にもまして重くなり，遅まきながら行政の責任領域の見直しがなされ，事務事業が評価され，施策の重点化，事務事業の重点的，計画的な整理合理化が図られた。

　自治体の行政改革は，行政評価（政策評価，事務事業評価）とともに進んでいる。行政評価にポイントを絞って，この方式が多くの自治体で採用されるにいたった契機として，概ね以下の諸要因がある。第一は，地方公共団体による政策裁量の拡大，国の機関委任事務の廃止などに象徴される地方分権化にともない，政策評価のような自治体行政に必要な独自の基礎資料作成への要請が格段に高まったことである。なかでも数値目標は，その設定作業に困難がつきまとうが，それでも政策，施策，事業の目標値はないよりあるほうが分かりやすく，住民にも理解をもとめやすい。少なくとも，政策，施策，事業が，住民の関心の及ばないところでひとり歩きし，住民不在の政治がまかりとおる状況は避けられる。

　第二は，地方分権にともない地方自治体の政策責任が重くなり，自治体の説明責任を果たす方策のひとつとして，政策評価の結果や過程の公開がもとめられたという点がある。公開すれば自治体の責任が果たされるというものではない。しかし，公開は必要条件であり，それすら曖昧であったのが過去の状況である。

　そして，第三は既述のNPM理論の潮流が欧米諸国で一定の成果をおさめているとの認識のもとに，我が国でもそれらが着目されたことである。[13] 行政評価は自治体行政の輸入版である。企業のマネジメントのメリットを自治体行政に生かすのがこの考え方の基本であるが，この実験が真の意味で奏功したと言えるのか，効果的で有意義なものと言えるのかについての検討はこれからの課題である。

　政策評価の動きは，そのための法的整備をともなっている。政府レベルのその動向をまとめると，次のとおりである。[14] まず，「中央省庁等改革基本法」が

1998年（平成10年）6月に制定されたが，その4条6号には，中央省庁等改革の基本方針のひとつとして「国民的視点に立ち，かつ，内外の社会経済情勢の変化を踏まえた客観的な政策評価機能を強化するとともに，評価の結果が適切に政策に反映されるようにすること(傍点引用者)」が掲げられている。次いで，1999年（平成11年）には内閣府設置法，総務省設置法，国家行政組織法一部改正法が制定された。これらの法律によって政策評価の根拠規定が定められた。さらに，新省庁体制の発足（2001年[（平成13年）]1月6日）と踵を接し，政府全体として政策評価が実施され，政策評価各府省連絡会議了承として，「標準ガイドライン」の決定がなされた。これを受け2001年（平成13年）年通常国会で成立したのが「行政機関が行う政策の評価に関する法律（平成13年法律第86号）」である。[15]

地方自治体レベルでの行政評価は条例を制定して進められるか，要綱のもとで成される。条例は，議会での議決が必要とされ，それだけ位置づけが重く，継続性ももとめられる。要綱は議決が必要なく，弾力的かつ柔軟な展開が可能である。

条例制定に先鞭をつけたのは宮城県である。宮城県は2001年（平成13年）3月に全国に先駆けて「行政評価委員会条例」を制定した。ここに至るまでには，1997年（平成9年）4月から始まった「新しい県政創造運動—宮城の行政改革」，1998年（平成10年）12月18日に示された宮城県行政改革推進本部「行政改革推進計画」などの経験の蓄積がある。行政活動の評価に関する条例の制定に関してはその後，その後，北海道，秋田県，岩手県，長崎県，神戸市（兵庫県），志木市（埼玉県），新発田市（新潟県），高根沢町（栃木県）が続いた。福島県などは要綱に従った行政評価を行っている（「福島県事業評価実施要綱」）。

2　総合計画と政策評価システム

政策評価システムに NPM 理論の考え方がその理論的基礎にあることは，既に指摘した。この考え方は，顧客主義，業績・成果による統制など民間企業の経営理念や手法を行政に導入，活用することで行政部門の活性化を図るもので

あった。この種の成果重視（Performance Measurement）の行政評価はアメリカ，イギリスで盛んである。[16] 我が国でこの路線を明確に打ち出している自治体の代表的モデルは，三重県，静岡県であったので，以下ではこの二つの県でのこの取り組みとその経緯を簡単に紹介する。

1　三重県の行政評価

1-1　三重県総合計画

三重県の最新の総合計画は，『三重県総合計画：県民しあわせプラン（2004～2013年度）［第二次戦略計画[17]］』である。「第二次戦略計画」は，総合計画全体の計画の後半部分（2007～2010年度）の中期的実行計画であるが，その構想と内容とはどのようなものだろうか。以下に，その簡単な紹介を試みる。

この計画は「政策展開の基本方向」のもとに独自の「政策・事業体系」をもつが，二つのコンセプト，すなわち「新しい時代の公」と「文化力」とに支えられる。

「新しい時代の公」とは何か。『第二次戦略計画』では，次のように述べられている。「（新しい時代の公とは）行政だけでなく，多様な主体の参画を前提として，公共の役割をとらえ直し，…この計画づくりに地域の皆さんが主体的に参加し議論を重ねて計画を策定するといった取組や，NPO，ボランティアサークルが子育て支援や高齢者への配食サービスを自主的に行う取組など，地域の課題を解決するための県民の皆さんの自主的な取組」である。[18] ここに指摘されている「公」は，行政だけではなく，住民の自主性を尊重した「役割の見直し」に基づくそれである。他方，「文化力」とは「文化のもつ，人や地域を元気にし，くらしを良くしていく力および人や地域がもっている人々を引きつけ，魅了する力」である。[19]

『第二次戦略計画』はこの二つのコンセプトを土台とし，県の限られた行政資源を「重点的な取組」に投入するが，そのための具体的措置は政策・事業体系として県が実施する施策と基本事業に対する数値目標の設定である。数値目標はさらに，施策や基本事業を推進する行政運営に対しても設定されている。

1-2　『県民しあわせプラン』と「みえ行政経営体系」

「政策・事業体系」

は「『県民しあわせプラン』のめざすべき社会像を実現するために実施する県の取組を,目的と手段との関係で整理したもの」で,「政策―施策―基本事業―事務事業」のシステムである。このうち政策は,「県民しあわせプラン」で5つの柱の下に県が展開する19の「政策」であり,おおむね10年後のめざすべき社会の状況や県民の状態である。政策展開の「基本方向」の5つの柱は,以下のとおりである。

1．1人ひとりの思いを支える社会環境の創造と人づくり
2．安心を支える雇用・就業環境づくりと元気な産業づくり
3．安全なくらしの確保と安心できる生活環境の創造
4．持続可能な循環型社会の創造
5．人と地域の絆づくりと魅力あふれるふるさと創造

　19の「政策」とは,「基本方向」を構成する具体策である。例えば政策展開の「基本方向」の筆頭に掲げられる「1人ひとりの思いを支える社会環境の創造と人づくり」は,「1人ひとりが尊重され,誰もが参画できる社会の実現」「豊かな個性を育む人づくりの推進」「文化・スポーツを通じた自己実現」の三つの政策からなる。「安心を支える雇用・就業環境づくりと元気な産業づくり」には三つ,「安全なくらしの確保と安心できる生活環境の創造」には四つ,「持続可能な循環型社会の創造」には四つ,「人と地域の絆づくりと魅力あふれるふるさと創造」には五つの政策がぶら下がり,「政策」は都合19になる。

　政策の下層に位置するのは,3年間の体系として示される「施策」と「基本事業」である。「施策」は,例えば「政策」の「1人ひとりが尊重され,誰もが参画できる社会の実現」では,「男女共同参画社会の実現（生活部担当）」というように示され,ここに「基本事業」が四つ（「政策・方針決定過程への男女共同参画（基本事業11201）」「男女共同参画に関する意識の普及と教育の推進（基本事業11202）」「働く場と家庭・地域における男女共同参画の推進（基本事業11203）」「心身の健康支援と性別に基づく暴力等への取組（基本事業11204）」）組み込まれている。

　「基本事業」の下位にあるのは,約2000の「事務事業」である[20]。これらは,年度ごとに具体化される事業である。

　「政策評価システム」は,「県民しあわせプラン・戦略計画」の政策・事務

事業体系等に基づく「三層評価」と重点プログラム評価，地域機関における評価とから成る。「施策評価」は，県民への説明責任（アカウンタビリティ）を果たすことが目的である。施策を担当する総括室長等の責任で評価がなされ，評価結果は県政報告書として公表され，議会での県政の方向づけの議論に活用される。「基本事業評価」は「三層評価」の要であり，実績評価に基づく課題や今後の取組に関し，担当室長等が施策を担当する総括室長，事務事業担当者との協議を経て取りまとめられる。「事務事業評価」は成果志向の行政経営の定着と職員の意識改革が目的とされ，政策・事務体系に基づく事業評価を行うのは事業担当者である。

「施策」「基本事業」にはそれぞれ数値目標が掲げられている。上記の具体例に関してこれらの数値目標がどのように与えられるかというと，「男女共同参画社会の実現」では，主指標である「県・市町の審議会等における女性委員の登用率」が現状値で22.3%（2006年度）であるのに対し目標値25.0%（2010年度）を掲げている。また副指標として，「男女共同参画を推進するための基本計画等を策定している市町の割合」については75.0%（現状値58.6%），「男女共同参画センター主催事業への参加者数」については10,000人以上（現状値10,269人），「社会全体で男女の地位が平等になっていると思う人の割合」については18.0%（現状値15.3%）が示されている。

行政経営の資源（予算）は「みえ行政経営体系」のなかで「みえ経営改善プラン」として見直され，「簡素・効率的」な行政運営が推進されている。また，「みえ行政経営体系」によりながら計画の進行管理を「全体最適な県政運営」に方向づけるべく舵取りが行なわれている。具体的な目標は，「マネジメントのベース」に経営品質向上活動，危機管理，環境マネージメントシステム（ISO14001）を置き，「広聴広報・情報マネジメント」にしたがって県民のニーズ・市町のニーズ等を把握しながら，PDSサイクルが適切に循環するマネジメントの構築である。このサイクルの循環によって「全体最適な県政運営」が実現され，長期計画の目標を達成するのである。ここに三重県行政の真髄があった。

1-3　事務事業評価　　三重県の「事務事業評価」は，北川正恭知事による1995年の生活起点の行政改革，「さわやか運動(サービス，わかりやすさ，やる気，

表3-3　三重県の基本事業の数値目標（例）

基本事業	項目		
基本事業11201	県の審議会等のうち男女のバランスがとれた構成の審議会等の割合	目標値	57.3%
		現状値	49.4%
	男女共同参画を推進するための基本計画等を策定している市町の割合	目標値	75.0%
		現状値	58.6%
基本事業11202	男女共同参画センター主催事業への参加者数	目標値	10,000人
		現状値	10,269人
	社会全体で男女の地位が平等になっていると思う人の割合	目標値	＊18.0%
		現状値	＊＊15.3%
基本事業11203	男女格差の是正に取り組んでいる企業の割合	目標値	37.0%
		現状値	18.3%
	１農業委員会あたりの女性農業委員数	目標値	2人以上
		現状値	1.58人
基本事業11204	「三重県DV防止及び被害者保護・支援基本計画」項目着手率	目標値	100%
		現状値	74%

注）目標値は2010（平成22）年度，現状値は2006（平成18）年度。ただし＊は2009（平成21）年度，＊＊は2005（平成17）年度の数値

改革［かいかく］）として知られる。北川知事は就任直後から行政改革に手をつけ，1996年にその中核的システムとして事務事業評価を導入した。評価システムのポイントは，事務事業の目的達成を測る成果指標によって事務事業を評価・改革することである。政策体系全体のなかで事務事業の目的を明確にし，成果指標を設定し，数値化する評価方法がこれである（当初は1000の数値目標を掲げ，実際の「第一次実施計画」で700の目標に絞り込んだ）。

1998年度には「事務事業目的評価表」が「継続事務事業目的評価表」に名称変更されるとともに，新たに「新規事務事業評価表」の導入がはかられた。この措置は，進行中の事務事業の評価に加え，新規事業採択を事前評価するためである。

あわせて，予算編成の方法が変更された。事務事業評価システムと同時に導入されたマトリクス予算である。これは縦割りで編成されていた予算の弊害を

除去し，重複する事業に「横串」を入れて統合する予算編成手法である。1998年にはさらに事業別に組んでいた予算は目的別の予算編成に改められた。これは下位からの積み上げ式の予算編成ではなく，上位からの予算編成とでも言うべきものである。つまり施策単位での予算決定がなされ，与えられた枠の中で予算配分がなされる。政策設計にふさわしい予算編成を実現しようとする意図をここに読み取ることができる。

　上記の「事務事業評価システム」の揺籃期を経て，「みえ政策評価システム」が確立するのは，2003年度前後である。この「みえ政策評価システム」は，2002年度（平成14年度）から「政策推進システム」の枠組みが解消されるなかで「みえ行政経営体系」のなかの県政運営の下記の五つの枠組みの一つである「評価（see）」の主要な枠組みと位置づけられた。この「政策評価システム」は「三重のくにづくり宣言」第二次実施計画の策定にあわせて導入され，政策推進システムの柱となるものであった。内容的には，総合計画と政策評価システムとの連携がはかられ，それらの進行管理が一元化された。また，施策レベルにも評価が導入され，施策，基本事業，事務事業の三層での評価が統一的に実施されるようになった。様々な行政運営の仕組みがより体系的，効果的に機能するようシステム全般にわたって見直しがなされ，目的志向・成果志向・顧客志向といった経営型の行政運営の定着を目指した全体的な県政運営の仕組み（トータル・マネジメント・システム）として，三重行政経営体系は構築された。

　現時点でも改革は，進行中である。例えば，評価システム全体の簡素化が職員の作業負担軽減の目的で行われ，具体的には基本事業評価表のマネジメント参加指標や事務事業目的評価表の自己チェック欄が削除された。特筆すべきことであるが，当初予算目的評価表（施策，基本事業）は廃止された。

2　静岡県の「業務棚卸」方式

2-1　**静岡県総合計画**　静岡県は2002年（平成14年）に県政の中長期的課題となる総合計画『魅力ある"しずおか"2010年戦略プラン―富国有徳，しずおかの挑戦―』[21]を策定した。この総合計画は計画半ばの2004年度（平成16年度）末に見直され，後期計画として再構成された。見直しを後押ししたのは（既に

策定時点で中途での見直しが想定されていたこともあったが），少子高齢化の進展，国の内政構造改革，県内での政令指定都市の誕生，市町村合併による地域構造の変化への対応措置という客観的要請である。

計画は「基本構想」「基本計画」「地域計画」の三部で構成される。この総合計画について，県は第一に目的指向型行政運営の基礎を示したこと，第二に県が目指す将来像の実現に向け，県民と共有する数値目標を158項目について設定したこと，第三に県民の意見を積極的に反映するように努めたことが特徴である，と強調している。

「基本構想」では，基本目標（豊かな快適空間と有徳の志が織り成す「魅力ある"しずおか"」の実現）と将来像（多彩な夢の実現に挑戦できる「魅力ある"しずおか"」の県民生活）が示されている。「基本計画」では基本構想で示された基本目標を実現するために，七つの生活領域での具体的な目的・目標が定められている。「地域計画」では基本構想で掲げられた5領域について，それぞれの地域の目標像の実現にむけた施策がある。

計画の特徴は，さらに目的を具体化する努力目標として数値目標が設定されている。当初の総合計画で与えられていた158指標は166指標の体系に再構成された。この体系の構成は，最終アウトカム指標(106指標)への統一を基本とし，アウトカム指標としての設定が難しい場合には中間アウトカム（52指標）が，あるいは行政活動の直接的成果であるアウトプット指標（8指標）が採用された。行政活動の直接的成果であるアウトプット指標へ，さらに最終アウトカム（社会目標）へと連動する。中間アウトカムは，その前段のアウトプットによって引き起こされた県民などの行動によって実現される成果であり，最終アウトカムは複数の中間アウトカムにより県と県民とが協働でその実現を目指す最終的な社会的成果である。

2-2　総合計画と新公共経営（NPM）理論　計画ではNPM理論の考え方，すなわち目的指向型行政運営システムの構想が明確に打ち出された点，またそれが総合計画と密接に連携し，数値目標のアウトカム指標化を含め，NPM理論と総合計画とが一体のものとして提示されていることが重要である。[22] 計画内容にそくして言えば，「行政の生産性の向上」を核として顧客すなわち県民（住

民）の満足度を高める公共サービスの提供をめざし，政策，施策，事務事業のそれぞれの目的と手段とが相互に連関し合い，単年度ごとに業務棚卸の要領で個々の事業活動がその政策，施策とかかわるのかが見えるようにし，PDCAのマネジメント・サイクルで見直していくのである。「計画（Plan）」は総合計画に明示されるもので，業務棚卸表への位置づけが与えられる政策・施策の「目的・数値目標」および「施策の方向」である。「実施（Do）」は，事業そのものの効果的・効率的遂行である。「評価（Check）」は数値目標を目安とする業務の成果の点検である。「改善（Action）」は評価結果にもとづく施策・事業の見直しであり，次年度予算および執行体制につながる。県ではこれを業務棚卸表の活用でその徹底化をはかる。

　例えば，基本計画の「環境」には「良好な生活環境の確保」という「政策」がある。この「政策」は「水環境の保全」「大気環境等の保全」「化学物質対策の推進」という「施策」にブレイクダウンされる。このうち「水環境の保全」という「施策」の「目的」には「公共用水域及び地下水の水質汚濁の防止」が掲げられ，その「目標」として「河川等の水質に関する環境基準の達成率」が数値で示され，これが「最終アウトカム」となる。この「最終アウトカム」は，その下位の「行政成果」としての「中間アウトカム」と関わり，ここには「家庭における水質改善」と「企業の水質改善」が位置し，それぞれに「数値目標」が与えられる。前者には「汚水処理人口普及率」が，後者には「事業所立入検査適合率」が付加される。さらに，「汚水処理人口普及率」には「生活排水の啓発」「流域下水道の整備」「合併処理浄化槽の補助」が，「事業所立入検査適合率」には「工事・事業場への立入検査の実施」が「活動結果」のアウトプットとして付加される。

　総合計画で示された施策の方向を単年度ごとに，具体的に何をどこまで実行できたのか，現状はどうなのか，改善の措置をどうするのかを業務の構造として記述し，行政評価の資料として活用するのが「業務棚卸表」である。その内容は，図式化して言えば，「目的と手段の樹木構造」となっている。すなわち，上位目的とそれを達成する手段があり，後者はその下位の業務の目的となる。この目的には手段がともなうが，後者はさらに下位の業務の目的となる。この

目的にもそれを遂行するための手段がある。この棚卸表によって，住民にとって望ましい状態を実現するためには，どこに重点をおいて業務を遂行すればよいのかを判断することができ，効率的な業務の進行が可能となる。

　2-3　「業務棚卸」方式　　静岡県は1975年度（昭和50年度）頃から行政改革に取り組んでいる。1995年度には新しい行政システムの構築を目指し，民間で実施されている業務分析および課題発見の手法としての「リエンジニアリング」の考え方を導入して，改革に着手した。その成果は行政改革を従来型の節約型のそれから，「業務棚卸」方式による改革への転換である。「業務棚卸」とは民間の経営手法である棚卸という考え方の応用で，全ての業務を取り出し，業務の効率性をチェックするのである。換言すればそれは各組織単位の目的と手段，達成目標を明示し，業務の成果をこれらに照らして評価し，経営改善のための方途を分析する手立てである。評価制度を事務事業の単位ではなく，政策と施策を単位とし，予算よりも職員や組織に着目し，組織や組織単位がある一定期間の業務を通してどのようなことを実施しようとしているかを把握することが目的である。

　施策の体系は，「任務の樹木構造（目的・手段の連鎖構造）」をおりこむ。「組織が期間に特定の状態を実現しようとするためにとっている施策は，どれも目的・手段の体系として記述することができる。組織単位に与えられている業務全体を数段階にわたって小さな要素に分解し上位の業務目的を達成するためにどのような手段群が用意されているかを明らかにすることがねらいである」。

　施策の連鎖体系の中の行政評価指標のはめこみは，「管理指標（目的達成度の評価尺度）の設定と実績・目標の設定」が中心である。具体的には，上位目的には有効性指標（アウトカム指標）を，下位手段には効率性指標（アウトプット指標）を設定するように目指している。実績及び目的については，管理指標を数値であらわす。これらの行政目標を実現するための財源については，投入資源が表に記入される。これによって体系的に記述された手段にどんな手段，人員が投入されているかが示される。

　また，本庁の係・スタッフが所管する業務全体は既述の「目的と手段の樹木構造」で表現され，組織単位で自己評価が行われる。その上で，施策目的単位

で共通の管理指標を設定し，実績と当面の目標値，その達成期限を明らかにする。

　1997年度（平成9年度）の導入以来，システム上の大きな見直しはないが，1999年度（平成11年度）には業務棚卸表と総合計画の施策との体系化が行われた。県の総合計画の施策体系に「業務棚卸表」を結びつけることで，県全体の施策体系から業務棚卸表を探すことが可能になった。

　以上を要約すると，「業務棚卸表」という総括表には，大小の項目に区分されたそれぞれの業務の進捗度，すなわち管理指標の設定，実績と目標値，その業務の達成期限が記入される。室が所掌する行政目標を実現するための業務内容は，最上位に位置する総合計画の目的から，目的達成のために室が掲げる「任務目的」，室の業務内容が示される「業務概要」，当該年度の主な施策などの手段である業務の体系として示される。

　「業務棚卸表」は単年度ごとの実績報告であるが，その内容は既述のPDCAサイクルを念頭に構成される。総合計画の単年度の実施計画，実績報告である「業務棚卸表」には，総合計画の数値目標が盛り込まれ，これがP「計画(Plan)」－「実施(Do)」－「評価(Check)」－「改善(Action)」のサイクルのなかに織り込まれる。

　「業務棚卸表」には，毎年度，当初に各室で室の目的目標とそれを実現するための当該年度の施策等の手段の設定，前年度の成果とそのための行政活動評

図3-2　業務棚卸の体系（静岡県）

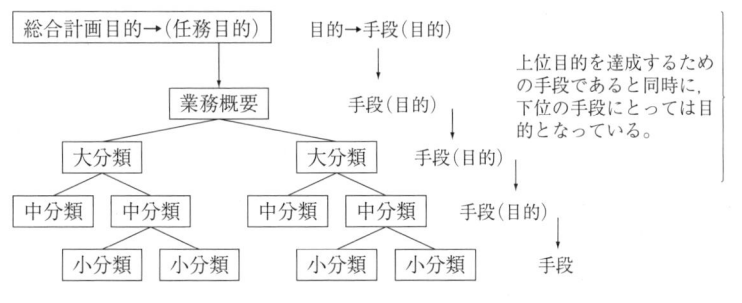

出所）http://www2.pref.shizuoka.jp/all/gyotana.nsf/help

価の延長上での当該年度の成果の見込み，課題の分析，それらをふまえて検討される改善措置が記載される。

　静岡県はこの「業務棚卸」方式を中核とする行政評価システムを構築し，評価システム全体を「目的指向型施策評価システム」と呼んでいる。「業務棚卸」方式は，多くの自治体の行政評価方式が事務事業方式であるのに比し，施策体系の整備に重きをおいた「高次の評価システム」と呼ばれることもある。[24]

3　行政評価の「評価」

　以上，地方自治体で進行している行政改革について，行政評価に絞り，その内容を概括した。問題はこの改革なり，行政評価をどのように評価するかである。

　行政評価の導入の仕方には，導入目的によって評価の仕方に相違がある。第一は，政策体系の最も下位レベルである事務事業評価に重きをおく場合である。この場合は行政改革の観点からの事務事業の見直しを目的とし，三重県での導入当初の事務事業評価システムはその代表である。評価の中心は個別の事業単位である。評価主体は行政改革室，財政課など行財政改革を担う部局である。

　第二は上位レベルの政策評価，施策評価に焦点を絞る方法である。この方法は，総合計画との連携に配慮し，政策評価に主眼がある。評価の総括部局は，政策立案などを担う企画部などの政策担当部局などがあたる。

　第三は事務事業評価，政策評価を合わせて行政評価システムとしてとらえるものである。この方法は導入当初から政策体系の全てを視野に入れ，行政評価体系のなかで事務事業評価，政策評価を検討する。評価は行財政改革関連部局，政策担当部局に加え，行政システム改革室，といった部署がこれにあたる。

　既述の三菱総合研究所のアンケートには各地方自治体が行政評価どのように受けとめているかを問う質問項目がある。[25] 政策，施策，事務事業の3段階での回答結果があるので，参考までにそれを掲げる。[26] 都道府県と市・区で，この3段階の成果の状況に関わる回答結果の表を掲載する。都道府県では，「期待通り成果があがっている」「ある程度成果があがっている」とする回答が「事務

第 3 章　地方自治体の行政評価と統計活動

事業レベル」で多い。市・区では「政策レベル」「事務事業レベル」で，「期待通りの成果があがっている」「ある程度成果があがっている」の割合はあまり相違なく，「施策レベル」で多少これらの回答選択肢の割合が小さい。

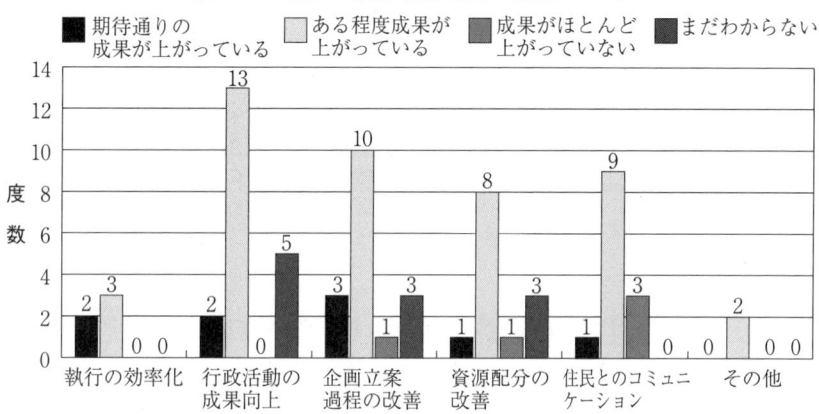

図 3-2　成果の状況（都道府県：政策レベル）

項目	期待通りの成果が上がっている	ある程度成果が上がっている	成果がほとんど上がっていない	まだわからない
執行の効率化	2	3	0	0
行政活動の成果向上	2	13	0	5
企画立案過程の改善	3	10	1	3
資源配分の改善	1	8	1	3
住民とのコミュニケーション	1	9	3	0
その他	0	2	0	0

注）三菱総合研究所・地域経営研究本部「地方自治体における行政評価への取り組みに関する実態調査―2007年調査結果―（データ版）」［http://www.mri.co.jp/PRESS/2007/pr071130_rm502.pdf］にもとづき筆者が作成。

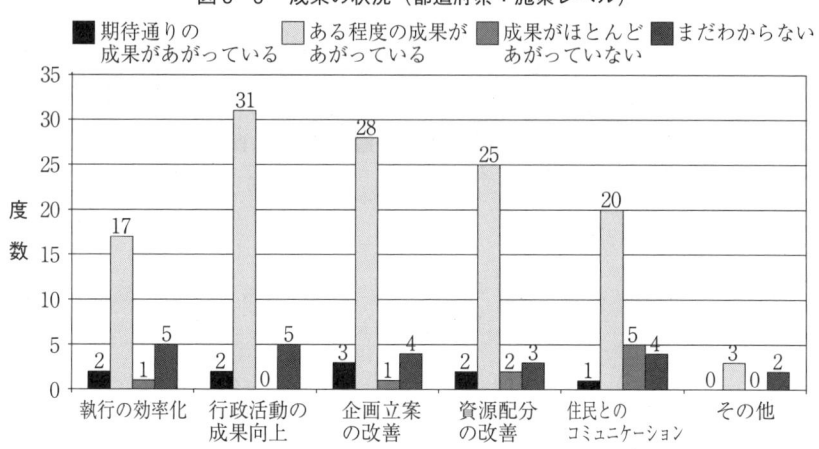

図 3-3　成果の状況（都道府県：施策レベル）

項目	期待通りの成果があがっている	ある程度の成果があがっている	成果がほとんどあがっていない	まだわからない
執行の効率化	2	17	1	5
行政活動の成果向上	2	31	0	5
企画立案の改善	3	28	1	4
資源配分の改善	2	25	2	3
住民とのコミュニケーション	1	20	5	4
その他	0	3	0	2

注）図 3-2 に同じ

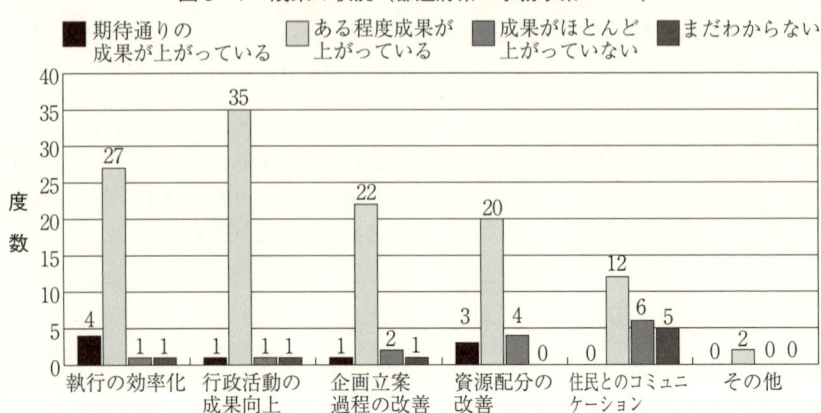

図3-4 成果の状況（都道府県：事務事業レベル）

凡例：期待通りの成果が上がっている／ある程度成果が上がっている／成果がほとんど上がっていない／まだわからない

度数：
- 執行の効率化：4, 27, 1, 1
- 行政活動の成果向上：1, 35, 1, 1
- 企画立案過程の改善：1, 22, 2, 1
- 資源配分の改善：3, 20, 4, 0
- 住民とのコミュニケーション：0, 12, 6, 5
- その他：0, 2, 0, 0

注）図3-2に同じ

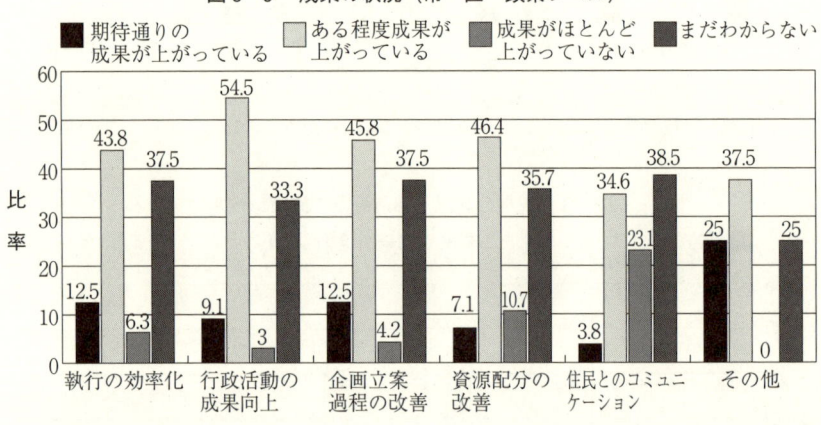

図3-5 成果の状況（市・区 政策レベル）

凡例：期待通りの成果が上がっている／ある程度成果が上がっている／成果がほとんど上がっていない／まだわからない

比率：
- 執行の効率化：12.5, 43.8, 6.3, 37.5
- 行政活動の成果向上：9.1, 54.5, 3, 33.3
- 企画立案過程の改善：12.5, 45.8, 4.2, 37.5
- 資源配分の改善：7.1, 46.4, 10.7, 35.7
- 住民とのコミュニケーション：3.8, 34.6, 23.1, 38.5
- その他：25, 37.5, 0, 25

注）図3-2に同じ

　目的別では「行政活動の成果向上」での成果が「政策レベル」「施策レベル」「事務事業レベル」のいずれにおいても目立つ。しかし，傾向として都道府県と市・区とで比較すると，目的別でみて「成果がほとんどあがっていない」「まだわからない」とする回答の割合が，「政策レベル」「施策レベル」「事務事業レベル」でも市・区でかなり高い。

第 3 章　地方自治体の行政評価と統計活動

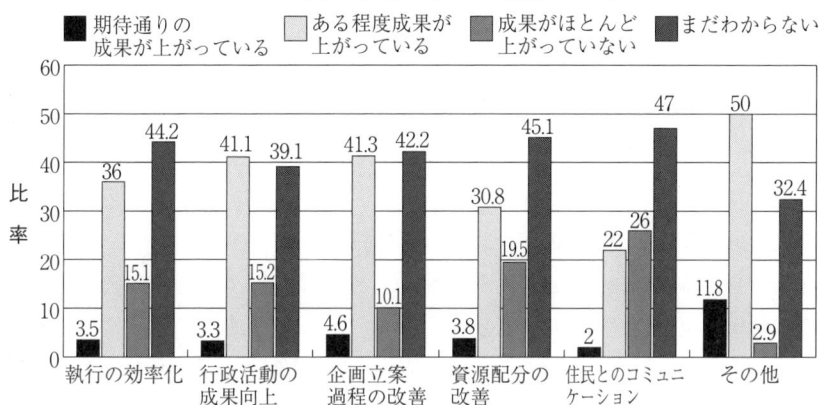

図 3-6　成果の状況（市・区　施策レベル）

■ 期待通りの成果が上がっている　□ ある程度成果が上がっている　■ 成果がほとんど上がっていない　■ まだわからない

	期待通りの成果が上がっている	ある程度成果が上がっている	成果がほとんど上がっていない	まだわからない
執行の効率化	3.5	36	15.1	44.2
行政活動の成果向上	3.3	41.1	15.2	39.1
企画立案過程の改善	4.6	41.3	10.1	42.2
資源配分の改善	3.8	30.8	19.5	45.1
住民とのコミュニケーション	2	22	26	47
その他	11.8	50	2.9	32.4

注）図 3-2 に同じ

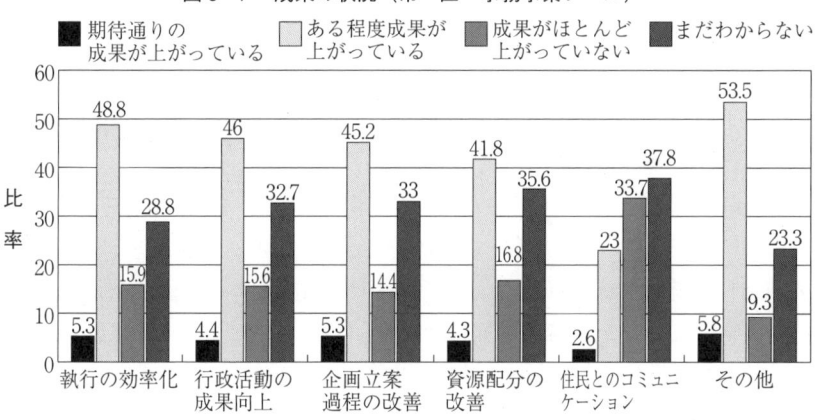

図 3-7　成果の状況（市・区　事務事業レベル）

■ 期待通りの成果が上がっている　□ ある程度成果が上がっている　■ 成果がほとんど上がっていない　■ まだわからない

	期待通りの成果が上がっている	ある程度成果が上がっている	成果がほとんど上がっていない	まだわからない
執行の効率化	5.3	48.8	15.9	28.8
行政活動の成果向上	4.4	46	15.6	32.7
企画立案過程の改善	5.3	45.2	14.4	33
資源配分の改善	4.3	41.8	16.8	35.6
住民とのコミュニケーション	2.6	23	33.7	37.8
その他	5.8	53.5	9.3	23.3

注）図 3-2 に同じ

　市・区では「政策レベル」「施策レベル」「事務事業レベル」のいずれでも「まだわからない」という態度保留の割合の大きさが無視できない。

3　総合計画・行政改革と統計活動

1　行政と統計活動

　本節では，上記の地方自治体での行政評価を中心として行政改革の動向を背景に，自治体の統計関係の部署でどのような動きがあり，いかなる認識があるかについて断片的ではあるが，若干の指摘を行う。

　地方自治体の行政に統計活動を位置づけ，また政策立案や政策評価で統計をその数値的根拠づけに活用するかどうかは，個々の自治体行政運営にとって喫緊の課題である。この観点から全国の都道府県，市町の行政を俯瞰すると（とても全てに目配りできないが），県レベルでは三重県が，市レベルでは三鷹市が一つのモデルとして見えてくる。[27]

　三重県では住民向けに啓蒙的性格をもつ統計出版物を多く刊行している。政策部統計室『県内市町のすがた』(2007年[平成19年]3月)，政策部統計室『三重県勢要覧』(2007年[平成19年度]5月)，総合企画局統計分析情報室『統計でみる三重のくらし』(2006年[平成18年度]2月)，政策部統計室「統計情報・みえData Box」等である。[28]

　三重県政策部統計室『平成19年度・事務事業の概要』を点検してみたい。[29]この文書には統計室の扱う事務・事業が一覧されている。「事業名」には「労働力調査」「小売物価統計調査」「家計調査」「就業構造基本調査」「工業統計調査」「全国物価統計調査」「商業動態統計調査」「特定サービス産業実態調査」「商業統計調査」「学校基本調査」「毎月勤労統計調査」「鉱工業生産指数(生産動態)」「マクロ経済分析調査(県民経済計算推計)」「マクロ経済分析調査(産業連関表)」などが並び，それぞれについて「担当グループ」「所管省庁」「根拠法令」「目的」「主要調査事項」「調査対象」「調査時期・周期」「調査方法」「集計方法」「調査系統」「公表の時期・周期」「主な利用面」「本調査に関する刊行物および資料」などが記入されている。統計室が担う仕事の全体を鳥瞰することができる。各都道府県の関係部局は，毎年度この種の「概要」を作成している。それぞれの「統計課」の活動を概観するうえで参考になる。

三鷹市では清原慶子市長が行政に果たす統計の役割を重要視し，率先して行政に統計を活用している。市民向けの企画部企画経営室統計係『統計ランキングでみる三鷹市』(2006年［平成18年度］7月)，企画部企画経営室『三鷹を考える論点データ集』(2004年［平成16年度］3月)，企画部企画経営室統計係『三鷹市統計データ集（平成17年度）』(2006年［平成18年度］9月)の他，同係が「統計ニュース」「みたか統計情報ニュース」を定期的に刊行している。旺盛な統計活動の一端である。

　注目すべきは，現行の基本構想・第三次基本計画の策定に際して編まれた上記の『三鷹を考える論点データ集』の発行である。このデータ集は，近隣市との比較データに重きをおきながら，市の行政の取り組みで進んでいるところと遅れているところをディスクローズする試みである。また，「みたか市民プラン21会議」は構想・計画の基礎となる「市民プラン」を作成したが，その過程で会議のメンバーはこの『論点データ集』を携えて議論したと伝えられている[30]。三鷹市ではあわせて，市経済の長期予測を計量経済モデルで行っている。ユニークな統計活動の一つとして数えることができる[31]。

　この他にも統計が行政活動の分野で自治体が抱える社会経済などの現状分析や政策，施策の数値目標の設定に使われる例は枚挙にいとまない。

　2003年（平成15年）7月に示された新施政方針「さっぽろ元気ビジョン」のプラン化である『札幌新まちづくり計画（平成16年度～平成18年度）』（同時に「第4次札幌長期総合計画」の実施計画」）には，政府統計，道・市の独自調査（含アンケート），業務統計などさまざまな統計が使われている。どの統計が使われているのかを具体的に知るために一例を掲げると，以下のようである。「中小企業白書」（中小企業向け貸出残高の推移），「事業所・企業統計調査」（13大都市の開業率，廃業率の分布），厚生労働省「人口動態統計」（札幌市の出生数と合計特殊出生率の推移），総務省「社会生活基本調査」（学習・研究の種類別行動者率），総務省「社会生活基本調査」（趣味・娯楽の種類別行動者率），等々[32]。

　三重県の『県民しあわせプラン（第二次戦略計画）』では，計画策定の前提となる経済，社会の現状分析での統計利用が明示されている。すなわち，その第一篇「基本的な考え方」，第一章「第一次戦略計画の総括と今後の課題」の「（1）

第一次戦略計画の総括」では,「県民経済計算」「工業統計調査」「有効求人倍率」を用いて景気回復の現状,雇用情勢が分析されている。

どの自治体でも多かれ少なかれ苦労して既存のさまざまな統計を収集し,利活用している。予想されたことではあるが,必要な統計が必要な時に入手しづらいこと（タイムラグの問題），全国レベルでは使える統計でも地域レベルになるとサンプルが少なすぎて統計として使えないこと,サービス関係の統計が極端に不足していること,観光関係の信頼に足る統計がないことなどが,不満の対象である。

2　現状把握と数値目標の設定

前節で紹介したように,地方自治体は現在,自治体行政の改革の一環として行政評価を行っているが,このことを受けて自治体の総合計画は個々の政策（施策），事務事業に数値目標を設定している。計画期間中に達成する目標数値の設定である。目標値を掲げることで自治体運営の当事者の目的が明確にならざるをえないので職員の意識改革になるうえ,住民に対しても政策ないし施策の説明責任をとることができる。定量的な数値を出せる場合はそのように,定量的な目標になりにくいものは定性的な目標となる。統計は前者とかかわる。

この種の数値目標はその設定の仕方で,①過去の趨勢値を外挿する方法,②当該自治体の全国ランキングを引きあげる方法,③当初値に一定の増加率を乗じて設定する方法,④区切りのよい数値で経験的に決定する方法などがある。この点について,次章で詳しく論じるが,ここではいくつかの具体例を示す。

栃木県総合計画『とちぎ元気プラン（2006-2010）』[33]では,将来像として「活力と美しさに満ちた郷土"とちぎ"」のもとに,これを実現するための基本政策は基本目標,政策,施策,単位施策の四層から成る。基本目標は五つで,「基本目標1：知恵にあふれた豊かな人づくり［教育・文化］」「基本目標2：いのちをやさしく見守る社会づくり［人権・保健・医療・福祉］」「基本目標3：確かな技術と創造性に富む産業づくり［農林・商工サービス・労働］」「基本目標4：快適でにぎわいのある交流地域づくり［社会基盤・観光・国際化］」「基本目標5：安心のくらしを支える環境づくり［環境・防犯・防災］」となってい

る。この5本の基本目標に2-3の政策が付随し，政策の総数は13である。さらにそれぞれの政策に，これまた複数の施策がぶらさがり，その数は全体で50である。156の単位政策がこれらの施策を支える。組織的には政策は部局が担当，施策は課が担当する。

『とちぎ元気プラン (2006-2010)』が総合計画と呼ばれるゆえんは，上記の体系性もさることながら，このプランがそのうちに部門計画を内包しているからである。例えば基本目標2の内実である3本の政策，すなわち「(政策21) 1人ひとりを尊重し，共に参画する社会を築く」「(政策22) 互いに支え合い，共に生きるあたたかな福祉社会を築く」「(政策23) 健やかで安心な生活を守る」には部門計画との連携がある。すなわち，政策21には「栃木県人権施策推進基本計画」「とちぎ男女共同参画プラン (二期計画)」が，政策22には「栃木県次世代育成支援対策行動計画『とちぎ子育て支援プラン』」「栃木県高齢者保健福祉計画『はつらつプラン21 (三期計画)』」「栃木県地域福祉支援計画」が，政策23には「とちぎ健康21プラン」「栃木県保健医療計画」「とちぎ食の安全・安心行動計画」が部門計画として位置づけられている。当該の計画では，数値目標は施策ごとに設定されている。「概要版」には「基準値」「目標値」「長期目標」が掲載されているが，本体の冊子には「概ね10年前」「概ね5年前」の過去の値の記入もあり，より趨勢的な認識ができる。この範囲で見る限り，数値目標の設定の仕方は3タイプに分類できる。第一は理想値を掲げるというものである。第二は，過去の趨勢の外挿による設定である。第三は，全国ランキングの順位をあげる方法である。

数値目標がどのように設定されているかについては，個々の自治体がその方法を公表しているわけではないので，その実情は必ずしも定かでない。しかし，聞き取り調査を含めて設定方法が分かる自治体の総合計画もある。埼玉県はそれらを，『ゆとりとチャンスの埼玉プラン (埼玉県5ヵ年計画)』の冊子で公表している。[34] 簡略な形式の公表であるが仔細に読むと，上記の数値目標の一般的な設定の仕方がどのように具体化されているかが分かる。詳しくは実際に同冊子の該当箇所にあたってほしいが，整理すると次のようである。

まず，理想数値として示される数値目標の設定がある。「『地域子育て応援タ

ウン』認定市町村の数」を2011年度（平成23年度）までに埼玉県下の全市町村に設置する目標値は，これにあたる。「看護勝因不足の解消」で不足数を23年末でゼロとした設定，「高等技術専門校修了者の集魚率」を2011年度（平成23年度）までに100％とする目標などもこの種の数値目標化と考えられる。

　次に政策的配慮による設定がある。ここでいう政策は，国のそれである場合と，県独自のそれである場合とがある。国の政策との連動では，県はそれを無視できず，数値目標の設定は国のそれに準拠しなければならない。例えば「エレベータの設備などにより段差が解消された鉄道駅（1日平均利用者数が5,000人以上）の割合」を2011年度（平成23年度）末までに100％にする数値目標は，国がバリアフリー新法に基づく基本方針で2010年度（平成22年度）までに鉄道駅の段差解消を図ると決めたので，それに準拠したわけである。「週に1回以上スポーツをする20歳以上の県民の割合」を同じく2011年度（平成23年度）までに55.0％にする数値目標は，国の目標値が50％であるのでこれを上回ることを目指す姿勢の表れである。これと類似した数値目標の設定として，法律なり政令の制約にしたがった数値目標の設定というケースがある。

　県独自の政策との連動に関しては，独自の政策が数値化して示されるが，その政策的措置が予め数量的に設定されているので，それを数値化した目標である場合もあれば，具体的施策が講じられた結果としての数値目標が想定される場合もある。前者では「犯罪発生件数（人口1,000人当たり）」を2011年度（平成23年度）に18.5件以下にするのがそれで，この数値は「埼玉県防犯のまちづくり推進計画」で2009年度（平成21年度）の発生件数を2004年度（平成16年度）より20％削減する目標が設定されていたので，これをさらに進めて2011年度（平成23年度）までに2004年度（平成16年度）より28％削減する姿勢から出てきた数値である。後者の例としては，現状を所与として，単年度ごとの政策措置の積み上げの結果を数値目標する場合のほとんどがこれである。「新規企業立地件数」を2007年度（平成19年度）から2011年度（平成23年度）までに200件とした数値目標がそれで，埼玉県の施策として公的な産業団地や民有地への立地を進め毎年40件立地することとしてあるので，それをもとにはじきだした数値目標である。

過去の実績，趨勢を踏まえ，それを将来に延長することで数値目標が設定される場合もある。ただし，埼玉県ではこの場合にも単純な外挿ではなく，政策的判断を若干加味していることが特徴的である。例えば「女性（15-64歳）の就業率」が2005年度（平成17年度）に55.1％であったのを2010年度（平成22年度）に58.4％としたのは，2005年度（平成17年度）からの5年間の伸びを2000年度（平成12年度）から2005年度（平成17年度）までの伸び（2.3％）とまず同率としつつ，さらに施策推進による伸びを1％加味して設定されたことによる。「中小企業勤労者サービスセンターの会員従業員数」を2005年度（平成17年度）末の34,406人を2011年度（平成23年度）末までに40,000人としたのは，2000年度（平成12年度）〜2004年度（平成16年度）の増加率が年平均1.4％であるのをふまえつつ，これに政策的判断から約1％上乗せし2.5％とした目標値設定の仕方である。このように過去の実績に基づく傾向に施策上での要因を加味して設定された数値目標として「一般廃棄物の再利用率」（2011年度［平成23年度］に28.0％），「産業廃棄物の再生利用率」（2011年度［平成23年度］に57.0％）がある。

さらに，全国水準，他の地域との比較で，数値目標が設定されている施策もある。「経営革新に取り組む中小企業者数（経営革新計画の承認件数）」を平成17年度末の542件から，2011年度（平成23年度）末の1,262件とする目標は，この年間承認件数が埼玉県は南関東で最低であるので，東京都に次いで高い神奈川県を超える水準を定めて計算した目標数値である。「耕地利用率」の2011年度（平成23年度）の95.0％という数値目標は，全国の平均利用率である93.8％を上回る狙いで設定された目標であるし，「商業集積地区における年間販売額の全国順位」を2004年度（平成16年度）の8位から2011年度（平成23年度）までに6位とする目標で，全国ランキングを上げることを端的に表明した数字である。

この項の最後に，筆者が重要と考えている点を指摘しておきたい。すなわち総合計画は，それが「総合」計画である以上，環境，雇用，産業，社会保障，教育など住民の生活と関わる広範な分野にまたがる包括的なそれである。このことは総合計画が個々の部門計画を統括したものであるはずである。実際に，総合計画と部門計画とが有機的に，整合的に関連付けられているケースは意外

と少ないが，関連づけが密接不可分であるにせよ，そうでないにせよ，本来それらの連携は考慮されてしかるべきである。行論との関係では，この問題は総合計画の数値目標の設定と，部門計画のそれとの整合性である。総合計画のなかに設定される数値目標は直接に部門計画と関連付けを有しないものも多いが，他方では部門計画の数値目標を無視しえないものもあり，問題の見極めはなされなければならない。[35]

3 統計セクションの位置づけと統計活動

　自治体によっては，統計セクションの位置づけの変化がみられる。すなわち従来，総務系に置かれることが通常であった統計セクションは，統計が政策立案に果たす役割が重視されるにともない政策企画部系に配置換えされる傾向がある。三鷹市はその代表的な例であろう。三鷹市では現在，統計係は企画部企画経営室のなかにある。かつて統計事務は2003年度（平成15年度）までは総務部文書課統計係が所掌していたが，2004年度（平成16年度）から上記の移管措置がとられた。この措置は「三鷹市行財政改革アクションプラン2010」策定基本方針にもとづく組織改正の一環である。計画策定，実施などで統計の果たす役割が大きいとの判断がありその連携に配慮がなされた。この措置により，統計係は国勢調査などの指定統計調査のほか，市政に必要な独自調査を実施し，各種のデータを政策決定に反映させる業務を進めることとなった。

　三重県の統計室は政策部に属する。この体制になったのは，10年ほど前からである。全体の職員の数は，37名ほど。統計総括特命監というポストがあるが、これは「次長」に相当する。統計利活用特命監は，「分析グループ」と「統計情報グループ」を指導する。「人口統計グループ」の担当事務は，統計調査員対策，統計業務報告，届出統計調査，労働力調査，月別人口調査などである。「消費・労働統計グループ」の担当事務は，個人企業経済調査，家計調査，小売物価統計調査，全国物価統計調査，学校基本調査，などに関する業務である。「農水・商工統計グループ」の担当事務は，工業統計調査，商業動態統計調査，特定サービス産業実態調査，統計調査地方集計などの業務に関わる。「分析グループ」の担当事務は，県民経済計算，産業連関表，マクロ経済統計分析など

に関する業務である。「統計情報グループ」の担当事務は、統計情報の編集・提供、社会・人口統計体系の整備、三重県統計情報データベースシステムの運用管理、ホームページの運用管理に関する業務である。

香川県庁で総務部統計調査課の職員との懇談では、県の今後の課題として政策立案を支援するために統計分析機能を強化するとの言があったが、この志向は傾聴に値する。

統計活動では、県庁レベルで景況調査を定期的に実施しているところがある。日銀支店(事務所)、地方財務局でも景況観測がなされている。県によっては、それらのデータをもちよって経済懇談会などが開催されている。例えば香川県では県が「統計情報プラザ」を2ケ月に1回主催し、ここに日銀高松支店、経済産業局、百十四銀行、国民生活金融公庫、中小企業金融公庫などの担当者が参加している。

また、埼玉県では、聞き取り調査によると、各部局でそれぞれの持っている統計を長期トレンドで見てみる取り組みを開始した。この取組みのなかで、全国と埼玉県の納税率の乖離が明示的となり、問題の所在を統計的に発見してその是正にとりくみ、それを成功させた行政上の措置である。

む　す　び

筆者は本章で、この15年間ほどで全国の地方自治体で展開された行政改革の状況を、行政評価に焦点を絞って紹介し、それらと総合計画とが、あるいは統計活動とがどのように結びついているのかを検討した。行政評価が今後どのように進行していくかは予断を許さない。都道府県と市・区では、あるいは本章では取り上げえなかったが町村では、同じ自治体の行政評価と言っても同一次元で論ずることはできない。より緻密な検証が必要になるであろう。また、行政改革に対しては一部にマンネリ化の指摘がないわけではない。また、もともと企業経営の方法であったNPM理論を自治体行政に適用することが妥当なのかどうかについては別途、理論的、実証的見当が必要である。

自治体の行政改革にともなって統計業務を担当する部署の位置づけは変わり

つつあり，総合計画との関連でこの部署により実践的な位置づけを与える動きも目立ってきている。一方で厳しい財政状況のもとで統計業務の縮小が日程にのぼるとの懸念もあるが，他方で統計が行政に必要な資料であることの認識は広く行き渡りつつある。課題が目白押しである。主なものを確認して次章に進みたい。

一つは，行政評価と統計との関係に焦点を絞った現状と問題点の検討である。多種多様な行政評価に統計が重要な役割をもつことは，近年の統計改革を背景に，専門的研究者の間で強くなっているので[36]，このテーマに見通しをつけなければならない。もうひとつは，上記と関連して実践的な提言が必要である。地方自治体で個別に取り組まれている試みのなかには括目すべきものも少なくなく，それらの営為は十分な評価が与えられてしかるべきものもある。その作業を支援する提言はできないだろうか。筆者を含めた研究者に与えられた課題である。

最後に，本章で何度も出てくる90年代半ば以降の自治体改革を支えるNPM理論そのものに関して筆者は，幾ばくかの疑問をもっている。自治体行政が経営体の活動と同じように展開されるはずはない。自治体の住民を「顧客」と捉える視点は，本来自治体行政は住民のアクティブな参加によって進められるべきものという考え方と矛盾するのではなかろうか。この点の理論的考察は，今後の課題である。

1）『地域経済活性化と統計の役割に関する研究（2006年度～2009年度）［基盤研究B，課題番号18330042］』（代表：菊地進，立教大学経済学部教授）。
2）本章執筆の2008年秋の時点では，道県庁（北海道，岩手県，秋田県，宮城県，山形県，福島県，埼玉県，長野県，新潟県，香川県，鳥取県，島根県，大分県，沖縄県など）の関連部局，市庁（札幌市，盛岡市，北上市，山形市，仙台市，さいたま市，長野市，新潟市，静岡市，三鷹市，高松市，那覇市など）の関連部局，さらに日銀支店（事務所），中小企業基盤整備機構，商工会議所などである。
3）三重県の行政評価は，北川正恭知事（当時）による1995年の行政改革として知られる。北川知事は就任直後から行政改革に手をつけ，その中核的手段として「事務事業評価」を実施した。北川知事が参考にしたのは，デビット・オズボーン＝テッド・ゲーブラー著／野村隆監修・高地高司訳（1995），『行政革命』日本能率協会マネジメントセンター，と言われる。他に次の文献を参照，中村征之（1999），『三重が，燃えている』公人の友

社。
4）この方式の導入については，静岡県立大学の北大路信郷教授の発案による，と言われる。業務棚卸は，全ての業務を取り出し，業務の効率性を点検するという民間の経営手法である。
5）三菱総合研究所「地方自治体における行政評価への取り組みに関する実態調査：2005年調査結果（概要版）」8頁。
6）http://www.soumu.go.jp/hyouka/seisaku_n/pdf/houkoku_1803.pdf
7）総務省・地方公共団体における行政評価の取り組み状況。（http://www.soumu.go.jp/main_content/000014509.pdf）
8）調査期間2007年8月20日〜9月末日，調査対象47都道府県，全市（17政令市，東京23区および765市），全町（827町），全村（1199村）。回収状況，都道府県（100％），全市・区（61.9％），全町（34.9％），全村（30.3％）。結果は三菱総合研究所のホームページに公開されている。（http://www.mri.co.jp/PRESS/2007/pr071130_rm501.html）
9）小野達也・田渕雪子［三菱総合研究所・産業政策研究部・政策研究チーム］(2001)，『行政評価ハンドブック』では，「行政評価」は「行政機関の活動を何らかの統一的な視点と手段によって客観的に評価し，その評価結果を行政運営に反映させること」と定義されている（同書，5頁）。行政評価の定義は，「行政機関が主体になって，ある統一された目的や視点のもとに行政活動を評価し，その成果を行政運営の改善につなげていく，さらに，それを制度化して，行政活動の中にシステムとして組み込んで実践すること」である（1-2頁）。
10）「美しい環境のまち」には「(1)水と緑の豊かな自然を守りはぐくむため」「(2)安全で安心して暮らすため」「(3)省資源・廃棄物ゼロの循環型社会をつくるため」「(4)快適な暮らしができる環境をつくるため」「(5)高度な交通・情報のネットワークをつくるため」のそれぞれの計画と数値目標が掲げられている。
11）新公共経営（NPM：New Public Management）理論に関しては，大住荘四郎「New Public Management：自治体における戦略マネジメント」，財務省財務総合政策研究所『ファイナンシャル・レビュー』May-2005，が詳しい。
12）2007年度より向こう10年を予定した山形市の「第7次総合計画」は1996年度（平成8年度）にスタートした「山形市新総合計画―いきいき・躍動・山形プラン―」，また2001年度（平成13年度）に策定された「新重点プロジェクト―環境先進都市をめざして―」を引き継ぐ改革である。「総合計画」は総合的・計画的な行政運営を進める基本的指針で，「基本構想」「基本計画」からなる。「基本構想」は，まちづくりの理念や目指すべき将来都市像を示し，それを具体化するための基本方針である。「基本計画」は，基本構想で示された将来像を実現するための市政経営の方針を示すものである。「第7次総合計画」策定の理由は，2点あげられる。第一の理由は，当初予定していた合併が「破談」となり，合併による広域化，中核市の指定が難しくなってきたこと，2005年（平成17年）に27万人と予定していた人口目標の達成が困難になり，個々の目標値の齟齬が顕在化してきたことにより，現在の社会動態に見合った計画に見直す必要がでてきたことがあげられている。第二の理由としては，2004年度（平成16年度）から導入された「仕事の検証

システム」を基本計画の施策に取り込んで成果目標として挙げることになったが，市民に対する仕事の説明責任を果たす基礎計画として，その見直しの必要性がでてきたことである。
13) アメリカではNPMという用語は使われず，単にパブリック・マネジメントのなかでの改革という論議になっているようである。
14) 総務省行政評価局の次のサイトが詳しい。(http://www.soumu.go.jp/hyouka/seisaku_n/index.html)。このサイトの「政策評価の総合窓口」には，「政策評価制度の導入に関する経緯」「政策評価の年次報告」「規制の事前評価」「政策評価フォーラム等」「調査研究」「公表資料」「各府省政策評価情報へのリンク」「地方公共団体の政策評価関連情報へのリンク」が示されている。
15) 次いで続々と「行政機関が行う政策の評価に関する法律施行令（平成13年政令第323号）」「行政機関が行う政策の評価に関する法律施行規則（平成19年総務省令第199号）」「政策評価に関する基本方針（平成17年12月16日閣議決定，平成19年3月30日一部変更）」「政策評価の実施に関するガイドライン（平成17年12月16日，政策評価各府省連絡会議了承）」「規則の事前評価の実施に関するガイドライン（平成19年8月24日，政策評価各府省連絡会議了承）」などの法，政令，指針などが示された。
16) 詳しくは田中啓（1999），「諸外国に学ぶ行政評価」，島田晴雄・三菱総合研究所政策研究部『行政評価』，東洋経済新報社。
17) 三重県政策部企画室（2007年7月），『三重県総合計画・県民しあわせプラン（第二次戦略計画）』。
18) 三重県政策部企画室，同書，11頁。
19) 三重県政策部企画室，同書，11頁。
20) 三重県総務部経営総務室（2007年2月），『みえ政策評価システム運用マニュアル』，6頁。
21) 静岡県（2006年4月），『静岡県総合計画・魅力ある"しずおか"2010年戦略プラン―富国有徳，しずおかの挑戦―』。
22) 静岡県総務部（2008年1月）「静岡県の新公共経営（NPM）の取組み―行政の生産性の向上―」。
23)「室」は，全国で初めて「課」を廃止して創設され，1998年度（平成10年度）にスタートした。
24) 市レベルの総合計画と行政評価について，行論との関係で盛岡市の例をとりあげたい。盛岡市の総合計画「盛岡市総合計画―共に創る元気なまち県都盛岡―（平成17年度～平成26年度）」は，「まちづくりの方向性」「めざすべき姿」としての5つの「まちづくりの基本理念」（「継承と創造」「求心力」「人が活きる」「市民起点」「自律」）のもとに作成されている。この基本理念に基づき，そのめざすべき基本目標は「人々が集まり・人にやさしい・世界に通ずる元気なまち盛岡」である。「基本構想」の内容は，この基本理念と基本目標である。「基本構想」の下に「実施計画」がある。「実施計画」は，財政見通し及び『盛岡市行財政構造改革の方針及び実施計画』との整合を図りながら，主要な事務事業を施策体系別に示し，効果的・効率的な行財政運営のもとで，基本構想に定める将

来像を具体化するものである。「実施計画」は具体的には，基本構想の将来像である「人々が集まり・人にやさしい・世界に通ずる元気なまち盛岡」を実現するために，8本の「政策の柱」を立て，その下位に41の「施策」を置き，その「施策」の下位に「基本事業」(103事業)，さらにその下に「事務事業」(約1000事業) を置くピラミッド型の体系である。しかも，「実施計画」は市独自の「行政評価システム」を活用した進行管理がなされ，毎年度，評価検討され，施策の目標達成に向けて改善される。盛岡市独自の「行政評価システム」は平成13年度から5年間かけてつくられた。その直接の契機は，議会からの要請であるが，三重県の行政評価導入の成果が出始めたこととも関係があるようである。「評価システム」はマネジメント・サイクルの下に継続する企画の立案や予算編成に反映させていく仕組みである。実際に，盛岡市は，この考え方で平成18年度以降，行政評価を実施している。評価体制（役割分担）は行政内部の事務事業責任者以上の役職者が行い，市長，助役，収入役，教育長，各部の部長等の幹部層からなる「行政評価推進委員会」が，最終的な施策の貢献度評価を行い，施策の優先度を評価する。例えば，平成19年度は総合計画の41の施策のうち，どの施策を優先させるか，さらにその中から予算重点配分施策，予算水準維持施策，予算配分抑制施策に分けて予算枠の配分が行われた。行政評価は行政内部で行われているが，第三者評価への取り組みも日程にのぼっている。このように，総合計画と評価システムとの強い連携のなかで行政が運営されている。

25) 三菱総合研究所・地域経営研究本部「地方自治体における行政評価への取り組みに関する実態調査―2007年調査結果―（データ版）」(http://www.mri.co.jp/PRESS/2007/pr071130_rm502.pdf)
26) 図で都道府県は母数が小さいので実数で，市・区は比率で示した。また，「無回答」部分は省略。
27) 三鷹市の近年の統計活動については，二浦孝彦 (2004)，「三鷹市における統計情報の利活用」『ESTRELA』No.125, 2004年8月，を参照。
28) http://www.pref.mie.jp/DATABOX/
29) 三重県政策部統計室の『平成19年度・事務事業の概要』。
30) 三鷹市企画部企画経営室『三鷹を考える論点データ集』(2004年［平成16年度］3月) の市長の巻頭挨拶。
31) 山口誠・福地崇生 (2004)，「報告書：計量経済モデルによる三鷹市経済の長期予測（三鷹：2020）」平成16年11月。
32) ただし，これでも全体の一部にすぎない。他に内閣府「体力・スポーツに関する世論調査」（この1年間に行った運動・スポーツの種目），ハローワーク札幌「雇用情勢さっぽろ」（札幌圏における年齢階層別有効求人倍率，札幌圏における職業別有効求人倍率），北海道情報処理産業実態調査（札幌の情報関連産業の事業所数・従業員数の推移），海外企業の海外進出向実態調査（札幌の海外進出企業数），札幌市「札幌市の少子化に関する調査」（子どものいる女性が働き続けるために改善すべき課題），札幌市「札幌市高齢者意識調査」（在宅で暮らしている高齢者が望む今後の暮らし方），札幌市「健康づくり基本計画に関する市民意識調査」（成人の喫煙率），札幌市「札幌市の児童生徒の実態に関する基礎調査」（ボランティア活動への関心）。

33) 栃木県企画部企画調整課（2006年2月），「栃木県総合計画『とちぎ元気プラン（2006～2010）』」。同（2006年2月），「栃木県総合計画『とちぎ元気プラン（2006～2010）』［概要版］」。
34) 埼玉県（2007年2月），『ゆとりとチャンスの埼玉プラン（埼玉県5カ年計画［平成19年度～23年度］）』。
35) このような問題意識は，2009年8月6日に実施した福岡県商工政策課でのヒアリングで感じたところである。福岡県の産業政策には，例えば北部九州自動車産業の生産台数の目標数値，シリコンシーベルト福岡プロジェクト・セカンドステージにおける関連企業の集積目標値などが細かく盛り込まれていたが，聞き取り調査の席上では，総合計画の数値目標と産業部門におけるそれとの関連が話題となった。
36) 梅田次郎・小野達也・中泉拓也（2008），『行政評価と統計』日本統計協会，11頁。

第4章

行政の進行管理に果たす統計と数値目標の役割

はじめに

　前章で筆者は，おおむね次の諸点を論じた。都道府県，市町の自治体の多くは，今日，中・長期総合計画あるいはそれと結びついた単年度計画，アクションプランのもとで行政を運営し，あわせて政策，施策，事務事業の全部，あるいは一部に行政評価を取り込んでいる。この動きは三重県，静岡県などで15年ほど前から始まり，その後全国に普及した。背景には，自治体が抱える厳しい財政事情，行政サイドから住民への説明責任義務，行政の効率化の要請などがある。自治体行政のこの活動とともに，行政における統計あるいは統計活動の位置づけに変化が生じている。統計がこれまで以上に重視され，また統計に関与する部署と政策や企画に関する部署との連携が強化されつつある。言うまでもなく，以上の動きは都道府県，市町の自治体によって微妙に異なる。

　自治体行政の実情は現在進行形で変化しつつある。時間の推移とともに評価の視点が動けば，同一の事象もまた異なって見える。さらに，筆者の認識不足だったことが，継続する調査のなかで新たに分かってきたこともあった。[1]

　本章の目的は，自治体の総合計画と行政評価のその後の経緯，そこでの統計（活動）の役割に関わる問題について，前章で（すなわち，聞き取り調査の前半のまとめで）言及しえなかったことを明らかにすることである。全体を通じて，自治体の総合計画，行政評価が当初一律に策定され，実施されていたのが，それぞれの自治体が経験を積むなかで，実情に合わせた調整を行っていること，独自の工夫が散見されること，などの諸点を特筆する。また，筆者が前章で論

じ切れなかった総合計画，行政評価と統計（活動）との関係づけを，本章では一歩進んだ形で示す。

第**1**節では，自治体の中・長期総合計画の位置づけ方の相違を強調し，またその変容を跡づけ，あわせて行政評価のシステムの現状を紹介し，政策評価と事務事業評価との関係を検討する。

第**2**節では，自治体の総合計画に組み込まれている人口予測を含む様々な数値目標の位置と役割とを示し，それらの数値目標の統計による根拠づけを紹介する。

第**3**節では富山県，茨城県，盛岡市での総合計画で統計がどのように位置付けられていたかを示す。これらの自治体の総合計画をとりあげるのは，実際の聞き取り調査を実施する中で総合計画統計にどのような統計がいかに使われているかが，比較的明瞭にあらわれていたからである。

文中には行論と関わりのある事例を多く織り込み，議論が新鮮に，かつ具体的になるように配慮した。

1 総合計画・行政評価の変容

1 総合計画策定の現況

本節では，自治体が策定する総合計画の，2008年聞き取り調査以降の状況について，それらの特徴を指摘する。現在，多くの都道府県は中長期の総合計画のもとで自治体行政を進め，行政評価を実施している。総合計画という名称の計画を作成していない自治体は新潟県，千葉県，愛知県，石川県など数少ない。しかし，総合計画をもたない県でも，後述のように，総合計画に代わる長期構想を公表する自治体がある。

総合計画の策定にあたるのは，それぞれの自治体である（都道府県レベルでは沖縄県を除く）。北海道ではかつて沖縄県同様，国の主導によって計画が策定されていたが，近年，条例をもうけ，独自に計画を策定するようになった。総合計画の策定に消極的であった鳥取県は，前章でも指摘したが，2008年度に総合計画の策定を再開した。

第4章 行政の進行管理に果たす統計と数値目標の役割

　都道府県レベルの自治体は，総合計画の策定を義務づけられているわけではない。他方，市レベルの自治体は，地方自治法により，何らかの形で住民に自治の構想を示さなければならないことになっている。すなわち，1969年に改正された地方自治法では，市町村が地域の行政運営を行うには「基本構想」を策定しなければならないと定められた。以来，市町村自治体は基本構想とその具体化である基本計画によって自治体行政を進めることが定着した。都道府県でも，上述のように事情を異にするものの計画行政が一般的である。総合計画は都道府県レベルでも，市レベルでも通常，理念，構想，政策，施策，事務事業の総体，あるいはそれらの部分で構成される。近年，自治体行政は政策，施策，事務事業については，それらの全てあるいは一部を行政評価するシステムをとる。（それらの中には政策，施策，事務事業のそれぞれのレベルの連関を意識している自治体もあれば，そうでない自治体もある。）

　以上のように，その呼称はともかく都道府県レベル，市レベルを問わず多くの地方自治体は中・長期総合計画をもち，あわせて何らかのかたちで政策，施策に関する行政評価を行っている。しかし一口に総合計画，行政評価といっても，そこには異なった内容のものが混在する。以下に5点にわたりそれらを示し，自治体の計画行政の今日的状況をおさえる。

　第一に，計画行政の進む方向は一様でない。これを地方自治体による計画行政の多様化への一歩と表現してよいかもしれない。具体的に指摘すると，社会の変化に行政を柔軟に対応させることに配慮し，総合計画を意識的に廃止した県が新潟県などいくつかある。[2] 自治体の総合計画の策定は現在，さまざまな隘路に遭遇している。背景にあるのは，経済のグローバル化，少子高齢化，財政危機，地方分権化，道州制を視野に入れた合併問題など，自治体の行政環境の劇的変化である。リジッドな総合計画ではそれらの変化の規模と様相に対応できないので，行政の柔軟な対応が可能な政策の方向付けを選択した例である。この選択は今後，広がるかもしれない。[3]

　第二は，複数の行政評価（政策，施策，事務事業）の相互関連についてである。当初，行政評価は事務事業評価が専らであった。その後，政策評価，施策評価に関してもその導入が進んだ。行政評価が各自治体で具体的に進んだ段階で，

既存の事務事業評価と政策評価，施策評価との関係が問われた時期があった。現時点では，新たに政策，施策評価に取り組もうとしている自治体，踏襲されてきた事務事業評価の経験を踏まえ再検討に入っている自治体，政策，施策評価と事務事業評価との関連を推し進めることに意欲をもつ自治体などさまざまである。注目すべきは，かつて行政評価のモデルケースとして喧伝された特色あるそれを新たに意匠替えした自治体が一方にあり，他方には区切りをつけて終止符をうった自治体があることである。前者の代表は「時のアセスメント」を「政策アセスメント」に切り替え，発展的改称を図った北海道である。後者のそれは「政策マーケティング」を終えた青森県である。視点を変えて，行政評価のベースであるNPM理論との関連で静岡県のようにその徹底化をめざす県もあれば，その方向を見直す県もある。自治体の行政評価は，行政評価の普及後かなりの年数を経てその取り組み方の方向に差異がでてきている。

　第三は，総合計画の策定，行政評価の推進のなかでの自治体内部での統計活動の位置づけについてである。総合計画の定着とともに，政策策定過程に果たす統計の役割の点検，見直しが行われている。具体的には，政策立案の中心を担う政策部，企画部が統計課と連携し，後者が前者の所管となるケースがある。統計課は従来，国の統計業務を下支えする組織と位置づけられた。しかし今日地方分権化の下，各自治体は独自の政策策定，行政評価に取り組むようになり，そのための明確で客観的な数値的な根拠を必要としている。この動きを積極的に受けとめた自治体は，統計課を総務系から企画系へ配置換えしている。

　第四に，統計の位置づけ方の態様は，自治体ごとでさまざまである。自治体のなかには，岐阜県のように統計分析に関わる研究会をたちあげ，職員の統計力が伸びているところ[4]，福井県のように各セクションに統計の専門家を配置する努力をしているところ，三鷹市のように自治体の政策立案過程で市民が統計[5]を使いながら議論を重ねた経験をもったところ，などがある。自治体は限られた資源のもとで行政を進めるために自前の政策立案能力をもとめられており，住民が統計を効果的に使用して行政に関与していく時代の方向は必至である。

　第五に政策，施策，事務事業の進行管理に数値目標が設定され，数値目標の意義と限界の検討が具体的に俎上に上げられたことである。数値目標の設定

は，人口，経済成長率などの他に，政策課題全般から個々の事務事業までさまざまである。それらの数値目標設定にはそれぞれの目的があり，どの数値目標が政策，施策の内容，重要度の測定に適っているのかという政策指標選択のという問題があり，この他にも数値目標の設定そのものをいかに行うか設定基準の問題，数値目標の統計的裏づけの根拠の問題，政策評価の方法に関わる問題がある。それらについて整理し，具体的に数値目標設定の当否を論ずべき時期にいている。

以上，昨今の自治体総合計画と行政評価を紹介し，若干の特徴点をコメント加えた。以下では，上記で言及した5点の特徴のうち，第一の特徴点として触れた内容，すなわち総合計画の態様の変化の兆し，自治体の行政評価の動向について具体例を示す。続いて第二の特徴点として指摘した自治体の総合計画と統計との関わりを具体的に説明する。最後に，行政評価のもとでの数値目標の位置と役割を示す。

2 総合計画の型と変容

この項では，総合計画策定に関し際立った特徴をもついくつかの自治体を紹介する。取り上げるのは，聞き取り調査に筆者が参加した県自治体を中心に，順に沖縄県，北海道，鳥取県，新潟県，千葉県，福井県，石川県，群馬県，愛知県である。

① 沖縄県

沖縄県の総合計画は，前章でも触れたように，国が関与して策定されている。現在の沖縄県の総合計画に相当するものは，『沖縄振興計画』である[6]。この計画は沖縄振興特別措置法に基づいて国によって策定された。『沖縄振興計画』は，さらに第1次分野別計画（2002年度［平成14年度］～2004年度［平成16年度］），第2次分野別計画（2005年度［平成17年度］～2007年度［平成19年度］），第3次分野別計画（2008年度［平成20年度］～2010年度［平成22年度］）と具体化され，現在も進行中である。これらの分野別計画では，国の同意が必要な法定分野と県任意分野とがあり，第3次分野別計画で言えば，前者は「観光振興計画」「情報通信産業振興計画」「農林水産業振興計画」「職業安定計画」，後者は「産業振

興計画」「国際交流・協力推進計画」「環境保全実施計画」「福祉保健推進計画」「教育推進計画」「文化振興計画」「社会資本整備計画」である。この他，県は分野別計画に含まれない施策の立案にあたる。

② 北海道

北海道の総合計画も，かつては沖縄県同様，国の関与のもとに策定されてきたが，進行中の『ほっかいどう未来創造プラン（新・北海道総合計画―北の未来を拓くビジョンと戦略―）』では，策定の主体は国でなく北海道となった[7]。すなわち，北海道ではこれまで，1977年（昭和52年）以降に限っても，北海道発展計画，北海道新長期総合計画，第三次北海道長期総合計画と10年をタームとする長期総合計画が策定されてきたが，これらの計画の策定では従来，国（国土交通省北海道局）の関与があった。その根拠法令は，「北海道開発法第２条（昭和25年制定）」であった。新しい総合計画では策定者は「北海道」であり，根拠法令は2002年（平成14年）に制定された「北海道行政基本用例（第７条）（第８条）」である[8]。

③ 鳥取県

鳥取県は，1996-2001年度（平成８-13年度）を計画期間とする『第７次鳥取県総合計画』を最後に（2000年に廃止），長く総合計画はもちろん長期ビジョンも策定してこなかったが，2008年（平成20年）新たに『鳥取県の将来ビジョン』を策定し，公表した[9]。期間は2008年度（平成20年度）から概ね10年と定められている。『鳥取県の将来ビジョン』は総合計画というよりは，県政のビジョン，指針で，大きな行政の方向性を指し示すものである。指針を示しながら県政の在り方について県民的議論を重ねながら予算や事業を進めていくのがその狙いである。

④ 新潟県

総合計画の呼称を廃止した県もある。新潟県で2006年（平成18年）７月に策定された『新潟県「夢おこし」政策プラン』はその一例である[10]。この計画は，過去６次にわたって策定された長期総合計画としての位置づけをあらため，その廃止を前提に策定された県の最上位計画である。総合計画を廃止した理由としては，社会経済の動向に変化が激しく，この状況に柔軟に対応していくには

政策を臨機応変に選択し，重点的な集中化をはかっていくほうが効果的であると考えたこと，また知事のマニフェストをベースに政策プランを策定するにはそのほうが理にかなっていると判断したことがあげられている。

⑤　千葉県

沼田武知事のもとで策定された『みんなでひらく2025年のちば—新しい世紀の幸せづくり・地域づくり—[11]』は，1999年度（平成11年度）から2025年度（平成37年度）までの基本構想である。この構想を前提に，現在の県の行政は2004年（平成16年）に策定された『あすのちばを拓く10のちから[12]』のもとに運営され，これは県民主体の政策提案型の県政実現に向けた指針である。県はまた，その具体化であるアクションプランを毎年策定している。アクションプランは『あすのちばを拓く10のちから』の基本構想の具体化であるが，県の見解ではこれはいわゆる総合計画ではない。その理由としては，新潟県と同様，旧来型の総合計画では変化が大きく流動的な社会経済情勢に対応しにくいこと，また地方分権の進展にともなう県の行政の果たすべき役割が地域の自立に向けた質的な転換を問われている今日，総合計画にこだわる根拠がないこと，があげられている。網羅的な総合計画よりも，真に重要な課題に対して重点的な政策を実施するほうが柔軟で機動力のある行政を展開できるわけである。

⑥　福井県

福井県は総合計画を策定していない。直近の総合計画は，平成9年12月策定の『福井県新長期構想「ふくい21世紀ビジョン」』であった。現在，県の行政は「福井元気宣言」推進のための政策合意のもとで動いている。知事と各部局が政策協定を結ぶ形式で政策行政として知られているのがこれである。政策合意とは，各部局長がそれぞれの職務に関わる目標を設定し，自らの責任のもとで政策業務を推進するための知事との合意である。これによって，各部局長は所轄部局のトップであるだけではなく，「福井元気宣言」を実現するための知事の政策スタッフとなる。知事のリーダーシップを発揮する体制の構築は，この方式によって可能となった。政策合意は毎年交わされる。年度終了後，知事と各部局長間で「政策合意」の達成状況が確認される。

⑦　石川県

　石川県では従来の中・長期総合計画は開発計画なり，あるいは発展計画として策定されたが，近年，県政は計画というよりはビジョン，構想というようにニュアンスを変えて運営されている。2007年（平成19年）3月に議決された『石川県新長期構想（改定）』は，2006年度（平成18年度）を初年度とし，2015年度（平成27年度）を目標年次とする10年間の計画である。その内容は1996年（平成8年）策定の『石川県新長期構想：世界に開かれた文化のくにづくり構想（2010年［平成22年］を目標年次）』の延長であり，近年の環境の大きな変化（人口減少，少子高齢化，実行段階に入った地方分権，北陸新幹線開業予定など）を念頭に改定された構想である。環境の急速な変化に臨機応変に対応するには，総合計画の名のもとに立案するのではなく，構想という形式で将来展望するほうが現実的であるという判断がある。

⑧　群馬県

　群馬県の総合計画は，ユニークである。すなわち，この県の総合計画は『群馬県総合計画21世紀のプラン』という壮大な中長期計画100ヵ年（2001年度～2100年度）と「ぐんま新時代の県政方針2006-2010」という短期5ヵ年計画［前期（2001年度～2005年度），［後期2006年度～2010年度］）との組み合わせで編成されている。100ヵ年の長期計画は，小寺弘之知事時代に策定された。短期計画の「ぐんま新時代の県政方針2006-2010」は，「重点戦略」「地域ビジョン」と「各部局の運営方針」の二層からなり，そのうちの重点戦略に数値目標の設定がある。これとは別途に長期構想の実現に向けて，自立的かつ持続可能な行政基盤の確立，計画の適切な進行管理と評価による行政経営の推進及び行政情報の積極的な公開，県民・企業・経済界・市町との連携・協働，県域を越えた広域連携が謳われている。

⑨　愛知県

　愛知県の「総合計画」と呼べる計画は，第1次地方計画（昭和33～昭和40年度）から第5次地方計画（昭和57～昭和65年度）までの地方計画を含め，第7次総合計画に相当する『新世紀へ飛躍～愛知2010計画（1998～2010年度）』までである。第6次までは「愛知県地方計画」という呼称が使われ，これが愛知県総合計画

の一つの特色であった。この呼称は愛知県が他県の状況も考慮する広がりを持った計画を志向していたことに由来する。しかし，総合的・体系的な地方計画（総合計画）は第7次のそれで打ち止めとなり，『新しい政策の指針』（2006年［平成18年］3月策定）が戦略的・重点的な地域づくりの羅針盤となるプランとなった。[16] 同指針は，2015年を目標年次とする県の方向性を明らかにする戦略的，重点的な地域づくりの羅針盤である。総合計画を策定しない理由は社会が成熟し，かつ多様化している今日，次々と生起する地域課題や新しい県民ニーズに迅速かつ柔軟に対応する必要があるからであり，これを実現する各分野の個別計画やアクションプランに立脚した政策行政が定着してきたためとされている。県では上記の「新しい政策の指針」を的確に進行管理する一環として毎年，年次レポートを作成している。[17]

3 総合計画の策定プロセス

次に総合計画の策定プロセスについて，いくつかの特徴点に言及したい。総合計画の策定は，一般的に言うと，都道府県レベルと市レベルとでは後者のほうが住民の日常生活により密着している（もっとも，政令市自治体は都道府県レベルのそれに準じるので別格）。同じ市レベルの自治体でも仔細に見ると，その計画策定過程は，審議会方式をとるか否か，市民参加の在り方，形態などに差異がある。ここでは，岐阜県と宇都宮市を例に，総合計画策定のプロセスを概観する。ここでこの二つの自治体を取り上げるのは実際に聞き取り調査で訪問した自治体のなかで，岐阜県は関連部署の中堅，若手職員が統計を使った人口分析を熱心に行い，政策立案につなげている点で，また宇都宮市は可能な範囲で住民の意見を政策立案に取り込み，あわせてシンクタンクを独自に有し，政策立案に積極的に関与していた点で，注目すべき活動を展開しているからである。

① 岐阜県

岐阜県では2009年［平成21年］4月から現在の新しい長期構想『岐阜県長期構想』がスタートした。[18] この構想以前には，2008年度［平成20年度］まで，『みんなが主役・明日の岐阜県づくり・県民共同宣言―前例にとらわれない試みの

精神─(平成16-20年度)』が走っていた。この共同宣言の特徴は，ますます厳しくなる県財政のもとで県民との協働をクローズアップし，県民協働の姿勢を打ち出していることにあった。従来の長期構想は前知事の下で策定され2008年度(平成20年度)で終了したが，新たな構想は2006年度(平成18年度)から着手された。この策定過程は，従来とは異なる注目すべき内容が盛り込まれた。以下にその内容を概観する。

　長期構想の策定過程は，審議会を設置して，その答申を受けて政策立案を進める従来方式を廃止し，県自らの責任でこれを策定する方式がとられた。この方式を採用したことはとりもなおさず，県職員に政策立案を問うことであり，方式転換の背景あったのは梶原拓知事に代わった古田肇知事が「県民協働宣言」を含め，庁内外の政策総点検を行い，同宣言の改訂を示す意向であった。

　統計課のもとでの「岐阜県人口・少子化問題研究会」の設置(2005年［平成17年］10月)は，その一例である。同研究会は岐阜県の人口動態，世帯構成の変化などを点検し，地域分析を含めた徹底的な検討を行った。この延長上に「岐阜県の将来構想研究会」が(2007年［平成19年］8月)に設置された。30代の若手職員が中心の同研究会は，半年の間に「岐阜県人口・少子化問題研究会」の成果をふまえて人口減少の問題の検討をはじめ，県が直面する諸課題の集約とその解決をはかる作業に取り組んだ。研究会は，データの徹底的分析をとおして課題発見の試みを行った。特筆すべき点は，事態が現状のまま推移すると県内の諸地域がどうなっていくのかを具体的に推計をし，現状把握のためのフィールドワークを実施したこと，さらに職員が有識者を訪問し議論を重ねたことである。県民との意見交換は，パブリック・インボルブメント方式によった。この方式は，県民のニーズや夢を受け身的に聴取するのではなく，県民に問題を提起し，課題認識を共有し，その解決策について県民と合意を形成する手続きをとる。有識者との膝詰談義，車座討論会，圏域別の県民フォーラムなどがその具体的形態である。意見交換の結果は総合政策課によって集約され，庁内イントラネットに掲示された。この間，庁内では全部局で，直面する課題に対する政策の在り方についての討論が行われた。政策課長レベルでの議論，総合政策課長と各部の政策課長との政策論議，総合政策課が中心となっての全

庁横断的な重点政策の検討，政策調整会議（各部政策課長の会議）における議論がこれである。『長期構想の策定に向けて―人口減少時代への挑戦―』は，こうした一連の政策策定経過を経て結実した報告書である[21]。

② 宇都宮市

次に，宇都宮市の計画策定プロセスを取り上げる。宇都宮市のそれは他市と大きく異なるわけではないが，住民参加という点に意識的であり，また「うつのみや市政研究センター」というシンクタンクを自治体内にもち，後者は市政と連携しつつ，ユニークな活動を行っている[22]。計画策定プロセスの説明に入る前に，同市における現在の総合計画策定プロセスをスケッチしておきたい。

『宇都宮市第5次総合計画』には『新たな成熟都市へのうつのみや V-PLAN』という愛称がある。「新たな成熟都市へ」という表現は今後の時代の移り変わりのなかで，さまざまな価値観を認め合い，本当の豊かさを持続・向上していく「輝き続ける都市」を標榜している。また「V-PLAN」のVは「第5次計画」であり，次の五つのV (Vitality, Variety, Value, Vividness, Victory) の象徴である。「基本構想」には次の10の重点政策がもりこまれている。すなわち，①子育て支援の充実，②高齢者の生活の質の向上，③次代を築く人材の育成，④安全で安心な生活環境の創出，⑤魅力ある拠点の想像，⑥総合的な交通体系の確立，⑦環境調和型社会の構築，⑧都市の個性づくりと発信，⑨産業力の強化，⑩地域が主体となったまちづくり，である。これらの10の重点政策をカテゴライズした戦略ターゲットが「輝く希望と笑顔にあふれた・みんなが幸せに暮らせるまち」「独自の存在感と風格を備えた・みんなに選ばれるまち」「まちづくりの仕組みが整いみんなでまちをつくる活力にあふれた持続的に発展できるまち」である。

『宇都宮市第5次総合計画』は，「基本構想」「基本計画」「実施計画」からなる。「基本構想」は，2008年度（平成20年度）から2022年度（平成34年度）までに宇都宮市がめざす将来像と，これを実現するための施策の基本方向で構成されている。「基本計画」は2008年度（平成20年度）から2017年度（平成29年度）の計画で，前期と後期にわかれ基本構想で定めた目標を実現するための具体的な計画である。この計画は六つの分野別計画（「健康・福祉・安心」「教育・学習・

文化」「生活環境」「産業・経済」「都市基盤」「都市経営・自治」)をベースに,三つの戦略目標(「幸せ力」アップ,「ブランド力」アップ,「底力」アップ)を定めている。

「実施計画」は3年の期間内の基本計画で定めた施策を,年度ごとに具体化した計画である。「基本構想」「基本計画」の原案は,庁内設置の「総合計画策定本部」で作成された。この「総合計画策定本部」は「委員会」(助役,収入役,各部局長など),「企画会議」(各部局次長など),「特定課題検討会議」(各課長など),部会(6部会[総務,教育文化振興,市民福祉,生活環境整備,産業振興,都市基盤整備])から成る。計画策定プロセスで特徴的な点は,「総合計画策定本部」が「うつのみやまちづくり市民会議(公募,学識経験者など[56名])」と連携し,「計画素案の検討」を行ったことである。「うつのみやまちづくり市民会議」は市の「政策本部」に設置された6部会に対応する6分科会をもち,市政に関する議論が深められた。行政のここでのスタンスは,市民をリードするのではなく,手助けの姿勢であった。この点は特に強調されている。さらに,市民のニーズの把握は,「総合計画策定本部」による策定基礎調査,すなわち「市民アンケート」「外部から見た宇都宮のイメージ調査」「有識者懇談会」「各種団体からの意見聴取」「外国人からの意見聴取」「シンポジウム」「小学生の参画機会」をつうじてなされた。提示された計画の「原案」に対しては,「地域別対話集会(本庁,東部地域,西部地域,南部地域,北部地域),パブリックコメントによって市民の意見が聴取された。

「総合計画策定本部」の原案は「総合計画審議会」に諮問され,答申を受けた。後者は学識経験者,関係機関・関係団体の役職員,市議会議員,公募市民で構成され,上記の「うつのみやまちづくり市民会議」の代表者も参画した。「総合計画策定本部」は,「施策・事業等のまちづくり提言」を受けた。この提言は職員,大学生,高校生,中学生による「まちづくり提案」などをその内容とした。最終的に「基本構想」は市議会に上程され,意見聴取された。

市のシンクタンクである「うつのみや市民研究センター」は,2004年(平成16年)4月に設置された。[23]その目的は,宇都宮市が直面する行政課題を大学や研究機関など外部機関と連携して調査研究し,時代に対応した政策の提案を目

指すことにある。具体的な業務内容としては，（1）調査研究の推進[24]，（2）政策形成の取組（①政策形成アドバイザーの派遣，②ゼミナールの開催（3229［みにつく］勉強会，③その他［政策立案基礎データの案内・提供，大学など研究機関との連携促進，自主研究会への出席］），（3）政策情報の収集と発信（『研究誌』，『まちづくり論集』の発行，"みや研"HPにおける情報提供，"みや研GIS"の稼動，"みや研蔵書検索システム"の稼動）などが中心である。

以上，岐阜県と宇都宮市との2例を掲げたが，これ以外にも各自治体は計画なり政策策定方法でいろいろな工夫なり経験を蓄積している。

4　行政評価の取り組み状況

本項では行政評価に焦点を絞り，近年の動向にコメントを与えておきたい。既に，何度も指摘したことだが，自治体による行政評価の取り組みは，画一的に展開している側面と，個々の自治体の独自の試みとして進んでいる側面とがある。NPM理論を基礎にし，それぞれの独自色をだしながら，自治体はその行政を進めてきた。以来，行政評価は全国的現象となったが，状況が多少変わってきた。先進県に追随することの反省，これまでの経験を踏まえての見直しがなされ，自治体行政の在り方を，足もとから再点検する動きがいくつかある。この理解のもとに，以下で今日の自治体行政に組み込まれている行政評価の現状を要約する。

総務省が実施している地方自治体の行政評価に関する調査に「地方公共団体における行政評価の取り組み状況」がある[25]。同調査によれば，2008（平成20）年10月現在で，行政評価を導入している都道府県，政令指定都市の自治体は100％である。都道府県，市区町村全体でみるとその導入率は45.6％である。これらの数字は2002（平成14）年の同調査では9.3％，2006（平成18）年のそれでは34.0％，2007年のそれでは49.0％であったから，導入率は増加傾向にある。（表4-1）

政策，施策，事務事業のどのレベルで行政評価を導入しているかをみると，それぞれのレベルで相違がある（表4-2）。政策レベルでは，都道府県で40.4％，政令指定都市で23.5％，中核市で10.8％，特例市で15.4％，市区で12.8％，町

表4-1 地方公共団体における行政評価の取り組み状況

調査時点	平成14年7月末	平成15年7月末	平成16年7月末	平成18年1月1日	平成18年10月1日	平成19年10月1日	平成20年10月1日
全団体数（都道府県・市区町村）	3,288	3,254	3,169	2,122	1,887	1,870	1,857
導入団体数	305	465	573	599	641	764	846
都道府県	43	46	46	46	45	46	47
政令指定都市	8	13	13	14	15	17	17
市区町村	254	406	514	539	581	701	782
導入率	9.3%	14.3%	18.1%	28.2%	34.0%	40.9%	45.6%

出所) http://www.soumu.go.jp/main_content/000014509.pdf

村で7.3%である。

施策レベルになると，それぞれ83.0%（都道府県），70.6%（政令指定都市），51.4%（中核市），53.8%（特例市），45.2%（市区），27.6%（町村）となる。

事務事業レベルでは，91.5%（都道府県），94.1%（政令指定都市），94.6%（中核市），100.0%（特例市），97.6%（市区），98.0%（町村）である。

事務事業に関しては，それが全てのそれで実施されているのか，一部であるのかで事情が異なる。「事務事業の全てで」と答えた自治体は，都道府県で27.7%，政令指定都市で47.1%，中核市で45.9%，特例市で48.7%，市区で46.5%，町村で43.1%である。

評価の活用状況を見ると，表4-3のとおりである。予算要求や査定には，都道府県，政令指定都市をはじめ，どのレベルでも90%を超える自治体が「直接反映している」と答えている。事務事業の見直しへの活用の比率も，きわめて高い。総合計画等の進行管理に使っているのは，都道府県で74.5%，政令指定都市で64.7%，中核市で51.4%，特例市で71.8%，市区で36.3%，町村で50.0%である。

行政評価の成果という点では，都道府県，市レベルでは「成果の観点で施策や事業を検討」「事務事業の廃止や予算削減」「個別の事務事業の有効性が向上」「個別の事務事業の効率性が向上」などに回答が集中している（表4-4）。

第4章　行政の進行管理に果たす統計と数値目標の役割

表4-2　行政評価のレベル別実施状況

	都道府県		政令指定都市		中核市		特例市		市区		町村	
	団体数	構成比（％）	団体数	構成比（％）	団体数	構成比（％）	団体数	構成比（％）	団体数	構成比（％）	団体数	構成比（％）
政策	19	40.4	4	23.5	4	10.8	6	15.4	59	12.8	18	7.3
施策	39	83.0	12	70.6	19	51.4	21	53.8	208	45.2	68	27.6
事務事業	43	91.5	16	94.1	35	94.6	39	100.0	449	97.6	241	98.0
事務事業のすべて	13	27.7	8	47.1	17	45.9	19	48.7	214	46.5	106	43.1
公営企業会計を含む	7	14.9	7	41.2	13	35.1	12	30.8	139	30.2	66	26.8
事務事業の一部	30	63.8	8	47.1	18	48.6	20	51.3	235	51.1	135	54.9
公営企業会計を含む	10	21.3	5	29.4	11	29.7	13	33.3	148	32.2	88	35.8

※　構成比は，行政評価を導入している団体に占める割合である（複数回答あり）。
（都道府県については47団体中，政令指定都市については17団体中，中核市については37団体中，特例市については39団体中，市区については460団体中，町村については246団体中）
出所）　表4-1に同じ

表4-3　行政評価の活用状況

	都道府県		政令指定都市		中核市		特例市		市区		町村	
	団体数	構成比（％）	団体数	構成比（％）	団体数	構成比（％）	団体数	構成比（％）	団体数	構成比（％）	団体数	構成比（％）
予算要求や査定	45	95.7	17	100.0	37	100.0	39	100.0	428	93.0	235	95.5
直接反映している	18	38.3	8	47.1	14	37.8	8	20.5	138	30.0	96	39.0
参考資料としている	27	57.4	9	52.9	23	62.2	31	79.5	290	63.0	139	56.5
定員管理要求や査定	28	59.6	8	47.1	20	54.1	21	53.8	212	46.1	114	46.3
直接反映している	4	8.5	0	0.0	3	8.1	0	0.0	18	3.9	18	7.3
参考資料としている	24	51.1	8	47.1	17	45.9	21	53.8	194	42.2	96	39.0
次年度重点施策・方針の決定	44	93.6	13	76.5	32	86.5	31	79.5	345	75.0	188	76.4
直接反映している	15	31.9	5	29.4	10	27.0	8	20.5	99	21.5	63	25.6
参考資料としている	29	61.7	8	47.1	22	59.5	23	59.0	246	53.5	125	50.8
事務事業の見直し	45	95.7	16	94.1	36	97.3	36	92.3	419	91.1	221	89.8
直接反映している	21	44.7	10	58.8	17	45.9	15	38.5	189	41.1	100	40.7
参考資料としている	24	51.1	6	35.3	19	51.4	21	53.8	230	50.0	121	49.2
総合計画等の進行管理	35	74.5	11	64.7	19	51.4	28	71.8	291	36.3	123	50.0
トップの政策の達成を測るツール	16	34.0	4	23.5	5	13.5	6	15.4	81	17.6	39	15.9

出所）　表4-1に同じ

表 4-4 行政評価の成果

	都道府県		政令指定都市		中核市		特例市		市区		町村	
	団体数	構成比(％)	団体数	構成比(％)	団体数	構成比(％)	団体数	構成比(％)	団体数	構成比(％)	団体数	構成比(％)
住民の関心や理解が深まる	15	31.9	6	35.3	12	32.4	5	12.8	98	21.3	47	19.1
成果の観点で施策や事業を検討	43	91.5	15	88.2	26	70.3	24	61.5	297	64.6	154	62.6
事務事業の廃止や予算削減	27	57.4	11	64.7	26	70.3	28	71.8	284	61.7	162	65.9
事務体系の再検討に繋がる	17	36.2	3	17.6	24	64.9	17	43.6	209	45.4	108	43.9
個別の事務事業の有効性が向上	23	48.9	8	47.1	22	59.5	21	53.8	209	45.4	109	44.3
個別の事務事業の効率性が向上	16	34.0	10	58.8	22	59.5	29	74.4	247	53.7	101	41.1
予算配分が大きく変更	1	2.1	4	23.5	3	8.1	2	5.1	50	10.9	15	6.1
人員配置が大きく変更	1	2.1	0	0.0	0	0.0	1	2.6	4	0.9	1	0.4
職員の企画立案能力が向上	10	21.3	1	5.9	0	0.0	6	15.4	93	20.2	47	19.1
議会で結果が取り上げられる	15	31.9	8	47.1	8	21.6	12	30.8	110	23.9	22	8.9

出所) 表 4-1 に同じ

　このこととの関連で, 行政評価がそのスタートから15年ほど経過した現時点で, いくつかの自治体でその見直しが検討されている。目だったそれとしては, 一時, 全国的な関心が寄せられ, 関連分野の研究書でも頻繁にとりあげられた青森県の「政策マーケティング」の終了がある。「政策マーケティング」は, 住民の要求を広く取り上げ, 政策に反映する青森県独自の「政策評価・形成システム」であったが, 2003年(平成15年)に終了した。同県では, 関連して行政評価についても検討中とのことであった。聞き取り調査ではこの他に, 千葉県, 新潟市でも行政評価を再検討中である。
　見られるように自治体での行政評価の導入は, 都道府県, 市区で顕著であり,

なお浸透中であるが，見直しを検討中の自治体も出てきている。行政評価はその作業自体が膨大である。事務事業レベルで，それは顕著である。柔軟な取り組みがもとめられる段階にきている。

5　行政評価見直しの動き

　行政評価自体はその実施後かなりの年数が経過し，この間かなりの経験を積んできたが，その成果は明確に見えているわけではなく，また作業が煩雑であり，徒労感が一部に出ている。いくつかの自治体，例えば筆者が参加した聞き取り調査のなかでは千葉県，新潟市で，再考段階にある。本章では触れなかったがあまりに硬直的な総合計画の在り方を敬遠する自治体もあり，これを具体的に長期構想などに変更しようとする向きがある。もちろん，否定的な動きばかりが目につくわけではなく，自治体の自律性，主体性が問われる中で，職員の政策立案の能力，統計を扱う力の向上，住民の行政への関わり方の強化など今後の指針となるすぐれた経験も蓄積ある。そうした経験の交流，伝播の必要性は今後必須になってくることは確実である。これらのことも含めてこれまでの行政評価，数値目標の設定の総点検がなされなければならない。

　既に紹介した総務省の「地方公共団体における行政評価の取組状況」の調査

表4-5　行政評価の課題

	都道府県		政令指定都市		中核市		特例市		市区		町村	
	団体数	構成比(%)	団体数	構成比(%)	団体数	構成比(%)	団体数	構成比(%)	団体数	構成比(%)	団体数	構成比(%)
評価指標の設定	35	74.5	16	94.1	34	91.9	31	79.5	349	75.9	175	71.1
評価情報の住民への説明責任	14	29.8	10	58.8	14	37.8	15	38.5	186	40.4	115	46.7
予算編成等の活用	29	61.7	12	70.6	25	67.6	34	87.2	309	67.2	118	48.0
定数査定・管理への活用	12	25.5	7	41.2	19	51.4	21	53.8	173	37.6	64	26.0
議会への活用	3	6.4	1	5.9	1	2.7	9	23.1	70	15.2	41	16.7
外部意見の活用	8	17.0	6	35.3	13	35.1	21	53.8	232	50.4	122	49.6
長期的な方針・計画との連携	16	34.0	8	47.1	24	64.9	25	64.1	269	58.5	130	52.8
職員の意識	27	57.4	5	29.4	28	75.7	28	71.8	336	73.0	170	69.1

出所）　表4-1に同じ

(2008年)では,「評価指標の設定」を直面する課題と認識している自治体の比率が極めて高いという結果が出ている。すなわち,「行政評価の課題」が何であるかを「評価指標の設定」「評価情報の住民への説明責任」「予算編成等の活用」「定数査定・管理への活用」「議会への活用」「外部意見の活用」「長期的な方針・計画との連携」「職員の意識」の選択肢から複数回答でもとめる項目で,「評価指標の設定」と答える自治体は,都道府県で74.5％,政令指定都市で94.1％,中核市で91.9％,特例市で79.5％,市区で75.9％,町村で71.1％となっている。何を施策の数値目標とするかが難しい問題であることはよく分かる。聞き取り調査で全国の自治体の関連部署を訪れ,そこの総合計画に盛り込まれている数値目標に接すると,疑問なしとしないものもある。比較的多くの自治体で設定されている「授業が分かる生徒の割合」などはその典型である。指標設定当事者はこの点を十分に了解しつつ,やむを得ず設定したものと推察できるが,数値目標は希望的観測にとどまらず,実際の行程管理に使われることを考えると無理な指標の設定はあとあとまで尾をひき,自治体の職員に消耗感をもたらすことになりかねない。再考の余地がある。

　こうした事情は総務省,三菱総研が行っている調査の結果とも符合する。三菱総研は毎年,「地方自治体における行政評価への取り組みに関する実態調査」を実施しているが,その2008年調査では,行政評価の導入経験のある自治体で評価制度の見直し・検討の状況があるかを浮き彫りにする項目を取り入れた。調査結果によると,上記の指摘を反映するかのように,政策・施策・事務事業のいずれかのレベルで導入・試行経験がありかつ「準備・検討中（見直し中）」の自治体は,都道府県で2団体,市・区で63団体であった。評価制度の見直しを日程にあげている自治体で,評価導入の成果があがっていない要因としてあげられているのは,自由回答として政策・施策レベルでは「予算編成に連動させる仕組みができていない」,事務事業レベルでは「評価内容が未熟」「制度に対する理解の欠如」である。この傾向は2009年度調査でも継続して確認できる。

　行政評価,数値目標の設定の総点検は今後の課題であるが,筆者としては自治体での統計の利用の仕方,統計活動の展開の方向に照準をあわせ,今しばらく全国的な動向を個々の自治体の経験に学びながら見守りたい。

2　数値目標と統計

1　数値目標としての人口推計

　数値目標といえば行政評価を発想するのが，近年の傾向である。地方自治体の行政評価のもとで，両者は一体である。本章が掲げたテーマはこの点と直接に関わるがそれはそれとして，視野をもう少し拡大すると数値目標にはこれに限らないことがわかる。人口推計，経済成長率の予測も数値目標である[29]。事実，少なからぬ自治体は，自治体の人口なり経済成長率の推計を行い，総合計画のなかにそれらを掲げている。行政が住民のためのものである以上，計画期間中の人口数の動向，その構成の変化の推計は第一義的な関心事にならざるをえない。まして今後は，首都圏のような人口集中地域でさえ，中長期の計画期間中に人口の減少を予定した計画を想定せざるをえないのであるから，人口の推移の把握は喫緊の課題である。くわえて，近年では地域の経済成長も予断を許さない厳しい状況下にある。両者あわせて，地方自治体はかつて経験したことのない環境に突入しつつある。人口予測，経済成長率の推計が特段の関心事になり，これらに関する数値目標の重要性が増すゆえんである。

　具体例は枚挙にいとまがない。筆者が参加した聞き取り調査では，上記の実情を痛切に受け止めた。首都圏の埼玉県は，最新の5カ年計画『ゆとりとチャンスの埼玉プラン』で，計画期間中の人口減少を見込んだ内容になることを明言している[30]。どの自治体も人口動向の把握には神経をとがらせている。人口減少に歯止めをかけることは，少子化に歯止めを欠ける政策とともに，人口流出の阻止や社会移動増に期待をかける政策を打つしかない。そのために自治体は苦心の施策を掲げている。例えば福島県では，雇用の場の確保，地域資源の活用によるＵターン，Ｉターン，二地域居住の促進，若年労働者の県内就職と職場定着の支援，働く意欲のある女性と高齢者の就業支援，地域資源（廃校，空き教室，空き店舗など）の有効活用などを示している[31]。四国経済産業局総務企画部企画課での聞き取り調査（2007年9月5日）では，四国が現在おし進めている「長期滞在」政策の経済効果が「平成12年（2000年）四国の産業連関表」を活

用して試算されていることを知った。[32] 人口減少，過疎化に悩む地方自治体は，近年「IJU（移住）ターン」という都市住民呼び込み策を展開している。移住策がうまく進めば，その経済的波及効果は甚大である。青森県は青森県産業連関表を使ってこの種の試算をしている。高齢の夫婦一組が青森県に移住してくるごとに6000万円ほどの波及効果があり，仮に団塊の世代1万人が配偶者とともに1年間のうち3カ月だけでも県に移住しただけでも56-79億円の経済効果があると見込んでいる。[33] この人口の社会移動を予定した移住政策に対する強い姿勢をここにみることができる。

　新潟県庁での聞き取り調査では意識調査のひとつとして首都圏周辺の住民に新潟県のイメージと好感度（新潟県に住んでみたいと思っているかどうかなど）を調べているが，これなども類似の目的をもった調査である。同県の「夢おこし」政策プランでは，人口減少対策としてその社会動態に注目し，人口の流入促進，流出防止を政策として掲げている。同県の社会動態は，2005年（平成17年）中に6060人の減少であった。このため，28年度までに「減少数を減らし，プラスの方向に向ける」ことが目標として掲げられた。具体的には，「団塊世代のふるさと回帰対策」「若者の定住促進対策」である。前者の目標としては，「団塊世代等のふるさと回帰する者の数」を増加させること，後者についてのそれとしては「職業を理由とした転出超過数」を減少させ，「県内高等学校から県内大学に進学する者の割合」を10ポイント増加させること，「県内大学の志願率」の現状を維持することが掲げられている。

　統計で十分に人口現象がリアルに見えてこないことで，行政の担当者に不満がないわけではない。静岡県庁の聞き取り調査では「国勢調査」で社会移動を正確にとらえきれないことに不満が表明されたし，香川県庁では「学校基本調査」などで卒業後の動向の把握がつかめないものか，との表明があった。

2　人口推計の実際

　自治体の総合計画は個々の事業計画も住民のためにあるのだから，その枠組みの構築には住民すなわち人口の大きさあるいは構成についての現状，将来予測の認識を不可欠とする。産業，環境，防災，廃棄物，交通，情報，文化，健

康などの政策立案を考えるにしても，住民，人口との関わりがないものはない。そこに住む人々の状態を離れて，自治体の総合計画はありえない。

　少子高齢化の時代に突入し，人口の減少が懸念される。国勢調査では2005年調査では全国の総人口が，その前の調査時より微減した。都道府県，市町にもそうした状況は，大なり小なり生じている。中長期計画策定にあたって，多くの自治体は人口減少の予測を前提とした計画を立てざるをえなくなっている。人口構造の高齢化とともにある人口減少は，自治体財政にマイナス効果を及ぼすだけでなく，地域振興計画，住宅政策，産業政策の在り方と密接に関連するからである。この事態は，歴史的にみても，自治体にとって経験のないことであった。以上の状況を鑑みて，どの自治体も今日，重要な政策課題として人口減少対策に苦慮し，同時に中長期の人口推計に力を入れている。

　この項では，自治体人口推計の代表的事例を紹介する。自治体が人口推計を総合計画に盛り込む場合，方法は2とおりある。一つは社会保障・人口問題研究所が行っている推計を利用する方法である[34]。同研究所はかつて将来推計人口の公表を全国のそれに限定し，地域別推計の公表を控えていた。しかし，1987年（昭和62年）都道府県別将来推計人口から公表を開始し，その後，この部分の公表を5年に1度行っている。多くの地方自治体は，総合計画策定の段階でこの推計結果を活用している。もう一つは，社会保障・人口問題研究所のコーホート要因法にもとづく推計手順に準拠して，自治体が独自推計を行うケースである。コーホート要因法では，将来人口は年齢別人口の加齢にともなって生ずる年々の変化が要因（死亡，出生，人口移動）ごとに計算され，その結果として推計値がもとめられる。この方法による都道府県別将来人口の推計方法は，概略，以下の手順で行われる。

　同時発生集団（年齢別人口集団）を意味するコーホートは，時間の推移とともに種々の要因の影響をともなって変化する[35]。ある基準年の0-4歳，5-9歳，10-14歳といった5歳ごとの人口をもとに，これらの人口集団の5年ごとの変化量をもとめ，この推計計算を累積していく。その際，基準年の0-4歳人口集団は5年後には5-9歳人口，基準年の5-9歳人口集団は5年後には10-14歳人口，基準年の10-14歳人口集団は5年後には15-19歳人口集団を構成する

が，この5年間に起こりうる要因を推計計算にもりこむ。想定される要因は，出生率，出生性比，生残率，純移動率である。5歳以上の推計には生残率と純移動率が推計計算に使われる。0-4歳の推計にはこれらに加え，出生率と出生性比の要因が加味される。

出生性比は全国推計値が使われることが多い。

純移動率は，人口の社会移動率の推計である。この推計は都道府県，あるいは市町村での，一定期間（当該推計では5年間）の転入数と転出数の差（すなわち転入超過数）を基準年の人口で除してもとめる。

$$m_{0-t} = \frac{I_{0-t} - O_{0-t}}{P_0} = \frac{M_{0-t}}{P_0}$$

ここでm_{0-t}は，期間（0-t）の純移動率，M_{0-t}は同期間の純移動数，I_{0-t}は同期間の転入数，O_{0-t}は同期間の転出数，P_0は時点0の人口である。

都道府県の出生率と生残率については，全国のそれぞれの値に対する都道府県別の値（相対的格差）が比較考量される[36]。

将来の出生数の推計には，将来の女子年齢別出生率が必要である。出生率を設定するに際しては，将来の全国推計値の動きを反映させることを目的に，都道府県別，女子年齢別に全国値との相対的な格差を計算し，この相対的格差が将来値の仮定設定となる。（必要な場合には地域差が考慮される。）

次に将来の都道府県別，男女・年齢別生残率は将来の全国推計値の動きにそって定められる。都道府県格差は今後も縮まるという仮定の下で計算が進められる。

最終的に将来の都道府県別，男女・年齢別生残率の設定に関しては，仮定された将来の相対的格差を，全国推計（中位）で用いられた将来の男女・年齢別生残率に当てはめて計算が行われる。

愛知県の独自推計を例にとり，コーホート要因法がどのように採用されているかを説明すると以下のとおりである。同県の推計は，2005年から2050年までの45年間にわたる5年ごとの推計である。使われた資料は，基準人口，生残率，出生率（合計特殊出生率，女子年齢5歳階級別出生率），出生性比，移動率である。

基準人口には2005年（平成17年）の推計値（722.1万人）が使われた。生残率

としては，2002年（平成14年）1月の全国の生存率の推計値に，2003年（平成15年）時点の国と県との生残率の乖離を乗じた（推計の全期間にわって一定と仮定）。合計出生率は，1994年（平成6年）から2003年（平成15年）の国と県のその比率を回帰分析で得ている。女子の年齢5歳階級別出生率は，全国の5歳階級別の出生率の構成比に，2003年（平成15年）時点での国と県の構成比の乖離を乗じて県の構成比を算出し，この構成比で上記の合計特殊出生率を割り振ってもとめられた。出生性比には過去10年間の平均値が，移動率には1998年〜2003年（平成10年〜15年）の平均移動率が用いられた。推計の結果，県の人口のピークは全国のそれより10年遅く，2015年ごろに727-730万人程度になり，その後人口減少過程に入り，2025年に704-732万人になるとの予想となった。

岐阜県でも人口減少問題が深刻に受け止められていることは，先に指摘したとおりである（112頁）。同県は専門家と庁内関係者による「岐阜県人口・少子化問題研究会」を総合企画部統計課に設置し，現実を直視する精力的な分析を行った。研究会設置の目的は，同県の人口の自然動態，世帯構成の変化，社会移動の動態を分析し，人口の将来動向をとらえることであった。[37] 人口の将来推計は，研究会に設置された「人口推計作業部会」があたった。作業部会は，30年後までの将来人口を推計した。推計にあたっては，基準人口（2005年［平成17年］国勢調査結果）をベースに，諸要因（合計出生率の低下，出生性比［過去10年の平均である104.7］，平均寿命の伸び，社会移動［過去5年の平均］）が盛り込まれた。これが「基本パターン」である。さらに「社会動態（転出超過傾向の変化）」「合計特殊出生率（出生率の回帰時期等）」などに諸仮定をおいて試算し，種々の推計パターンが示された。[38]

推計パターンは，次のとおりである。
（1）基本パターン
（2）日本人の社会動態の変化パターン
①転出超過がないとした場合（社会移動がゼロ）
②転出超過が抑制された場合（転出超過数が最小である1996年［平成8年］程度に設定）
③転出超過がさらに進んだ場合（基本パターンの移動率をさらに拡大させて設

定)
（3）合計特殊出生率の回復期間別にみた推計パターン（合計特殊出生率が2.08
　　［人口置換水準］に回復すると仮定）
　　①5年後（2010年）に回復した場合
　　②10年後（2015年）に回復した場合
　　③30年後（2035年）に回復した場合

　推計結果は以下のとおりであるが，詳しくは報告書を参照されたい。2005年（平成17年）に210.7万人であった県の人口は，30年後の2035年に基本パターンで162.3万人，社会動態の変化パターンで①②③の順で173.3万人，170.7万人，155.2万人である。合計特殊出生率が2.08にまでの回復を目安としてその時期が①②③の順に183万人，177万人，157万人である。

　以上，若干の事例をとりあげた。今日の自治体の状況を俯瞰すると，これらは典型的事例である。人口問題の検討とその推計は，どの自治体にとっても避けて通ることができない。この点を確認して，総合計画のなかに設定されている数値目標の紹介に移る。

3　数値目標の位置と役割

　自治体の総合計画では人口推計以外にも分野別で，政策，施策に数値目標が設定される。それらの数値目標の意義と役割を検討するには，いくつかの切り口が必要である。ポイントは，以下のとおりである。

　①数値目標設定の目的（数値目標をなぜ設定するのか）。
　②指標選択の問題（どの数値目標が政策，施策の内容，重要度の測定に適しているのか）。
　③設定基準の問題（数値目標の設定そのものをいかに行うか）
　④統計的裏づけの根拠の問題（数値目標のための資料をどこからもってくるのか）
　⑤政策評価の方法の問題（数値による政策，施策の進み具合をどのように評価するのか）
　⑥評価主体の問題（評価を誰が行うのか）。

　上記の6点のうち，④の統計的裏づけの問題は，本章のメインテーマのひと

つなので3項で独立にとりあげる（ここではひとこと，数値目標の設定には主として，政府統計，県独自の統計，業務統計，住民アンケートなどの統計が使われていることだけを指摘しておく）。以下では他の五つの点をパラフレーズし，現状を順に示す。

①数値目標設定の目的

　数値目標は，何を目的に設定されるのであろうか。この問いに対する回答は，NPM理論を抜きに語ることはできない。NPM理論についてここで詳述する余裕はないが，要約していえば行政サービス部門に競争原理を持ち込み，業績，成果に基づく管理手法を適用することを強調する理論である。そのひとつの核となるのが，総合計画の進行あるいは行政評価を管理するPDCAサイクルとそのシステムである。政策，施策，事務事業の体系として示される総合計画（Plan）は毎年度，効果的に執行（Do）されなければならない。目的どおりに執行されているかどうかは単年度ごとに評価（Check）され，評価にもとづいて次の改善（Action）がはかられる。政策，施策，事業の見直しがこのサイクルのなかでなされ，その際に指標として進捗状況の目安とされるのが数値目標である。NPM理論の定義としてはこれだけではいかにも大雑把であるが，数値目標設定の目的を理解するという限定で，説明をこの程度に留めたい。

　数値目標の設定の設定によって政策，施策の内容は，明確になる。PDCAサイクルは数値目標設定の目的に他ならない。個々の政策が遂行されるとどのような結果になるのかは，数値目標の設定によってクリアになる。政策遂行主体にとっても，その成果を享受する住民にとっても，政策理解は数値目標の設定によって容易になるわけである。

　総合計画は中長期にわたるので，その間の政策，施策の進捗状況の点検には，数値目標は格好のメルクマールとなる。さらに，政策，施策は具体的事業を通じて進められ，これらの事業は通常，予算をともなうので，指標は予算とのかかわりで個々の事業を拡充して継続するか，維持をはかるか，廃止するかの判断材料となる。もっとも，政策，施策には数値化しにくいもの，できないものがある。現に自治体が掲げる数値目標には，にわかに首肯し難いものも散見される。それらは再考されるべきである。

②指標選択の問題

　指標を選択するにはまず、個々の政策を構成する施策が住民のどの層を対象とするのか、施策の意図、目的はどこにあるのかが定まっていなければならない。それらが確定して初めて対象となる指標の項目、目標値の推計作業に入ることができる。そのうえで政策的要素を加味しながら過去のデータにもとづく予測、他自治体との比較などを行いながら、数値目標は決まっていく。一連の指標選択の作業では予測、数値目標の設定に先立つ、対象と意図の明確化が肝要である。

　盛岡市はこの点を比較的分かりやすく開示した。参考になるので、以下に例示したい。盛岡市の現行総合計画は、『盛岡市総合計画〜共に創る元気なまち県都盛岡〜』である。この計画は、2005年度［平成17年度］から［2014年度］平成26年度までをカバーしている。指標設定表には、施策の柱ごとに、その「柱の対象」「意図」「対象指標の指標項目」「成果指標の指標項目」「指標数値の動向」「目標値」「成果指標の考え方（指標項目設定の考え方、目標設定の考え方、数値の把握方法、数値の把握周期など）」が記載されている。当面の指標選択の問題との関わりでは、このうちの「成果指標の考え方」に注目したい。ここでは全てを網羅的に示すことはできないので、5本目の柱である「活力ある産業の振興」について紹介する。この「柱の対象」は、産業従事者である。施策の意図は、「経済的に豊かになる（労働力を産み、消費を拡大することで市内の経済を活性化する）」こととされている。この意図のもとに5つの施策（①活力ある農林業の振興、②まちに活力を与える工業の振興、③多様で活発な商業・サービス業の振興、④地域資源をいかした観光・物産の振興、⑤安定した雇用の創出と良好な労働環境の促進）が掲げられている。これらの個々の施策に、対象指標の指標項目、成果指標の指標項目、指標数値の動向、目標値、成果指標の考え方が記載されている。

　上記の「⑤安定した雇用の創出と良好な労働環境の促進」について見ると、対象は「起業したい者」「職を求めている者」「働いている者」で、設定指標項目は「盛岡職業安定所管内の有効求人倍率」と「新たに雇用された人の数／職を求める人の数」である。成果指標の目標値は、前者では2004年度（平成16年度）末に1.00、2014年度（平成26年度）末で1.10、後者では2004年度（平成16年

度）末で7,900／91,000，2014年度（平成26年度）末で6,500／75,000となっている。

　指標選択の問題，すなわち「指標項目設定の考え方」と「目標設定の考え方」では，「盛岡職業安定所管内の有効求人倍率」の指標について「市独自の求人倍率は把握できないという理由で，盛岡職業安定所管内の数値で代用」するとし，そのうえで2次産業において（求人を）10％増やすことを目指すとし，2014年度（平成26年度）までは，この指標は1.1まで伸びると予測している。「新たに雇用された人の数／職を求める人の数」については分母と分子で現状値を基礎に新規雇用者動態と新たに職を求める人を独自に予測した結果を目標値としている。

　③指標の設定基準

　指標設定をどの基準で行っているかは，興味深い問題である。この種の数値目標はその設定の仕方で，(a) 理想値を掲げる方法，(b) 過去の趨勢値を外挿する方法，(c) 当該自治体の全国ランキングを引きあげる方法，(d) 当初値に一定の増加率を乗じて設定する方法，(e) 区切りのよい数値で経験的に決定する方法などがある。総合計画が部門計画と密接に関連している場合には，(f) 部門計画の数値目標の設定が意味をもち，全体との整合性が考慮されなければならない。

　埼玉県の『ゆとりとチャンスの埼玉プラン』の県民向け冊子[41]を例にとると，そこでは政策ごとの数値目標が一覧されている。既に前章95頁でも指摘したことであるが，例えば，「女性（15歳～64歳）の就業率」については，現状値から5年後の目標値にひきあげる根拠が示されている。すなわち，「平成17年からの5年間の伸びを，平成12年（52.8％）から平成17年（55.1％）と同率と仮定し，さらに施策推進による伸びの上乗せを1ポイントとして，目標値を設定。この目標値は，平成23年ではなく，国勢調査が実施される平成22年の数値」という説明がそれである。この例は (b) の過去の趨勢値を外挿する方法の適用であるが，ただ単に外挿するのでなく政策的要素を加味している。

　『新潟県「夢おこし」政策プラン』にあたると，この事情がもう少し詳しくわかる。「(a) 理想値を掲げる方法」は，「減少数を減らし，プラスの方向に向

ける」とした「社会動態指標」(平成17年度中の現状：マイナス6060人)や「100%を目指す」とした「整備済み農地の農地集積率」(2004年度［平成16年度］：63%)がそれである。「18歳人口が13%減少する中で，志願倍率を維持する(2026年度［平成28年度］)」(3.8倍：2005年度［平成17年度］)，もこの方法によったと考えてよいであろう。

　当該計画では「(b) 過去の趨勢値を外挿する方法」にのっとった指標設定は曖昧である。あえて指摘すれば目標値をただ「増加させる」と記述してあるものがいくつかあり，外挿法の適用が念頭にあるのかもしれない。しかし，過去の趨勢値を厳密に計算して外挿した形跡は認められない。

　「(c) 当該自治体の全国ランキングを引きあげる方法」では全国の中位を基準に，例えば「若年者雇用・高齢者雇用対策の強化」のうちの「若年(24歳以下)の完全失業率」では「全国平均以下とする(平成28年度)」，「障害者雇用率」では「全国平均以上とする(平成28年度)」といった指標設定になっている。

　「(d) 当初値に一定の増加率を乗じて設定する方法」で指標設定されたものはかなり目立つ。「ブランド化を目指す農産物の産出額」で，2004年度(平成16年度)の98億円の数字を2026年度(平成28年度)には「15%程度増加させる」，「越後杉ブランド産出額」で2004年度(平成16年度)の1億500万円を2026年度(平成28年度)には「5倍以上に伸ばす」，「ブランド化を図る魚種の産出額」で1999〜2003年度(平成11〜15年度)平均の17億円を2026年度(平成28年度)には「2割程度伸ばす」などがこれにあたる。

　「(e) 区切りのよい数値で経験的に決定する方法」では，「サービス産業と中心商店街」の「県内情報サービス業の同業者以外への売上高」が2004年度(平成16年度)に439億円であったものを2008年度(平成20年度)に530億円にする，「中山間地域(直払地域)の稲作生産組織数」が2004年度(平成16年度)に239組織であったのを，2026年度(平成28年度)に「600組織にする」といったものがある。

　なお(f)の，すなわち総合計画が部門計画と密接に連携している場合には，部門計画の数値目標のもつ意味が強くなることに関連して一言付け加えておく。総合計画はそれが教育，環境，雇用，産業，社会保障など市民生活と広範

に係る分野を総合する計画であるがゆえに総合計画なのであるが，総合計画はそれを構成する部門計画との整合性が配慮されなければならない。数値目標に限定しても事情は同じである。部門計画で設定された数値目標は，総合計画の関連分野の前提である。その意味で総合計画の数値目標の設定の基準，内容をみる場合には，総合計画と部門計画との関連も視野に入れて考察しなければならない。

④指標による政策評価の方法

自治体の総合計画には，政策，施策に数値目標が設定されるのが普通である。それは，①で言及したいわゆるPDCAサイクルによる進行管理の対象である。作成された政策は，実行され，点検されなければならない。このサイクルを動かすことは，数値目標を設定することと不可分である。数値目標は，PDCAサイクルの簡便で，理解しやすい道具である。

茨城県の評価方法は，簡明である。『新茨城県総合計画：元気いばらき戦略プラン』の期間中，ある政策の基準になる年度，すなわち2004年度（平成16年度）の水準と目標年度，すなわち2010年度（平成22年度）の期待値とを直線で結び，各年度の実績値をその直線と比較して評価する。評価はA，B，Cの3段階評価で，もし各年度の実績値がこの直線を上回ればA，実績値がこの直線を下回っているものの，期待値の方向にそって動いているのであればB，実績値がこの直線を下回っていて，しかも期待値の方向にそって動いていないのであればCとなる。

この評価方法は政策，施策レベルで行政評価を行っている多くの自治体も採用している方法であるが，重要なのはそれが評価システム全体のなかにどのように取り込まれているかである。この事情は，自治体ごとで異なるので，アプローチとしては事例に立ち入って検討するのが妥当である。愛知県の例でパラフレーズすると，以下のとおりである。

愛知県の行政評価の枠組は，一般的な評価のそれと，特殊愛知県的なそれとをあわせもつ。まず，評価の対象は，施策と事務事業の二層が評価対象である。この二層の評価は，「愛知県施策実施要領」「愛知県事務事業評価実施要領」にもとづいて実施される（政策レベルの行政評価はない）。その目的は，中期的観点

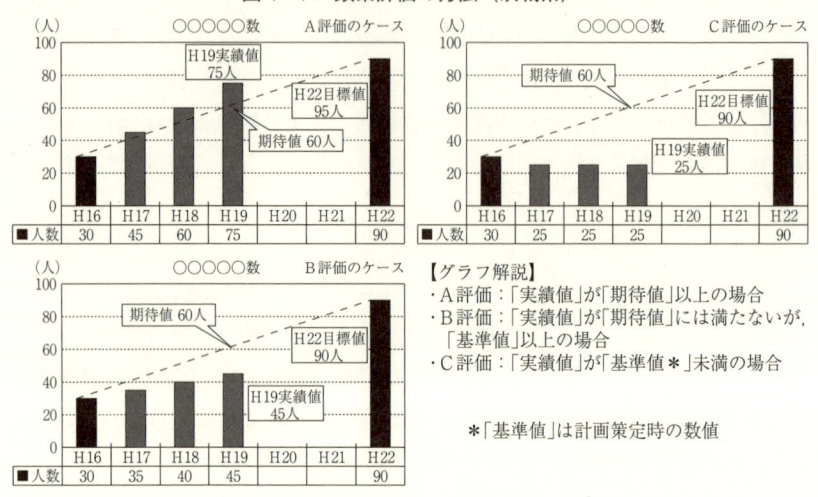

図4-1　政策評価の方法（茨城県）

A評価のケース
	H16	H17	H18	H19	H20	H21	H22
人数	30	45	60	75			90

H19実績値 75人／H22目標値 95人／期待値 60人

C評価のケース
	H16	H17	H18	H19	H20	H21	H22
人数	30	25	25	25			90

期待値 60人／H22目標値 90人／H19実績値 25人

B評価のケース
	H16	H17	H18	H19	H20	H21	H22
人数	30	35	40	45			90

期待値 60人／H22目標値 90人／H19実績値 45人

【グラフ解説】
・A評価：「実績値」が「期待値」以上の場合
・B評価：「実績値」が「期待値」には満たないが、「基準値」以上の場合
・C評価：「実績値」が「基準値*」未満の場合

＊「基準値」は計画策定時の数値

出所）http://www.pref.ibaraki.jp/bukyoku/kikaku/kikakuka/kikaku1_sougo/sinkoukanri/index.html

を含んだ施策の工夫・見直しを行うためであり、施策推進の手段である事務事業の企画立案・重点化などに活用するためである。評価の内容、すなわち評価の目的、評価対象、評価方法を施策評価に限定して紹介し、事務事業のそれは注記に留められている。[42]

　施策評価の評価単位は行政目的にそって系統的に整理された「施策体系」を構成する119本の施策である。評価の方法として掲げられるのは、①「施策に関するニーズ」の検証、②目的実現に向けた「関係各主体の役割」の確認、③「施策の目的が達成された状態」の確認、④「施策推進にあたって工夫・見直しを行う点」「施策の評価と今後の基本方向」「事務事業の展開方向」の明示である。

　評価主体は施策評価に関しては、「原則として施策を所掌する各課室など」である。施策から抽出された重点施策に関しては、「行政評価委員会」[43]が制度の適正な運用と評価結果の客観性を確保するために設置されている。2007、2008年度（平成19、20年度）には、政策指針の八つの「柱となる政策の方向」の施策から、それぞれ一つずつ選定され、都合8件の施策について評価手法、評

価結果，制度の在り方の意見聴取が行われた。

　2008年度（平成20年度）の行政評価の結果は，次のとおりである。施策評価で設定した目標の約7割の施策が「見直し・工夫・改善方向」を明らかにすることとなった。「施策の手段となる事務事業」の欄では，施策の的確な検証の資料として活用するために，施策を構成する事務事業の施策目標に対する「寄与度」または「重要度」がA，B，Cの3段階で相対評価された。評価結果は次年度の予算要求に活用された。

　⑤政策・施策評価の主体

　行政評価の主体は，行政の執行主体による自己評価と，外部に何らかの評価機関を設ける外部評価とがある。茨城県の行政評価は典型的な自己評価型である。すなわち同県の総合計画に含まれる八つの重点戦略については幹事部局長による施策の評価が，40の施策展開の方向に関しては幹事部局長による施策の評価（事業の成果と数値目標の達成状況）が，施策を構成する365の事務事業（平成19年度）に対しては事業担当課長による事業評価（自己評価）が行われる。

　北海道の「時のアセスメント」は，第三次長期計画で「政策アセスメント」と名称を変えた。後者では「道政運営の基本システム」である「政策評価制度」の本格的導入がはかられた。この「政策アセスメント」では，評価の主体として第三者委員会が設置された。知事評価がこれに付け加わるところが北海道の行政評価の取り組みの特徴である。評価主体には道が入るが，評価の客観性を確保するためにこの措置が講じられた。さらに，2008年度（平成20年度）からはPDCAサイクルに基づく「成果志向の行財政運営システム」が導入された。2008年度（平成20年度）の施策評価は，6月1日を評価の基準日として実施され，施策数308件のうちA評価198，B評価83，C評価23，D評価4である。事務事業評価では総務部行政改革課の評価と知事評価との間に齟齬が出たため，知事評価のうちの「縮小」「統合」「終了」「休止」「廃止」の34.0％について再構築が予定され，2014年度（平成26年度）までに見直しが図られる。

　1999年（平成11年）に策定された実施要綱にもとづいて実施された福島県の事業評価は自己評価と外部評価を組み合わせであり，次の段階をふんで進められる。まず，各部局による第一次評価が行われ，次いで主管グループによる第

二次評価が実施される。さらに各部主管による政策評価システム調整会議がもたれ，中間案がまとめられる。この中間案は外部機関である福島県評価システム事業評価委員会から意見を受ける。最終案はこの意見を受けて作成される。福島県の行政評価は，このように自己評価のなかに外部評価をとりこんだ形で進められている。

3 総合計画・数値目標・統計

1 富山県，茨城県の数値目標と統計

この節では数値目標がどの統計にもとづいて作成されているのか，数値目標の設定における統計の位置づけの現状を確認する。

行政に統計が不可欠であることは自明である。換言すれば，政府統計は行政を円滑に進めるために作成される。例えば，「事業所・企業統計調査」は従来，地方消費税の配分，その交付の決定に利用され，地方公共団体の行政施策への利用としても地域産業振興施策の立案，交通路線整備の地域交通計画の策定，地域防災対策のための基礎資料であった。

それでは，当面問題になっている自治体の総合計画，行政評価に統計はどのような関わりをもつのであろうか。総合計画の政策なり施策の数値目標をどの統計使って設定しているかについては，それを分かりやすく公表している自治体もあれば，そうなっていない自治体もある。筆者が知る限りでは，富山県，茨城県では丁寧に数値目標のための統計の出所が示されている。秘密にしなければならないものではないと思うので，可能ならば各自治体でも公表したほうがよいのではなかろうか。

富山県を例にとると，次のようである。富山県で現在進行中の総合計画は『元気とやま創造計画』であるが，2007年（平成19年）4月に策定されたこの計画は，目標年次を2015年度（平成27年度）とし，『富山県民新世紀計画』(2001年4月策定, 2001年度［平成13年度］〜2010年度［平成22年度］) を引き継ぐ計画である。同計画は目指すべき将来像として「活力とやま」「未来とやま」「安心とやま」を掲げている。「活力とやま」は，知恵を活かした活力づくりのための20の政

策をもつ（新産業の創出，起業支援，広域観光・国際観光の振興，新幹線を中心とした新たな交流拠点づくりの推進など）。「未来とやま」には，未来を築く人づくり・美しい県土づくりとして17の政策が掲げられている（子育て支援，義務教育等の充実，自主的な社会活動の推進，交流人口の拡大，定住・半定住の促進など）。そして，「安心とやま」には健康で安全，安心な暮らしづくりのための18の政策が並んでいる（医療の充実，健康づくりの推進，自然環境の保全，生活環境の保全，生活交通の確保，安全なまちづくりなど）。「活力とやま」「未来とやま」「安心とやま」全体に含まれる個別政策は55であるが，これらの個別政策には，県民参考指標の数値目標が設定され，統計がその設置に使われている。「活力とやま」には58の県民参考指標が，「未来とやま」には58のそれが，「安心とやま」には63のそれが掲げられている。

　表4-6は特定される政府統計の一覧表である。これを見ると例えば，「起業支援」という政策には，「年平均新設事業所数」「開業率」の指標が掲げられているが，その統計は総務省「事業所・企業統計調査」からとられる。「雇用の確保と創出」には，「就業率」「30歳から34歳の女性の就業率」「訓練生の（離転職者）の就業率」の指標が掲げられているが，その統計は前二者に関しては総務省「国勢調査」，もうひとつの指標は厚生労働省の職業能力開発行政の業務統計である。この他，「工業立地件数」の指標は，経済産業省「工場立地動向調査」，「県内中小企業（製造業）の付加価値」の指標は経済産業省「工業統計調査」，「小売業の年間商品販売額」「中心市街地の年間商品販売額」の指標は経済産業省「商業統計調査」にもとづいて設定されている。政府関係の統計ではこの表に掲げられたもの以外にも，総務省公表資料，内閣府調査，法務省公表資料，厚生労働省調査，文部科学省調査，国土交通省資料の統計が使われている。政府関係の統計によらない場合は，県独自調査，県関係団体調査，県政世論調査によっている。全体で180の県民参考指標のうち約39.4％が政府関係の統計による。

　茨城県の総合計画は『新茨城県総合計画：元気いばらき戦略プラン』で，計画期間は2006年度～2010年度（平成18年度～22年度）である[46]。「基本計画」は2点の基本姿勢のもとに策定された。すなわち，「茨城の資源や潜在力を磨き活

表4-6　富山県「元気とやま創造計画」（平成19年）の数値目標に使われた政府統計

	統　　計	数　値　目　標
総務省	事業所・企業統計調査	県内企業の電子商取引導入率，年平均新設事業所数，開業率，年平均新設事業所数のうちのサービス業の数
	国勢調査	就業率，30歳から34歳の女性就業率，女性の管理職比率，若者の県内への定着率，若者の就業率，60歳から64歳の就業率，持家比率，住宅の延べ床面積
	住宅・土地統計調査	住宅の耐震化率，バリアフリーの設備がある住宅割合
文部科学省	社会教育調査	生涯学習の人口10万人あたり年間開催講座数（うち民間講座数）
	体力・運動能力調査	体力・運動能力の平均値
厚生労働省	職業能力開発行政定例業務報告	訓練生（離転職者）の就業率
	保育所入所待機児童数調査	保健所入所待機児童数
	賃金労働条件実態調査	育児休業取得率
	人口動態統計	合計特殊出生率
	地域保健・老人保健事業報告	基本健康診査受信率
	介護保険事業状況報告	介護を必要としない高齢者の割合
	障害者雇用状況報告	障害者雇用率達成企業割合
農林水産省	食料自給率レポート	食料自給率
	森林・林業統計要覧	林業産出額［うち木材生産額］
	漁業・養殖業生産統計年報	沿岸漁業の漁獲量，栽培漁業対象魚種の漁獲量
経済産業省	工業統計調査	IT関連製品の製造品出荷額，県内中小企業（製造業）の付加価値額
	工業立地動向調査	工業立地件数
	商業統計調査	小売業の年間商品販売額，中心市街地の年間商品販売額
国土交通省	全国交通需要推計	高速道路を使う人の割合
	道路交通年報	道路の走りやすさ割合
	港湾調査	伏木富山港の取扱貨物量及び外貿コンテナ取扱い個数
	都市計画現況調査	安全・便利な都市空間の面積，うるおいある都市空間の面積
	都市公園現況調査	うるおいある都市空間の面積，まちづくりに関する住民協定等の件数
	都市緑化施策の実績調査	まちづくりに関する住民協定等の件数
環境省	自然環境保全基礎調査	植生自然度
	一般廃棄物処理事業実態調査	一般廃棄物再生利用率
消防庁	消防防災・震災対策現況調査	自主防災組織の組織率
特許庁	特許行政年次報告書	意匠出願件数
警察庁	犯罪統計書	刑法犯認知件数，地区安全なまちづくり推進センターなどの地区の安全なまちづくり活動に取り組んでいる地区数
	交通統計	交通事故の発生件数（人身事故）および死者数

第4章 行政の進行管理に果たす統計と数値目標の役割

表4-7 茨城県「新茨城県総合計画：元気いばらき戦略プラン」に使われた政府統計

	統　　計	数　値　目　標
内　閣　府	交通事故全国統計	県内交通事故死者数
総　務　省	就業構造基本調査	若年者有業率，女性有業率
	都道府県別情報化指標	ブロードバンド契約数世帯比率
	住宅・土地統計調査	住宅の耐震化率
	社会生活基本調査	個人の自由時間の中で行う学習・研究のうち文化芸術を対象とした活動を行った人の割合（10歳以上）
厚生労働省	雇用状況調査	障害者雇用率
	保育所入所待機児童数調査	保育所の待機児童数
	放課後児童健全育成事業実態状況調査	放課後児童クラブ設置数
	医師・歯科医師・薬剤師調査	医師数
	保健・衛生行政業務報告	就業看護職員数
	病院報告	［作業療法士数，理学療法士数］
	水道統計	水道普及率
農林水産省	生産農業所得統計	農業産出額
	認定農業者，特定農業法人及び特定農業団体並びに農用地利用改善団体の実態に関する調査	認定農業者数，担い手への農地利用集積率
	農林水産省検査結果	県産コシヒカリの一等米比較
	木材需給報告書	県産木材の供給率
	漁業経営調査	沿岸漁家所得
	水産加工統計調査	水産加工生産額
経済産業省	工場立地動向調査	工場立地件数，工場立地面積
	工業統計	戦略分野産業製造品出荷額，従業員一人当たり製造品出荷額
	商業統計調査	小売業年間販売額
国土交通省	一般国道に係る旅行速度等の調査	県内主要都市相互間の自動車による平均移動時間
	道路行政の達成調査	道路渋滞による損失時間
	旅客地域流動調査	公共交通機関の旅客流動量
	貨物・旅客地域流動調査	首都圏における貨物流動量のシェア
	河川現況調査	河川改修率
	都市公園等整備現況調査	一人当たり都市公園面積
	歩行空間のバリアフリー化等に関する調査	鉄道駅（乗客数5000人／日以上）周辺等における道路のバリアフリー化率
	移動円滑化実績報告	ノンステップバスの導入率
環　境　省	公共用水域水質測定結果	公共用水域の環境基準（BOD）達成率，霞ヶ浦の水質（COD）
	一般廃棄物処理事業実態調査	一人当たり一日のゴミ（一般廃棄物）排出量
特　許　庁	特許行政年次報告書	特許出願件数

用する」という姿勢と「県民が主役となってこれからの"いばらき"を共に創る」という姿勢である。また、目標は三つ掲げられ順に、「競争力あふれる産業大県『活力あるいばらき』」「安心・安全で快適な『住みよいいばらき』」「充実した教育が行われ個性や能力が発揮できる『人が輝くいばらき』」である。

「基本計画」には、40の施策があり、100の数値目標、46の補足目標がある[47]。これら数値目標は、毎年度の計画の進行管理に活用される。これらの数値目標には、それぞれ指標名、現状値（平成16年度）、目標値（平成22年度）、目標値の考え方、全国平均値（全国順位）、数値目標が示すもの、データの出所等、算出式・用語の解説等、担当部局庁が書き込まれている[48]。

政府統計が使われている指標は、**表4-7**のようである（この他に若干の省独自調査がある。また、補足指標は除く）[49]。この表は施策の数値目標一覧表を統計の出所と数値目標との対応関係を明示して筆者が再構成したものである。

100の全体の数値目標のうち36％が政府関連の統計である。この他の数値目標は県独自のもので商工労働部、農林水産部、保健福祉部、生活環境部などで作成された統計、あるいは教育庁がもっている統計による。広報課の「県政世論調査」が基礎統計となっている数値目標もある（「人権は大切であると感じている県民の割合」が2005年（平成17年）に90.1％であるのを2010年（平成22年）に100％にする目標）。

「女性の労働への参加の状況を示す（数値目標が示すもの）」「指標30：女性有業率」は、現状値（平成16年度）の49.0％を目標値（平成22年度）53.0％にもっていくことが予定されている。「目標値の考え方」すなわち平成22年に53.0％と定めた理由は「全国トップの水準を目指す」こととされ、「全国平均値」が47.9％として参考数値として与えられ、「データの出所等」は「総務省：就業構造基本調査」で、「算出式・用語の解説等」には「（15歳以上女性有業者数）／（15歳以上女性人口）×100」と示され、「担当部局」は「商工労働部」である。

2 盛岡市の数値目標と統計

次に市レベルの自治体のなかから盛岡市をとりあげ、やや詳しく説明する。盛岡市の現行の総合計画『盛岡市総合計画～共に創る元気なまち県都盛岡～』

は、「基本構想」と「実施計画」の2層構造である。「基本構想」は、五つの基本理念(「継承と創造」「求心力」「人が活きる」「市民起点」「自律」)と目指す将来像(人々が集まり・人にやさしい・世界に通ずる・元気なまち盛岡)とから成る。「基本構想」を実現するために8本の施策の柱がたてられ(①いきいきと安心できる暮らし、②安全な暮らし、③心がつながる相互理解、④共に生き未来を創る教育・文化、⑤活力ある産業の振興、⑥環境との共生、⑦快適な都市機能、⑧信頼される質の高い行政)、それぞれに具体的な施策が設定されている。施策の総数は41である。さらにその下位に103の基本事業、約1000の事務事業がある。この基本構想のもとに「実施計画」がある。「実施計画」は10年先の目指す基本構想に基づく施策を計画的にかつ効率的に実施しながら、市民ニーズや社会経済の変化に柔軟に対応し、実効性の高い計画となるよう、事業ごとの実施状況に関する評価・検討を行い、毎年度爾後3ヵ年の計画として策定されている。実施計画には、基本構想の柱と施策にそれぞれ準じて目標値が設定され、達成度の評価が行われる。

　上記の施策41に数値目標が設定されている。行論との関係で数値目標がどの統計に基づいて設定されているのかを点検すると、大きな特徴は「盛岡まちづくり評価アンケート」という市民アンケートの結果が使われていることである。「市民アンケート」に依拠した数値目標を列挙すると、次のようである(施策の柱5を除く7本の柱)[数値はパーセンテージ]。

　〈施策の柱1：安心できる暮らし〉
　　①「『いつでも受信できる医療機関がある』と答えた市民の割合」
　　　(H17[79.3]、H19[80.5]、H21[85.0]、H26[90.0]、以下H17、[H19]、
　　【H21、H26】の順で数値のみ示す)
　〈施策の柱2：安全な暮らし〉
　　②「『避難場所を知っている』と答えた市民の割合」(76.7、[71.2]、【79.0、81.0】)
　　③「『防災対策をしている』と答えた市民の割合」(29.9、[30.1]、【33.0、35.0】)
　　④「『防災訓練に参加する』と答えた市民の割合」(42.2、[39.9]、【45.0、

47.0〕)

〈施策の柱3：相互理解〉

⑤「『地域のコミュニティ活動に参加したことがある』と答えた市民の割合」(61.4, [61.5], 【62.0, 62.0】)

⑥「『携帯電話を利用している』と答えた市民の割合」(63.1, 81.1 [H18], 【73.0, 75.0】)

⑦「『家庭でインターネットを利用している』と答えた市民の割合」(40.5, [45.1], 【50.0, 60.0】)

〈施策の柱4：教育文化〉

⑧「『最近何らかの学習をした』と答えた市民の割合」(47.2, [49.5], 【55.0, 60.0】)

⑨「『最近何らかのスポーツ・レクレーションをした』と答えた市民の割合」(55.1, [53.1], 【60.0, 65.0】)

⑩「『最近何らかの芸術文化活動に参加した』と答えた市民の割合」(47.6, [47.8], 【48.0, 50.0】)

〈施策の柱6：環境との共生〉

⑪「『清潔で衛生的，公害がないといった点で，きれいなまちだと思う』と答えた市民の割合」(43.9, [45.4], 【48.0, 53.0】)

⑫「『自然が守られていると思う』と答えた市民の割合」(52.9, [51.8], 【57.0, 62.0】)

⑬「『CO_2の発生抑制やごみの減量など，地球にやさしい生活を常に心がけている』と答えた市民の割合」(45.5, [45.8], 【50.0, 55.0】)

〈施策の柱7：都市機能〉

⑭「『誇れる景観があると思う』と答えた市民の割合」(79.3, [81.2], 【79.3, 79.3】)

⑮「『快適な居住環境である』と答えた市民の割合」(47.8, [49.7], 【51.0, 55.0】)

⑯「『公園や街路樹などの街の中の緑が多いと思う』と答えた市民の割合」(75.5, [76.1], 【80.0, 80.0】)

〈施策の柱8：質の高い行政〉

⑰「『窓口サービスの接遇が気持よく，待ち時間も適切である（接遇・応対）』と答えた市民の割合」(55.3, [58.2], 【75.0, 90.0】)
⑱「『窓口サービスが利用しやすく便利である』（制度や仕組み）と答えた市民の割合」(49.0, [53.0], 【65.0, 80.0】)

これらの数値目標の設定は，「盛岡まちづくり評価アンケート」の設問項目に依拠している。この市民アンケート以外に，同類の市民アンケート「『もりおか健康21プラン』に係るアンケート」「次世代育成支援対策行動計画に係るアンケート」「地域福祉計画策定に係るアンケート」からとられる数値目標もある。41の施策に含まれる数値目標は86で，そのうち18が何らかの市民アンケートの項目から選択されている。施策の成果指標と市民アンケートの連携は，際立っている。

なお，先に紹介した三菱総研の地方自治体行政評価の取り組み状況に関する実態調査によれば，住民アンケート調査の結果を指標化に利用する自治体は市・区レベルで伸びている。住民が直接その声を行政に反映させる状況がいまだ低い水準にあり，住民自身の意欲も希薄ななかで，この点は際立っている。[52]

数値目標の指標設定で，政府統計が使われているのは「施策の柱5：産業振興」においてである。まず施策「活力ある農林業の振興」の指標のひとつ「販売農家事業者数」に使われた統計は「農林業センサス」であった（H17[12,783]，H21[11,500]，H26[10,300]）。この他，施策「まちに活力を与える工業の振興」の指標「製造品出荷額等」で「工業統計調査」，施策「多様で活発な商業・サービスの振興」の指標「卸・小売の年間販売額」で「商業統計調査」が，「サービスの事業所数」で「事業所・企業統計調査」が活用された。

数値目標の統計的裏付けに関連して，自治体の関連する業務に携わっている担当者に聞き取りを行うと，しばしば以下のようなコメントに出会う。

まず，重要であるが使用しにくい統計として，例えば総務省「家計調査」がある。この調査はサンプリング調査で，全国約8000世帯が調査対象となるが，県単位でこの統計調査を参考にしようとすると標本数が小さすぎて適当な数字を得ることができない。また，観光業の育成はどの地方自治体にとっても無視

できないが，観光業に関して使用できる統計は少なく，信頼性も正確性も乏しい。概してサービス業の統計の不足は，どこの自治体の担当者も異口同音に指摘されている。

長期時系列データの整備が遅れているとの指摘もある。筆者もそのことを日常的に感じるが，総合計画はその実施のタイムスパンが中長期にわたるので，重要な統計の時系列的整備は不可欠であるにもかかわらず，それが必ずしも担保されていない。時代は今やWEBで情報をとるのが普通になっているから，長期時系列統計をネットから取得できる環境を充実させることは重要な課題である。

むすび

筆者が参加したプロジェクトの目的は，地方自治体で①現在，地域経済の活性化のためのさまざまな施策の全体像がどのように構成されているのか，②政策の立案過程がどのように進められているのか，また③政策評価，事務事業評価，行政評価などの一連の評価活動がそこにどのように組み込まれているのか，④統計がそこでどのように活用されているのか，といった実情を把握することにあった。こうした実情について政策課（政策推進課），統計課，商工労働関係の課の方々に聞き取り調査を行い，筆者がとくに関心をもった論点をピック・アップしたのが本章である。

全ての自治体からの聞き取り調査ではないので総括的な結論は与えられないが，地方行政には，財政危機など一般的に言われている事柄と直接，間接に結びついていると考えられるいくつかの傾向がある。

第一に，都道府県レベルの自治体では中長期の総合計画の見直しや，計画を構想やビジョンに置き換えて，制約をゆるめ直面する課題に柔軟に対応する方向が出てきている。一度廃止した中長期総合計画を新たに復活させたりしている自治体もあり，行政がとる歩みは一様でないが，筆者はその多様性のなかに上記の傾向が目立ってきている。

第二に，行政のなかで政策，施策，事務事業の連携に意識的になろうとする

姿勢が広がっているとの印象を受けた。これを財政計画とその執行と結びつけてタイトに進めている自治体もあれば、財政とは切り離して弾力的に考える自治体もあり、展開は一律でないが、政策、施策、事務事業の連携に頓着なく行政を進めるという後戻り現象は今後ないであろう。

　第三に、行政と統計との関わりは、以前と比較して格段に強まっている。統計など使わない計画作成は、今や考えられない。ただ、それを自覚的に進めている場合もあれば、日常のルーティン作業となっていて意識的でない場合もある。職員全員に統計力をつけることも視野に入れ、統計と統計業務の強化が地方行政にとって課題のひとつである。

　第四に、自治体の統計活動には、多くの工夫が見られる。前章で触れた三鷹市の政策立案過程で統計が重要な役割を果たしていた例の他にも、岐阜県の「岐阜県の将来構想研究会」「岐阜県人口・少子化問題研究会」の統計活動、福井県の「データパーソン」体制（各課にデータに習熟した責任者を配置する）は注目に値する。経験の交流が必要であり、すぐれた実践を取り入れるなどの姿勢が望まれるが、他方で職員異動は頻繁であり、この点で統計職員も例外でなく、経験の蓄積と継承に困難さもある。

　第五に、それぞれの自治体が抱えている統計に関する問題点が整理され、継続した改善に向けて最初の一歩が踏み出されている。しばしば指摘されるのは、地方統計の貧困である。経済関係の統計（とくにサービス業の統計）の不足、観光に関する統計の不足（とくに観光消費額を捉える全国データ）、長期時系列データの整備状況の不足、「政府統計の総合窓口」がスタートしたが不便になった部分がある（集計内容の変更で時系列比較が不可能となった）といった諸点である。

　第六に数値目標に必要な統計の不足である。数値目標はそれが数値に関する指標であり、しかも現実的具体的現象を反映した数字資料でくみたてられなければならない以上、政府（自治体）統計、業務統計、アンケート結果などによって裏付けられる。しかし、総合計画を構成する政策、施策は住民生活の広範な領域にわたり、また政府（自治体）統計、業務統計は政策、施策の数値目標の設定を予定して作成されているわけではない。両者の間には、概念のくい違い、資料の不足にはじまる種々の齟齬がでてくる。数値目標の統計的裏付けに固有

の困難な問題がここにある。この他にも，政府統計に関しては公表の遅延，観光・情報関係などの第三次産業に関する統計の不十分性，地域レベルでは過少なサンプル数など利用が難しいなどの指摘がある。公表の表象形式が一歩的に，予告なしに変更されることに対しても不満の表明がある。[53]

　最後に，数値目標による評価そのものが実際には容易ではないことを若干の例をあげて指摘したい。数値目標のなかで，例えば出荷額といった経済関連の数値指標はそれが達成されたとしても，講じられた政策によってもたらされた効果なのか，景気のもちなおしによる結果なのかが判断しにくいケースが少なくない。政策評価を市民アンケートの満足度調査で測る方法では，例えば県民の満足度である項目の満足度が高くても，それは県の行政によってもたらされたものなのか，市政によってもたらされたものなのか，住民はそこまで細かな判断をしてアンケートに答えていない。住民の満足度という曖昧な指標に頼ることの危うさがここにある。

　以上，進行中の行政評価の問題点を吟味したが，それらを再検討する段階にきていることを確認し，本章を閉じる。

1) 本章で取り上げた事例は，筆者が過去にメンバーの1人として参加したプロジェクトでの聞き取り調査の情報である。北から北海道，青森県，群馬県，栃木県，茨城県，千葉県，岐阜県，福井県，静岡県，石川県，富山県，沖縄県の各道県庁である。市自治体では，盛岡市，宇都宮市である。
2) 長野県の場合は特殊で，かつて総合計画のもとで行政を進めていたが田中康夫知事のもとでこれを廃止したものの，知事の交替で総合計画が復活した。『長野県中長期総合計画："活力と安心"人・くらし・自然が輝く信州（平成20年～24年）』（http://www.pref.nagano.jp/kikaku/kikaku/sougoukeikaku/index.htm）
3) このこととの関連で知事サイクルにともなうマニフェストの内容と進行中の総合計画との整合性の確保という課題は，どの自治体も念頭にいれておかなければならないであろう。
4) 菊地進は「地方自治体は全員統計力の時代」と指摘している。菊地進（2007），「社会の情報基盤としての統計，その実質化」『経済学における数量分析―利用と限界を考える―』産業統計研究社，12頁。
5) 「データパーソン」体制として知られる。各部，各課にデータに習熟したした者が責任者として配置されている（平成19年度から各部，平成20年度から各課1名）。この体制はスタートしたばかりの試行段階である。

第 4 章　行政の進行管理に果たす統計と数値目標の役割

6) 沖縄県『沖縄振興計画（計画期間［2002年度（平成14年度）～2011年度（平成23年度）］』。http://www8.cao.go.jp/okinawa/3/32.html
7) 北海道『ほっかいどう未来創造プラン（新・北海道総合計画―北の未来を拓くビジョンと戦略―）』(http://www.pref.hokkaido.lg.jp/ss/ksk/index)
8)「第7条：道は，長期的な展望に立って，道の政策の基本的な方向を総合的に示す計画を策定しなければならない」「第8条：道は，効果的かつ効率的に行政を推進するとともに，道政に関し道民に説明する責任を果たすため，政策評価を実施し，これに関する情報を道民に公表しなければならない」（北海道行政基本条例　2002年［平成14年］10月18日　条例第59号）。
9)「鳥取県の将来ビジョン」については次のサイトを参照。http://www.pref.tottori.lg.jp/dd.aspx?menuid=96137
10) 新潟県（2006），『新潟県「夢おこし」政策プラン』平成18年7月。
　（http://www.pref.niigata.lg.jp/seisaku/1194192981727.html）
11) 千葉県総合企画部政策企画課『みんなでひらく2025年のちば―新しい世紀の幸せづくり・地域づくり―』(http://www.pref.chiba.lg.jp/syozoku/b_soukei/seisaku/outline/vision/index-j.html)
12) 千葉県総合企画部政策推進室（2006），『あすのちばを拓く10の力』平成18年3月（http://www.pref.chiba.lg.jp/syozoku/b_soukei/seisaku/10chikara06/10chikara06mokuji/10chikara06mokujiindex.html）
13) 石川県（2007），『石川県新長期構想（改定）―伝統と創造：みんなで築くふるさといしかわ』平成19年3月。http://www.pref.ishikawa.jp/kikaku/keikaku/koso1.html
14) 施策の体系は，次のとおりである。基本目標「個性，交流，安心のふるさとづくり」のもとに，目指すべき将来像として①魅力と誇りが実感できる「いしかわ」，②活力ある産業と働きがいが実感できる「いしかわ」，③暮らしやすさが実感できる「いしかわ」が設定されている。この将来像のもとに重点戦略が掲げられている。すなわち，①魅力と誇りが実感できる「いしかわ」には，三つの戦略（交流が盛んな特色ある地域づくり，個性を活かした文化と学術の地域づくり，自律した持続可能な地域づくり）が，②活力ある産業と働きがいが実感できる「いしかわ」には二つの戦略（競争力のある元気な産業づくり，魅力ある産業としての農林水産業づくり）が，③暮らしやすさが実感できる「いしかわ」には三つの戦略（安全でうるおい豊かな環境づくり，みんなで支える安らぎのある社会づくり，未来を拓く心豊かな人づくり）が定められている。さらに，この戦略のもとに都合38本の施策がある。施策は指標が掲げられ，達成目標が示されている。指標の数は120である。（2005年度［平成17年度］末の現状値と2015年度［平成27年度］末の目標値）。
15) 群馬県企画部企画課（2001年3月）『群馬県総合計画21世紀のプラン（第1分冊）二十一世紀・群馬の提案』200（http://www.pref.gunma.jp/cts/PortalServlet?DISPLAY_ID=DIRECT&NEXT_DISPLAY_ID=U000004&CONTENTS_ID=36965），同（2006年3月），『群馬県総合計画21世紀のプラン（第2分冊）二十一世紀・私たちの目標』2001年3月，群馬県新政策課『群馬県総合計画21世紀のプラン（第2分冊改定版）ぐんま新時代の県

政方針2006-2010』。(http://www.pref.gunma.jp/cts/PortalServlet?DISPLAY_ID=DIRECT&NEXT_DISPLAY_ID=U000004&CONTENTS_ID=35166)
16) 愛知県知事政策局企画課（2006年7月），『新しい政策の指針—今を超え，さらに世界で輝く愛知づくり—』(http://www.pref.aichi.jp/kikaku/shishin/sakutei1.html)
17) 愛知県知事政策局企画課（2007年7月），『新しい政策の指針・年次レポート—2010年に向けた戦略的地域づくり—』，同（2008年5月），『新しい政策の指針 H19年度年次レポートあいちの地域づくり白書』(http://www.pref.aichi.jp/kikaku/report2008/honsatu19.html)
18) 岐阜県長期構想 (http://www.pref.gifu.lg.jp/pref/s11121/kousou/)
19) 岐阜県総合政策課（2007年3月），『みんなが主役　明日の岐阜県づくり・県民協働宣言―前例にとらわれない試みの精神―（平成16-20年度）』。岐阜県は昭和41年の第一次総合開発計画『明るく豊かな住みよい郷土』から1994年（平成6年）の第五次総合計画『日本一住みよいふるさと岐阜県』まで総合計画の名もともとで県政を進めてきたが，1999年（平成11年）以降，総合計画というよりは内容的には同じつくりのものを県政の指針として示すように考え方を変えた。その延長上に上記の長期構想としての県民協働宣言がある。
20) 岐阜県将来構想研究会 (http://www.pref.gifu.lg.jp/pref/s11121/kousou/05shoraikoso.html)
21) 岐阜県の将来構想研究会（2008年4月），「（研究会報告）長期構想の策定に向けて～人口減少社会への挑戦」。
22) この種のシンクタンクが存在する自治体は，他に新潟市，上越市，相模原市，三原市などである。数は少ない。
23) スタッフは6名（所長，副所長，研究員，専門研究嘱託員）である。
24) 調査研究の成果として主なもの一部をあげると，「高齢化時代における産業基盤の変化」「宇都宮市における高齢者の就業・起業に関する意識・実態調査」（以上平成16年），「宇都宮市の将来都市構造に関する研究」（平成17年），「自治体・大学・地域の連携に関する調査研究」（平成19年）などがある。
25) 地方公共団体における行政評価の取組状況 (http://www.soumu.go.jp/main_content/000014509.pdf)
26) 総務省［報道資料］「地方公共団体における行政評価の取組状況（平成20年10月1日現在）」(http://www.soumu.go.jp/main_content/000014509.pdf) 6頁．［2010年2月18日 アクセス］
27) 三菱総合研究所「地方自治体における行政評価への取り組みに関する実態調査（2008年調査結果[概要版]）」2008年11月20日，3頁．(http://www.mri.co.jp/NEWS/press/2008/__icsFiles/afieldfile/2009/03/13/pr081126_rmu02.pdf) ［2010年2月18日アクセス］
28) 三菱総合研究所「地方自治体における行政評価への取り組みに関する実態調査（2009年調査結果[概要版]）」2009年11月26日，3頁．(http://www.mri.co.jp/NEWS/press/2009/__icsFiles/afieldfile/2010/02/17/pr091130_rmu00.pdf) ［2010年2月18日アクセス］
29) 自治体が行っている経済成長率の推計については，詳しく述べることを控えるが，2，

3例示のみしておきたい。茨城県は「新茨城県総合計画：元気いばらき戦略プラン［基本方向］」で経済見通しをたてている。それは「つくばや東海の最先端の科学技術の集積，日立，鹿島の我が国有数の産業拠点，広域ネットワークの概成など産業基盤整備が進展」する結果としての経済成長の数量的指標である。推計方法は茨城マクロ計量モデルという県独自のモデルによる。このモデルの構造の詳細は，わからない。愛知県でも県独自の計量モデルを活用して推計を行っている。すなわち2025年までの愛知県の経済予測を行うための年次の長期計量モデルの構築で，複数ケースの予測がなされた。モデルの構造は，消費，投資，移出等を合わせた県内総支出が総生産を決める需要サイド主導のそれであるが，潜在的な供給能力を組み込んで供給側をも加味した需給調整型である。モデル構築の期間は1978年から2002年までの25年間であった。ただし，1990年から2002年までの13年間分のデータは93年SNA基準で作成されたものであるが，1990年以前のデータは68年SNA基準によって作成されていた。後者は93年SNA基準で変換されたデータが使われた。モデルは39個の内生変数（県内支出［実質値および名目値］，デフレータ・賃金率，県民所得，雇用・労働時間，潜在GDPなど）と24個の外政変数（国内総生産，政府消費支出，金利，人口など）とからなる。さらにモデルの全体構造は，支出，供給，価格・需給調整，分配・雇用の4ブロックからなる。モデルの推定は最小二乗法によったとのことである。

30) 埼玉県『ゆとりとチャンスの埼玉プラン』14頁。
31) 福島県『福島県新長期総合計画：うつくしま21（重点施策体系［2006-2010］）』53頁。
32) 独立行政法人経済産業研究所〈委託事業〉(2006)，『地域における需要創出を通じた経済活性化についての研究〈最終報告〉』
33) 樺嶋秀吉 (2007)，『自治体倒産時代』講談社新書，110-111頁。
34) 社会保障・人口問題研究所／人口構造研究部 (2007)，『日本の都道府県将来推計人口（平成19年5月推計）』(http://www.ipss.go.jp/pp-fuken/j/fuken2007/gaiyo.pdf)
35) 以下は，石川晃 (1993)，『市町村人口推計マニュアル』古今書院，を参考にした。
36) 都道府県人口推計で使われる出生率と生存率の設定の説明にしばしば出てくる相対格差とは，次式で定義される。

$$相対的格差 = \frac{S_z - S_i}{S_i}$$

ここで，S_zは出生数，生残数の全国値，S_iはi都道府県の当該数値である。相対的格差が0より大きな値をとればとるほど，全国の数値と都道府県の数値とは乖離することを意味する。
37) 岐阜県総合企画部統計課 (2007年3月)，『岐阜県人口・少子化問題研究会：報告書』には研究会設置の経緯が次のように述べられている，「この研究会は，本県の深刻な少子化の現状が明らかになったこと，本格的な人口減少社会を迎え，我が国の人口構造は歴史的転換期にあることから，統計データ等をもとに本県の少子化進行の実態を把握し，これまでの統計データとあわせて詳細かつ県独自の視点を加えて分析を行うことを目的として設置されたものである」と。
38) 岐阜県総合企画部統計課，同書，154頁。
39) 盛岡市市長公室企画調整課 (2007)，『盛岡市総合計画～共に創る元気なまち県都盛岡

～』。当該計画は「基本構想」と「実施計画」の2層構造である。「基本構想」は，五つの基本理念(「継承と創造」「求心力」「人が活きる」「市民起点」「自律」)と目指す将来像(人々が集まり・人にやさしい・世界に通ずる・元気なまち盛岡)とから成る。「基本構想」を実現するために8本の施策の柱があり，施策の総数は41である。さらにその下位に103の基本事業，約1,000の事務事業がある。この基本構想のもとに「実施計画」がある。実施計画には，基本構想の柱と施策にそれぞれ準じて目標値が設定され，達成度が評価される。

40) 盛岡市「指標設定表（施策）」。
41) 埼玉県（2007），『ゆとりとチャンスの埼玉プラン（2007〜2011）』。
42) 事務事業評価については，事務事業という県行政の活動で基礎となる単位が評価対象である。その評価結果は，事務事業の見直し，予算編成に反映される。この場合評価は，県の行政運営でのマネジメントサイクル（PDCAサイクル）の実践である。評価対象は，全ての事務事業である。2008年度（平成20年度）でその数は1,666事業にのぼる。評価の方法は，事前評価と事後評価とがある。前者は新規事務事業の企画立案に際し，「必要性」「有効性」「効率性」の観点から評価され，後者は事務事業の執行結果の評価であり，同じく「必要性」「有効性」「効率性」の観点からの評価で，爾後の事務事業の展開方向の判断と結びつけられる。
43) 評価委員は5名である。評価委員会の対象として2008年度（平成20年度）に選定されたのは以下のとおり。①県営名古屋空港の運営・整備（地域振興部），②交通安全の推進（県民生活部），③生活排水対策の推進（環境部），④へき地医療の確保（健康福祉部），⑤雇用の安全確保（産業労働部），⑥健全な食生活の理解促進及び県内農水産物に関する情報提供（農林水産部），⑦博覧会テーマを継承・発展する愛・地域博記念公園の整備など（建設部），⑧小中学校教育における教員の資質の向上（教育委員会）。
44) 「経済センサス」の2009年［平成21年］実施にともない，「事業所・企業統計調査」は廃止された。
45) 富山県知事政策室（2007年6月），『元気とやま創造計画—みんなで創ろう！人が輝く元気とやま—』。
46) 茨城県・企画部企画課（2006年6月），『元気いばらき戦略プラン基本方向』，同（2006年6月），『元気いばらき戦略プラン基本計画・地域計画』平成18年6月。http://www.pref.ibaraki.jp/bukyoku/kikaku/kikakuka/kikaku1_sougo/genkiplan/plan1_top.html このプランは，20〜25年後の「茨城づくりの基本方向」の構想に立脚し，2006〜2010年度（H18〜22年度）の当面の5カ年計画として設定された。前回の計画に比べ変わった点として，①目標や戦略を絞り込み軽量化を図ったこと，②実施計画をなくしたこと，③重点戦略を抜き出したこと，④進行管理を明確にしたこと，などが強調されている。
47) この他，地域計画には，ゾーンごとに施策展開と深い関連のある指標が設定されている。指標のうち将来目標の設定が可能な指標については目標数値を設定し（年間観光客数，直売所における地元産品率等），設定が困難なものについては現況数値等（産業別生産額，メロンの作付面積等）を掲載して動向を把握できるようにしている。目標数値は43指標，現況数値83指標である。

48) 茨城県・企画部企画課(2006年6月),『元気いばらき戦略プラン基本計画・地域計画』, 96-111頁。
49) 茨城県・企画部企画課, 同書, 96-101頁。
50) 盛岡市市長公室企画調整課（2007年4月),『盛岡市総合計画〜共に創る元気なまち県都盛岡〜』。
51) 毎年実施されているアンケートの概要は以下のとおり。対象は満20歳以上の市民, 3000人を住民基本台帳から等間隔無作為抽出法で標本として抽出し, 郵送で調査票（設問は22, 但し平成20年度の調査は32）を配布, 回収する。時期は1月下旬から2月中旬にかけて（ただし2008年度［平成20年度］は10下旬から11月中旬にかけて）である。回収率は40％半ばから後半。結果はホームページ上で公表されている。
52) 三菱総合研究所, 前掲,「2008年調査」「2009年調査」, いずれも5頁。
53) 不足している統計は独自調査で埋め合わせることになるが, 経費制約のもとでの補足調査である。福井県での聞き取り調査では,「がん検診受診率」に関し医師会ルートで調査を検討中であるとか,「自動車保有率」との関わりで入手が必要な自動車の走行距離に関する統計について, 陸運事務所の協力を得て調査を行ったとか,「家族との触れ合い時間」に関して家族時間調査を独自に実施した（「社会生活基本調査」では, 10歳以上が対象なので, 10歳未満の調査を行った）など, 地道な努力が続けられていることを知った。こうした試みをつうじて, 政策関係, 統計関係の職員に政策形成に関与する意識が形成されている。

【第Ⅲ編】
ジェンダー統計

第5章

女性労働と統計
―ジェンダー統計初期の動向―

はじめに

　労働統計の国際的な分野で女性労働の地位と役割を把握するための統計がもとめられるようになって久しい。女性労働の国際比較のための統計にはどのようなものがあろうか。

　女性の経済活動人口の，統計指標の固有の国際比較に利用可能な統計としては，ILOの *Year Book of Labour Statistics*（以下，ILO統計と略），OECDの *Labour Force Statistics*（以下，OECD統計と略），EUの *Labour Force Survey*（以下，EU統計と略）などがある。

　これらのうち，ILO統計は，先進国，途上国を問わず，多くの国々の労働に関する指標を収録している。この統計では1981年から統計指標を性別表示することが意識的に行われ，その結果，従来不備であった女性労働指標の掲載が改善された。しかし，この統計を用いて女性労働の国際比較を行うには，多くの困難がある。それというのも，掲載されている統計は，各国から提出されたものがそのまま用いられ，国際比較に必要な技術的調整がなされていないからである。ILO統計では，多くの途上国の統計に触れることができる利点があるが，利用上の注意が必要である。

　OECD統計に含まれる労働統計指標は，ILO統計がもつこのような欠陥を免れている。この統計では，経済活動人口などの主要な統計指標は，国際比較可能な形に一応調整されている。しかし,それでも調整は技術的な点に限られ，各国から提供される統計を信頼性と正確性の確保という観点から加工し，組み

替えるところまで踏み込んでいない。もっとも,統計利用者の側から見れば,最低限の調整だけでも指数,変化率といった統計計算の基礎が与えられ,それぞれの指標の傾向を知ることができるので便利である。比較の対象国は,OECD加盟国に限定される。

　EU統計はEU加盟国で統一して実施される国際的な統計調査である。この調査は1973年より,隔年で実施されていたが,1983年からは毎年行われるようになった。加盟国共通の内容で調査が進められるという点に,また失業やパート労働などの不安定就業に関わる調査項目に工夫がなされている点にメリットがある。1983年以降は,後述のILOの第13回国際労働家会議(ICLS)で採択された労働力統計のガイドラインに準拠した調査が企画,実施されている。こうしたことから,EU統計には,労働力の実態を統計で国際比較するのに比較的良好な条件がある。注意を要するのは,統一調査に必要な共通の指針があるとはいえ,各国の調査の実施段階では調査項目の選択,質問項目の内容と配列,調査時期などにばらつきがある点である。

　ジェンダー統計と呼ばれるこの分野の統計は,30年ほど前には「女性のための統計」としてスタートし,現在はより広くジェンダー統計という枠組みで諸問題が検討されている。本章で筆者は,現在の地点に立って,ジェンダー統計のいわば黎明期に国際的統計活動がどのように生じてきたのか,これまでに検討されてきた主要な問題点は何だったのか,また統計に依拠して女性労働の現状について国際的比較分析を行うときにどのようなことが注意されなければならないのか,といったことを再検討する。より限定的に言えば,女性経済活動人口の統計による指標化の水準がどこまで到達しているか,その数量的把握にとって統計調査過程に固有の問題,とりわけ調査票の設計がいかに大きな位置をしめているかを明らかにする。これらの検討をつうじて,多様で複雑な,しかも断片的で非定型的な女性労働の実態を統計で把握することが,いかに難しい問題をはらんでいるかが示される。この課題を設定したのは,この問題領域の紹介と検討と紹介が若干の論稿を除いていまだ手薄だからである。[1]

第5章　女性労働と統計

1　国際女性年と女性のための労働統計

1　国際女性年（1975年）以降の動向

　女性労働の統計に対する関心の高揚は，女性が置かれている現実の厳しい労働条件，種々の性差別の存在を背景とする。労働問題全体を見渡しても女性労働の過去，現在，未来に関するテーマは，今日でも重要な論点の一つに数えられる。[2] 女性の地位向上と権利拡充とをめざす国際的運動は，統計と統計指標の問題に対して際立った影響を与えた。国際的に展開されたこの運動は，女性労働の現状を国際的に比較する必要性を認識させ，現実に関連統計の整備を喫緊の国際的課題として要請した。完成されたものにほど遠い状態にあった女性労働に関する統計を充実させることは，それぞれの国と地域で解決されなければならない緊急課題として認識された。

　この問題への関心が寄せられることとなった決定的契機は，1975年に国際連合が提唱した国際女性年とそれに続く「国連女性の10年―平等・開発・平和―」で展開された諸活動である。1975年のメキシコ・シティーにおける世界女性会議での「メキシコ宣言」と「世界行動計画」の採択以降，1979年12月の第34回国連総会で採択された「女性に対するあらゆる形態の差別撤廃条約」，1980年の「国連女性の10年」の中間地点で開催された世界女性会議（コペンハーゲン），1985年の世界女性会議（ナイロビ）で採択された「女性の地位向上のための将来戦略」を経て，女性の社会的地位の向上，あらゆる種類の性差別撤廃を目標に掲げた国際的な運動は，大きなうねりとなった。その展開は地球上のそれぞれの国と地域に固有の文化と社会の条件下で厳しい状態におかれている女性の労働と生活の実態を明るみに出した点で，またそのことが引き金となって女性の社会的地位の向上と権利の拡充を目的とする法の整備，制度の改善を促進させた点で，二重の意味で積極的役割を果たした。[3]

　1975年に国際女性年世界会議でメキシコ宣言とともに採択された「世界行動計画」（全体は6章，219パラグラフからなる）は，女性の地位向上のための指針，目標を総括的に提起した画期的ドキュメントである。そこでは女性のおかれて

いる状態を把握する統計指標の確立が不可欠であり、しかもそれが国際比較可能なように進められるべきであることが指摘されている[4]。

問題提起の第一は女性に関する資料および統計指標が絶対的に不足しているとの指摘である。第二は家内活動が経済活動とみなされていないため、女性の活動を示す指標が統計から脱漏していることについてである。第三は女性の存立状態について、いき届いた調査が実施されていないことである。第四は「世帯主」概念が歪曲されていることである。そして、最後に第五として国別で統計資料作成が異なり、その統一的基準がないため各国間の資料の比較が困難と指摘されている。

以上の現状認識に続いて、「行動計画」は若干の提言を行っている。第一は個人の特性、世帯および家族構成に関する統計調査の結果が性別に報告されるべきとの指摘である。第二は政策立案、企画への女性の参加、家内活動の経済的社会的貢献の評価が改善されるべきであるとの提言である。そして、第三に国連の専門諸機関との協力のもとに女性の社会的地位の分析に関係する社会経済指標の集積を進めるべきであるとの主張がなされている。

女性に関する統計と統計指標の開発に対するこの「世界行動計画」の提言は報告書「性的ステレオタイプ、性的偏りと国家のデータシステム」[5]に一部具体化されるとともに、国連経済社会理事会の決議に受け継がれ「国連女性の10年の後半期計画」(1980年世界会議で採択)で再確認された。後者では、収集した情報の性別内訳の提示、調査の概念および分析法の改善、従来の社会調査で無視されてきた女性グループの確実なデータの入手と利用、女性による開発参加度を測る指標の設定、伝統的性役割分業の固定化を受けていないかどうかの統計業務および慣行の再検討など、広範な問題が提起されている (92-99パラグラフ、257-261パラグラフ)[6]。この中では、とくに INSTRAW (国連女性問題調査訓練所：International Research and Training Institute for the Advancement of Women) との協力関係が明記され、女性労働に関連する統計の短期的、長期的見通しを盛り込んだ次の2項の文言の存在が重要である。参考までに掲げると、以下のとおりである。

「国連は、専門機関および地域委員会と密接に協力し、かつ INSTRAW に

よって行われた研究にもとづき，女性のおかれている現状を改善するための国内的・国際的措置のみならず最新データが入手可能な場合には，時系列分析を盛り込んだ女性に関する統計大綱を準備し，利用可能とすべきである。国連事務局の国際経済・社会問題局統計部が作成する『国際統計集』には，両性間の平等への進捗状況を監視することができるよう，適切なデータの所在を示す特別の項を盛り込むべきである」(259パラグラフ[7])。また，「行政調整委員会の統計活動に関する小委員会は，INSTRAWと同意のうえ，できるだけはやく作業計画中に女性に関する統計の検討を盛り込み，女性の状況に関するデータの質と適切性を改善するための短期的，長期的目標を開発すべきである。この議論は，とくに開発に重点をおいた女性に関するデータを最新のものとする計画，および国民生活のあらゆる分野への女性の参加についての見積もり・予測を最新のものにする計画を盛り込むべきである」(260パラグラフ[8])。

　これらの文言は，さらに10年をしめくくる1985年のナイロビ会議で示された女性の進歩のため「ナイロビ将来戦略」に継承されていく。すなわち，「…信頼できるデータの欠如が，種々の分野における女性の地位の相対的向上についての評価を妨げている。それゆえ，統計委員会，女性の地位委員会およびINSTRAWが，制度面において，女性問題についての統計データの収集，分析，利用，普及に関し協力する必要がある。国内，地域，国際的経済活動における女性の役割についてのデータ・ベースは，政府，国連システム内の専門機関および地域委員会との協力の下で国連により一層開発されるべきである」(351パラグラフ[9])と。

　国連を中心とする女性統計改善に向けての1975年から80年代当時の基本となる動きは，おおむね上記のとおりである。この動きはいくつかの国際機関によって具体化された。種々の会議が開催され，条約や勧告が出され，またワーキンググループがつくられて統計指標の改善と作成，調査などが遂行された。積極的な活動を行ったのは，ILO[10]，OECD[11]，INSTRAW[12]であり，とくにILOは国際的視野から比較可能な女性労働の統計やそれにもとづく分析や予測を公にした他，労働や経済活動をとらえる既存の統計の定義を再検討し，新しい統計概念，統計指標を開発するガイドラインを提起した。

ILO の取り組みを整理すると，まず1975年第60回総会で女性労働者の *Equality of Opportunity and Equality of Treatment* を促進する行動計画を採択したが，このなかでは女性の雇用関係の統計を編集することの必要性が強調された。また，国際労働統計家会議は1982年10月の第13回会議の決議で次の指摘を行なった，「開発への女性の参加，および男女平等の促進に関する計画を発展させその実行状況を把握するため，経済活動への女性の参加に関する十分な統計的基礎が必要である。したがって，この観点から経済活動人口，就業，失業，不完全就業に関する事項についての統計は，男女別に作成すべきである。さらに，経済活動への女性の参加に関するより正確な統計を得るため，男女の偏りのない調査範囲を保証するための測定方法が注意深く検討されるべきである。…（経済活動への女性の参加の過少評価）など，ありうべき偏りの範囲，性質および源を確認し，それが必要ならばそれを減ずる適切な方法を開発するために調査研究がおこなわれなければならない」[13]と。

さらに，1985年開催の第71回総会ではILOの活動として次のことを行うべき旨，決議があった。すなわち，「ILOは引き続き，次の方法により，世界各地の女性労働者に関し，改良されたデータを収集し，それを公表することが必要である。(a) 性別の労働力率，雇用，失業，不安定就業を測定するための新規のまたは既存の概念および定義を用いることについて見直し，評価すること。これに加え，産業別，職業別の特徴，賃金，労働条件その他の事項について，男女労働者に区分して，十分に詳細な統計を整備すべきである。(b) 女性の経済への参加，日常の基本的なニーズや経済全体に対する女性の貢献を測定するための新しい手法について調査し，情報を提供すること」[14]と。この第71回総会では労働統計に関する条約（第160号）とその勧告（第170号）が採択され，諸国がそれ自身の経済，社会計画と政策的要請にもとづき，同時に労働統計の国際比較を推進する見地から，労働分野における統計的プログラムを積極的に発展させるよう提言があった。両者はまた，各国政府に対し経済活動人口，就業，失業，不完全就業，賃金，労働時間，家計，職業別の統計を性別に分類して編集すべきことを勧告した。

2　女性労働統計の課題

　以上の叙述から明らかなように，1975年から1985年の10年間に，女性に関する統計の必要性の認識とそれに関わる具体的実践的課題は飛躍的前進をとげた。重要なことは国際的レベルで女性とくに女性労働に関わる統計と情報とが決定的に不足していると認識され，その克服が早急に必要であると広く認められようになったことである。女性労働の実態を実証的に把握する統計は世界中の多くの国々で利用できる状況になく，統計が存在しても女性労働の一部を反映しているにすぎないか，また非常に単純な内容のものにすぎず，利用価値は低かった。先進諸国と呼ばれる国々の統計の整備状況は多少よいが，それらさえ統計の定義，カバレッジの不十分性を免れていない。女性に関する統計と情報の収集，整備が社会経済の基本的政策の形成に欠くべからざるものであるとの課題認識は，1975年の国連女性の10年を契機に漸く，世界の国々の政府機関によって共有されるに至った。女性の統計と統計指標の開発に関する国際レベルの課題は，この流れにそって，女性のおかれている状態を反映する統計と統計指標のための概念と方法の改善，関連する統計の編集と普及，国別の統計と統計指標の整備，改善，促進という諸点に収斂していった。

　次に，以上の点とあいまって，既存の労働統計を構成する諸指標を明確に性別に区分して示すべきとする提言が徐々に具体化されたことに注視する必要がある。この指摘は，「行動計画」に先立ち，それまでにもILO内部で繰り返し取り沙汰されていた。古くは第2回国際労働統計家会議の決議（1925年）では失業統計について[15]，また第5回国際労働統計家会議の国際労働総会への勧告案（1937年）では賃金と労働時間について[16]，統計の性別表示の提案がなされた。労働統計指標の性別表示という課題は，国際的な女性の地位向上に向けての闘いを背景に，さらにその重要性を高め，再度強調されたわけである。性別区分の統計指標は，労働条件における性差別の実態を示す第一歩である。

　この提言を受けて，ILOの *Year Book of Labour Statistics* は1981年から各国の総人口，経済活動人口，雇用，失業，労働時間，賃金に関連する統計指標を性別に公表する意識的努力を行った。その1981年版は49カ国について雇用の統計を性別に公表したが，1986年までにその数は76カ国に及んだ[17]。この統計の中

の他の指標，すなわち失業，労働時間（非農業），賃金（非農業）などの諸項目でも性別表示をする国は年を追うごとに増加した。主要労働統計指標の性別表示は，今日，常識である。

最後に行論との関係で強調したいのは，従来，国際的に認められてきた経済活動人口，労働人口の定義が女性労働の具体的現実を過小評価していたので，正当な評価ができるように改めるべきとする問題提起があったことである。経済活動人口は，一般に，ある一定の調査期間に何らかの経済活動を行った人口部分と定義づけられる。しかし，女性の活動の少なからぬ部分は伝統的に非経済的な活動に分類される仕事に従事している。既存の統計の定義によれば，そうした女性たちの経済的関与は無視され，社会的評価の網から脱漏する。国連の関連機関での議論などを参照すると，こうした女性労働に特有の経済活動は主として三つの分野で，すなわち①インフォーマル・セクター，②農業生産分野の仕事，③無給の家事労働に分けて，検証されている。[18]一連の論議を経て，ILOは1982年の第13回国際労働統計家会議で，第8回国際労働統計家会議（1954年）の決議以来踏襲されていた経済活動人口の定義を改めた。節を改めて，この問題について論じる。

2　経済活動人口概念と調査票問題

1　経済活動人口の定義と問題点

「経済活動人口（economically active population）」は，人口全体のうち経済活動への参加がどの程度であるかを表す統計指標である。

前述のようにILOは，1982年の第13回国際労働統計家会議の「経済活動人口，就業，失業および不完全就業の統計に関する決議」で「経済活動人口」を新たに定義づけた。それによると「経済活動人口」は，「特定の期間内に国連の国民経済計算およびバランス体系において定義されている経済的なサービスの生産のために労働を提供するすべての男女」である。それには「市場用，物々交換用，自家消費用のいかんを問わず，一次産品の生産と加工の全てが含まれ，かつそのような市場用の財とサービスを生産する世帯の場合には，それに対応

する自家消費用の生産が含まれる」。この決議では「経済活動人口」のカテゴリーに「現在活動人口（currently active population）」とあわせて「通常活動人口（usually active population）」が含められた点で，新しい観点が示されている。前者は，「一週間もしくは一月のような短い期間について」別項で定義される「就業者」または「失業者」，また後者では「特定の長い期間中の週数または目的によって決定される活動状況」が別項で定義される「就業者」または「失業者」である。

　「経済活動人口」の定義づけに関する現行の国際基準は以上のとおりである。しかし，この定義がありさえすれば実際の統計調査が容易に進むというものではない。その第一の理由は，実際の統計調査はそれぞれの国々のその時々の統計事情にしたがって設計され，さまざまな質問項目からなる調査票が使われるからである。例えば，調査票のなかで総人口を経済活動人口と非経済活動人口とに区分する質問項目として使われるのは，調査期間中に「あなたは何らかの仕事をしましたか」，「あなたは賃金や利益のために働きましたか」，「あなたの主要な活動は何でしたか」といったように，いろいろありうる。ここで留意しなければならないのは，「賃金や利益のために」「働く（work）」とか「仕事（job）をする」とかといった用語が経済活動人口に属する者と，そうでない者とを区分するためのキーワードとしてどの程度適切なのかという点である。それらの用語の使い方次第で，異なった調査結果が出てくるからである。

　質問項目の微妙な表現上の相違が，その結果数値に少なからぬ差をもたらした例としてしばしば取り沙汰されるのは，インドのセンサスである。この国の1961年のセンサスでは「あなたは耕作者，農業労働者として働いていますか，家族企業で働いていますか，あるいは上記の三つとは別の何か他のカテゴリーのもとで働いていますか」というように，「働く（work）」という用語を中心に質問が組み立てられていた。これに対し，1971年センサスでは「あなたの重要な活動は何ですか」という質問で切り出す形式に変更された。キーワードは「主要な活動（main activity）」である。さらに1981年センサスでは「昨年，少しでも仕事をしましたか」という問いに「はい」と「いいえ」で回答をもとめる形式が採用された。これらの質問項目をもつそれぞれのセンサスで，女性経済活

動率は1961年に28%，1971年に12%，1981年に22%であった。これらの結果数値の推移は，現実の女性経済活動率の変化を示していると断定しにくい。とくに，1971年の低い経済活動率は「主要な活動は何か」という質問に，被調査者の多くが「主婦」と回答し，結果的に自己を非経済活動人口とみなしたものが多かったことによる。こうしたことから，調査票での質問の立て方次第で，結果数値が大きく変化することがわかる。

　国際基準にもとづく「経済活動人口」の定義を，統計実践の場に具体化する段階の問題点の第二に指摘しておかなければならないことは，定義それ自体が抽象的で曖昧な点を有していること，そのことが経済活動人口の評価に性差別を許す結果になっていることである。この点についても，例をあげて説明しておこう。

　「経済活動人口」の現行国際基準は国民経済計算の定義の生産に関わる者を全て経済活動人口に含め，そこでは生産される生産物が市場向けか，物々交換用か，自家消費用かは問わないことになっていた。さらに，SNA定義では，生産物の生産のために使われた材料が一次生産物であれば，その生産物を生産した活動は経済活動とみなされるが，合成材料を使った生産物の生産であれば，その活動は非経済活動になる。この基準にてらすと，例えば木材を使った履物の作製は経済活動として，ゴム製の履物のそれは非経済活動とみなされる。また，自分自身の家の建築と改善は経済活動であるが，その修理は非経済活動である。さらにSNA定義に準拠すれば，保存のための食品加工，例えばバター，チーズの製造，脱穀，屠殺は経済活動であるが，調理は非経済活動である。

　このことと関連して，経済活動と規定される自家生産のための労働と，非経済活動と規定される家事労働との境界をどこに引くかという問題がある。多くの途上国の統計分類では，世帯のための食料やその他の自家生産，またインフォーマル・セクターでの労働は経済活動として扱われる。しかし，燃料の採集，水汲み，動物の飼育，菜園の手入れは非経済活動とみなされる。これらの諸活動を経済的とみるか否かは，それらが自家生産のための労働なのか，家事労働なのかという基準によってことなるのであるが，両者の境界の曖昧さは否

めない。

　個々の活動を具体的に評価する段階で生じる曖昧さは，性についての偏見，すなわち女性の活動を経済活動とみなさない偏見が入り込む余地を許す。ある活動が経済活動と非経済活動とのどちらに区分されるかが曖昧なとき，しばしば見られるのは男性の活動を経済活動と，女性のそれを非経済活動と結びつける偏見である。

2　R. アンカー（ILO）によるインドの調査票テスト

　女性労働が統計にどのようにあらわれるかというテーマの最も重要な課題は，公式統計で過少評価されているそれを正当に評価し，指標化するために何がなされなければならないのかを確認することである。このことに関わって押さえておくべき第一は経済活動人口の定義の点検であるが，この点については既に前節で整理した。第二は，実施されている調査のプロセス，すなわちどのように調査票が活用され，誰が誰をどのように調査しているかを明確化することである。

　ILO のリチャード・アンカー (Richard Anker) は，上記の問題意識に立脚し，1980年代半ばに途上国での経済活動人口の調査方法を検討するための調査を企画し，実施した。この中でアンカーは，まず多元的な労働力人口の定義を示し，ついでそれらの定義の有効性を判断するための統計的な検証を行った。そのポイントは次のようである。[19]

　調査は，インドの地元調査研究グループとの協力のもとに Uttar Pradesh 州（1981年の人口が1億100万人）の三つの地域 Agra, Mathura, Gazipur で11月下旬から2月上旬までのおよそ100日間，ラビ（冬季）に実施された。調査期間がこの時期にあてられたのは，この地域ではこの期間に種々の農業活動が多様に展開されるからである。

　調査で検討されるべき中心的事項として設定された項目は，次の4点である。

　1．どのようなタイプの質問項目を掲げれば，女性の労働力活動の実態を正確に反映するデータを提供することができるか。

2．インタビュアー（調査員）の性は被調査者の回答に影響を与えるかどうか。

3．（主として男性の）代理人の被調査者による回答は，（女性の）被調査者のそれと一致するか。

4．質問のタイプ，被調査者のタイプ，あるいは調査員によってもたらされる回答のバイアスは労働力の複数の定義のそれぞれで異なるか。

以上のうち，第四番目の問題意識とのかかわりで扱われる複数の労働力の定義が，既述のアンカーの多元的な労働力の定義といわれるもので，それらは次の四つからなる。①有給労働力，②市場向け労働力，③ILO 定義の労働力，④拡大労働力。

①は現金あるいは現物で支払われる賃金雇用者である。②はこれに家族農場あるいは家族企業の活動に従事する者を付け加えた者である。③のILO 定義の労働力は，前述のSNA の国民所得勘定に含められる生産物とサービスを生産する活動に従事する者である。最後の④は，現行SNA の定義には含められないが，財とサービスに対する家族の基本的欲望を満たすのに多かれ少なかれ寄与する活動に従事する者である。定義の全体は，①から④へ移行するにつれ，労働力の狭義の定義から広義のそれへと拡大する。

調査には，2種類の調査票が使われた。一つは「簡易活動時間調査」であり，もうひとつは経済活動人口の調査に使用されるキーワード，キーフレーズからなる質問調査票である。前者の質問票には13の経済活動のリストが掲げられ，被調査者はそれにしたがって，それぞれの活動を調査週に行ったかどうかを回答する。さらに，この調査票はそれぞれの活動に消費した時間，誰のために行った活動か，活動の成果である生産物が販売されたかどうかを尋ねるいくつかの質問事項で構成されている。内容から判断して，この調査票は生活時間調査の一種である。

後者の質問調査票は，次の六つの質問項目からなる。

質問1：過去12カ月のあなたの（彼女の）主要な活動（main activity）は何でしたか？

質問2：過去12カ月のあなたの（彼女の）次に最も主要な活動は何でしたか？

質問3：それらの活動とは別に，…あなたは（彼女は）稼得のために働きましたか。

質問4：あなたは（彼女は）過去12カ月に家族農業あるいは他の活動での手伝いというような，家族の収入になる他の何かをしましたか。

質問5：多くの人は家族の家畜の世話，保存のための食品加工，家族構成員のための裁縫，家族が使う燃料の収集で家族の手助けをします。あなたは（彼女は）何かそのようなことをしましたか。

質問6：（それらの活動とは別に）あなたは，時間換算であなたが（彼女が）過去12カ月に行った何か他の主要な活動を述べることができますか。

　質問1から質問6へと進むにしたがって，「経済活動人口」概念は拡大し，広義のそれになるという形式をとっている。また，この調査票の重要な結論のひとつは，被調査者に「あなたの主要な活動は何か」という質問項目から得られた回答にもとづいて労働力率を計算するのは適当でないということである。さらに，このようにして得られた労働力率は，「簡易活動時間調査」にもとづいて計算された労働力率より，四つのどの定義についてもはるかに低い。この質問に対して女性の被調査者が考える活動は，まず「主婦」業や家事労働だからである。副次的活動を重ねて尋ねる質問2によって，女性の経済活動はようやく顕在的に指標化される。しかし，その数字さえ，依然として「簡易活動時間調査」から導きだされる活動率より低い。このことは質問3が追加されても変わらない。さらに，質問4と質問5とを加えることによって，まず有給労働力と市場向け労働力との両定義による経済活動率と「簡易活動時間調査」にもとづくそれとが，次いで質問6を加えることでILO定義の労働力と拡大労働力との両定義による経済活動率と「簡易活動時間調査」にもとづくそれとが近似する（以上，表5-1）。

　調査結果が示したことは，調査における質問の在り方，方法が結果数値に大きな影響を及ぼすこと，質問の仕方によって結果数値に差異が生じる理由として，キーワードに対する女性の固定観念があること，また，質問が具体的な経済活動の例示をともなって理解しやすく作成されているかどうかの点検が重要

表 5-1　四つの労働力の定義に関する質問タイプ別経済活動率

	有給労働力	市場向け労働力	ILO定義の労働力	拡大労働力
質問1	3.1	6.8	15.7	15.8
質問1-2（累計）	7.0	18.1	41.2	41.9
質問1-3（累計）	10.0	23.6	47.6	48.3
質問1-4（累計）	10.7	30.4	55.3	55.3
質問1-6（累計）	10.7	33.9	88.0	89.8
活動時間調査	12.7	31.8	88.3	90.0

出所）　Richard Anker, M. E. Khan and R. B. Gupta, "Biases in measuring the labour force: Results of a methods test survey in Uttar Pradesh, India", *International Labour Review*, Vol.126, No2, March-April, 1987, p.161に示された図を表にした。

であること，などである。

　くわえてこの調査はこの地域の女性が非常に多くの経済活動に従事していたことを示し，既存の公式統計では女性労働の経済的貢献が過少評価さえていたことを裏付ける資料となっている。結果として，女性の労働力率の先の4つの定義，すなわち有給労働力，市場向け労働力，ILO定義の労働力，拡大労働力は，それぞれ，13％，32％，88％，90％として与えられた。この他，70％前後の女性が，パートタイマーという就業形態であるが動物の飼育，貯蔵のための食品加工，水汲みなどの仕事に携わっていること，また約3分の1の女性が家族のための農業や職布・裁縫などの仕事に従事していること，女性の活動がフルタイムで遂行される場合は限られ，パートタイムやごく短時間の仕事への従事という形態が圧倒的多数であること，女性の労働はこれらの断片的諸活動に費やされた時間の集計量であることなども明らかにされた。

　また，調査員の性別が調査結果におよぼす影響に関しては，次の結果が出た。「簡易活動時間調査」にもとづく活動率については，調査員に男性があたった時のほうが，女性があたった時よりも高い値を示した。しかし，四つの労働力の定義のいずれにおいても質問1-4が用いられた場合には，また有給労働力と市場向け労働力の定義のもとでは質問5と質問6とが用いられた場合には，女性調査員の方が男性調査員より高い活動率を引き出す傾向がみられた。ただ

第5章 女性労働と統計

表5-2 調査員の性別にもとづく経済活動率

	有給労働力		市場向け労働力		ILO定義の労働力		拡大労働力	
	調査員タイプ		調査員タイプ		調査員タイプ		調査員タイプ	
	男	女	男	女	男	女	男	女
質問1	2.0	4.1	5.0	8.1	12.5	18.6	12.5	18.8
質問1-2（累計）	6.2	7.9	17.6	18.5	37.3	45.0	37.5	46.3
質問1-3（累計）	8.8	11.2	23.4	23.9	43.7	51.5	43.8	52.7
質問1-4（累計）	8.3	13.2	27.9	32.8	51.0	59.5	51.0	59.5
質問1-5（累計）	8.3	13.2	27.1	34.3	94.4	85.4	95.9	86.5
質問1-6（累計）	8.3	13.2	30.6	37.6	95.4	90.5	95.4	90.5
活動時間調査	13.7	11.7	35.5	28.2	90.8	85.8	92.2	89.6

出所）Richard Anker, M.E. Khan and R.B.Gupta, *ibid.* p.163.

し，逆の結果がILO定義の労働力と拡大労働力の定義について質問5と質問6が用いられた時に出た。（以上表5-2）。

ILOのこの調査は，調査対象が1682世帯とそれほど大きくない。したがって，そこから得られた諸結果を不当に一般化することは差し控えられなければならない。あくまでも条件付きで解釈されるべきである。しかし，この調査は公表されている統計数値の信頼性と正確性に対し，批判的姿勢を保持し，定義の仕方や調査過程にまで立ち入って検討することの重要性に目配りを行った点で，とくに調査票のなかの質問項目と質問形式に，また調査過程における調査者と被調査者との関係にきめ細かな注意を払った点で，特筆される。

3 「労働力調査」の調査票

前項では，統計調査過程の諸要素を批判的に検討することが，統計を読むうえでいかに重要であるかを再確認した。ここでは，こうした観点にたって日本の統計を省みた場合，それは女性労働の実情を客観的に反映するものになっているのだろうか。若干，まわり道をするようであるが論点を調査票問題に絞って考察したい。

日本の政府統計では女性の労働人口の大きさとその構成を知ろうと思えば，

167

利用可能な主要な統計は労働力調査 (以下,「労調」と略), 就業構造基本調査 (以下,「就調」と略) である。労調は, 調査週の労働力の現在活動の状態 (actual status) がどうであったかを調査する。周知のように, 労調にもとづいて15歳以上人口は①労働力人口と②非労働力人口とに, 次に労働力人口は③就業者と④失業者とに, さらに就業者は⑤従業者と⑥休業者とに区分される。15歳以上人口を労働力人口と非労働力人口とに振り分ける要となる質問項目は, 次のようである。

「月末一週間に仕事をしましたか。仕事とは収入をともなう仕事をいい, 自家営業 (個人経営の商店や農家など) の手伝いや内職を含めます」。

これには「記入上の注意 (基礎調査票)」が付され,「『仕事』というのは収入 (給料, 賃金, 手間賃, 営業収益など) をともなう仕事のことです／家族の人が自家営業 (個人営業の商店・工業, 農家など) に従事した場合は, 無給であっても仕事をしたことになります」とある。この問いに対する選択肢は,「(1) 主に仕事をしていた, (2) 通学のかたわら仕事をしていた, (3) 家事の「かたわら仕事をしていた, (4) 仕事をやすんでいた, (5) 仕事をさがいしていた, (6) 通学, (7) 家事, (8) その他 (高齢者など)」で, 被調査者はこれらのうちの一つにマークすることになっている。①②③を選択した者は労働力人口の就業者, ④を選択した者は就業者であるが休業者である。⑥⑦⑧選択した者は非労働力人口である。そして, ⑤が選択されると, 失業者のカテゴリーにおちる。

労調は, 以上の質問項目をみてわかるように, 項目の設定が単純である。この単純さのゆえに, 非定型的で複雑な就業形態を特徴とする女性労働の実態を把握するには, 限界がある。とくに問題なのは, 労働力人口と非労働力人口との境目に, 換言すれば失業者の周辺に位置する女性の就業・非就業の状態をきめ細かく把握できないことである。このことを調査票に即してより具体的に指摘すると, 仕事をしていた女性の就業者が何らかの理由で職を離れた場合, その人は家事のため「仕事を少しもしていなかった人」へ回答が誘導されやすい。この結果, 潜在的に求職希望をもち, 本来, 失業者とみなされるべき女性の少なくない部分は非労働力人口になってしまう。

労調が暗黙のうちに前提しているのは, 成年での男性である夫たる世帯主が

稼得した収入で生計を営み,妻の就業が生計にとって副次的であるか補助的である勤労世帯,ないしそれに準じた自営業世帯である。換言すれば,既婚,未婚を問わず生涯正規の職員,従業員として働き続ける女性はまだ少ないと考えられ,就業しても勤労者世帯の妻にあってはパートやアルバイトなどの雇用者として,また自営業の世帯の妻にあっては夫の仕事を補助する家族従業者として,つまり家事のかたわら仕事にたずさわる者とみなされる。妻たる女性は,家事,育児にたずさわることが本業であり,就業した女性が何らかの事情で仕事を離れれば,彼女はおしなべて収入をともなう「仕事を少しもしなかった」者としてとらえるのが自然とみなされる。こうした認識は,かつてはある程度,現実の女性の就業状態や就業意識と重なるものであった。しかし,女性の社会的労働への参加が一般的になりつつある現在,調査票のこの暗黙の前提と現実との隔たりは大きい。一言でいえば,現行労調の調査票の設計は女性労働の比較的な部分を形成する不完全就業者や失業者の実態を,また,就業意識をもつ無業者のそれととらえるのに適したものになっていない。

　もっとも労調も2002年以降は,かつての「労働力調査特別調査」で実施されていた,完全失業者の就業希望,またすぐに就業するつもりがあるかどうかを問う項目を「特定調査票」として取り込み,就業構造の実態をより細かくとらえるように再構成された。この措置によって,非労働力人口でも就業意識があるかどうかを示す統計数字が条件別に細かく把握できるので,上記で指摘した画一的な女性の従業状態の把握という事態をある程度回避できる。しかし,それでも上記の女性の就業の実態や就業意識の把握に関わる難点をクリアできるわけではない。労調のこの難点を補完するために別の統計,就調の利用が必要になる。

　補足の意味で,関連指標を2008年の労調から抽出すると,女性の非労働力人口2,941万人のうち,就業を希望していた者は335万人,すなわち11.4%が就業を希望し(このうち,仕事に「すぐつける」「2週間以内につける」「3週間以内につける」者は116万人),この就業希望者のうち118万人,35.2%が求職活動を行った。

　男性の非労働力人口は1,447万人で,このうち就業を希望していた者は120万

表5-3 労働力調査による非労働力人口の構成

	女　性		男　性	
	1992年	2008年	1992年	2008年
A. 非労働力人口　（万人）	2,656	2,941	1,112	1,447
B. うち就業希望者（万人）	763	335	108	120
B／A　　　　　　（％）	27.8%	11.4%	18.7%	8.3%
C. うち就職活動者（万人）	71	118	21	44
C／B　　　　　　（％）	9.3%	35.2%	19.4%	36.7%

人,8.3％が就業希望者であり（このうち,仕事に「すぐつける」「2週間以内につける」「3週間以内につける」者は43万人）,求職活動を行っていた者は44万人であった（就業希望者の36.7％）。女性の非労働力人口にしめる就業希望者のウエイトの高さ,は歴然としている。また,就業希望者で,仕事に「すぐつける」「2週間以内につける」「3週間以内につける」者のウエイトも高い。

　同じことは,就調によっても裏づけられる。就調は,現在5年に一度実施され,就業および不就業の構造を通常の状態（usual status）でとらえる点に特徴がある。この統計では15歳以上人口が有業者と無業者とに区分され,前者は「ふだんの状態として,収入を目的とした仕事をもって」いる者,（ただし「家族従業者は収入を目的としていなくても,ふだんの状態として仕事をしていれば有業者」）,後者は「ふだん収入を得る仕事を目的とした仕事をもっていない者」である。就調では失業者というカテゴリーをもたないので,経済活動人口のカテゴリーに相当するのは「有業者」である。2007年のこの統計によると,女性の無業者は2,921.6万人で,そのうち就業希望者は677.1万人,23.2％である。この就業希望者のうち求職者は272.3万人,33.3％である。ちなみに男性の関連数字は無業者が1,510.8万人［1,086.6万人］で,そのうち就業希望者は363.4万人24.1％,そのうち求職者は190.7万人,52.5％であった。

　不安定就業者の実態に関しては労調の完全失業者の分析にとどまらず,別途,検討が必要であることは上記の統計によっても明らかである。しかし,経済活動人口には不安定就業者の部分も含まれ,労調の完全失業者の統計指標が

表5-4 就業構造基本調査による無業者の構成

	女　性		男　性	
	1987年	2007年	1987年	2007年
A．無業者　　　（万人）	2,597.0	2,921.6	1,086.6	1,510.8
B．うち就業希望者（万人）	800.6	677.1	265.5	363.4
B／A　　　　　（％）	30.8%	23.2%	24.4%	24.1%

国際的にみても非常に狭義に規定されているので，非労働力人口のうちの就業希望者の一定部分に無業者のうちの就業希望者を足した統計指標を活用する方が，意味のある指標になるのではなかろうか。

むすび

1975年の国際女性年，世界女性会議で採択された「世界行動計画」のなかで，女性に関する統計指標の不備が指摘されて以来，1995年の北京会議に至るまで，女性労働の統計指標の改善に向けての取り組みは急速に進んだ。この間，女性についての統計に関する国際的論議の高まりは，現時点で振り返っても熱のこもったものであった。その後，女性についての統計は，この黎明期の議論の延長で，ジェンダー統計，あるいはジェンダー平等統計についての議論に移行した。既存の統計の重要な領域に女性に関する統計が欠落しているとの認識とその克服のための実践という次元から，今では女性の状況に関する統計は男性のそれとの関わり，前者の統計の改善は後者のそれの改善と一体となって展開されなければならないという次元への移行である[20]。

伊藤セツは2000年代のジェンダー統計研究の国際的動向を大きく7点に要約している[21]。第一はジェンダー統計のモニュメントになる統計書（国連統計部編の『世界の女性』とB.ヘッドマン，F.ペルーチ，P.スンドストローム『女性と男性の統計論—変革の道具としてのジェンダー統計—』）が出版されたことでああある。第二は UNDP（United Nations Development Programme）によるジェンダー関係指標（ジェンダー開発指数：GDI［Gender-related Development Index］とジェンダー・

エンパワーメント指標：GME［Gender Empowerment Measure］）をめぐる論議である。第三は無償労働の貨幣評価，生活時間調査を契機とするジェンダー平等政策との連携，第四は国連女性の指標と統計のデータベース（Wistat）の構築と並行した国連ヨーロッパ経済委員会でのジェンダー統計ウェブサイトの開発作業の進行と完成である。第五は200年9月の国連総会時のサミットの「ミレニアム開発目標」（MDGs：Millennium Development Goals）でジェンダー平等目標が掲げられ，数値目標の具体化が議論されたことである。第六は国際統計協会とその下部関連会議でジェンダー統計研究をめぐる議論が活発化したことである。第七は，世界各国でのジェンダー統計作成の進展と国連統計部のこの分野での取り組みの強化の再開である。見られるように，ジェンダー統計の国際的展開は，部分的な遅滞がありながらも，1970年代のそれと比較すると隔世の感がある。

そうは言っても，それでは1970年代から90年代前半にかけて認識されていたことが既に解決され，今やもう回顧の必要のない歴史的モニュメントになってしまったのかといえば，事態は全くそうではない。同じ問題が未解決のまま，持ちこされているからである。各国の女性労働の実態の統計による指標化とそれにもとづく国際比較という課題の前には，概念の定義付けや調査方法など社会統計に固有の多くの困難は，ジェンダー統計の重要課題であることに変わりはない。

本章で女性統計論議の過去の経緯にたちかえったのは，そうした認識があったからである。過去に議論されたことの一つひとつを再検討し，改善の手立てを示すことは依然として重要な課題である。

1）伊藤陽一（1987），「統計における性差別」『統計学』52号，参照。また法政大学日本統計研究所は，参考資料の訳出を進め，この分野での国際的論議の日本での学術的普及に貢献した。
2）先進諸国では経済のサービス化，ソフト化と並行してクローズアップしてきた女性の経済活動，労働市場への参入や資本の要請によってウエイトを増すパートタイマーとしての女性労働の問題などが，また発展途上国では開発と発展に対する社会貢献度の高さという観点から無視しえないインフォーマル・セクターでの女性労働の意義などが，それぞれに固有の論点をともない，国際的かつ国民的な議論の対象となっている。注目す

べきは女性労働についての国際的関心の高まりとそのなかで示された個々の論点が，女性の社会的地位の向上，権利の拡充を目標にするという地球的規模でのコンセンサスのもとに展開されていることである。この目標は，言うまでもなく，現実の多くの女性たちが直面している貧困，差別，無権利に対する厳しい批判の姿勢をよりどころとする。

3）このこととの絡みで各国政府は1970年代から80年代にかけて男女平等を目的とする法の整備に取り組んだことに留意する必要がある。主だった国について触れると，まずアメリカでは雇用における性差別の禁止を規定していた包括的な平等法としての「公民権法第7編」(1964年制定)が1972年に改正され，「雇用機会平等法」として装いを新たにし，内容の豊富化がなされた。これを契機に雇用機会平等委員会が設置され平等の確保に力が入れられている。直接的性差別はもとより間接的性差別も禁止された他，女性への優遇措置がAffirmative Actionとして認められた。イギリスでは1970年に「同一賃金法」が，1975年に雇用をはじめ広範な領域での男女平等を盛り込む「性差別禁止法」が，女性労働者を中心とする不断の闘いの結果，制定されたし，旧西ドイツでは1980年に「職場における男女平等法に関する法律」が施行された。スウェーデンでは1980年に性にもとづくあらゆる差別の禁止を規定し，罰則規定をもつ「労働生活における男女雇用平等法」が成立した。あわせて法の空洞化をはばみ，実施状況を点検していく平等オンブズマンと平等陪審委員会が設置された。フランスは積極的に男女差別是正を進めた国のひとつである。1972年に定められた「労働法典」は男女同一賃金の原則を採用し，同等の内容の仕事の場合，男女で賃金格差をつけてはならないと規定した。その後，1983年には「男女職業平等法」が成立し，従前の法の不備を補強した。採用，職業訓練，昇進における男女格差の縮小のための優遇措置は合法と認められた。日本ではやや遅れて，周知のように，「男女機会均等法」が1986年より施行された。また，韓国の「男女雇用平等法」は日本の均等法をモデルに1987年に成立，88年より実施に移された。ただし，日本のそれはこの法律に違反した場合の罰則規定がなく，当初からその効力が問題視されたが，韓国のそれには罰則規定がある。

4）United Nations (1975), *Report of the World Conference of the International Women's Year, Mexico City, 19 June- 2 July 1975* (United Nations publication, Sales No. E, 76 IV. 1).

5）United Nations (1980a), *Sex-based Stereotypes, Sex Biases and National Data Systems*, (ST/ESA/STAT/99), New York.

6）United Nations (1980b), *Report of the World Conference of the United Nations Decade for Women: Equality, Development and Peace, Copenhagen, 14 to 30 July 1980* (United Nations publication, Sales No. E. 80. IV. 3), 1980, pp.53-55.

7）*ibid*. p.54.

8）*ibid*. p.54.

9）United Nations (1980c), *Training Users and Producers in Compiling statistics and Indicators on Women in Development-Syllabuus and Related Materials in Harare, 29 April to 7 May 1985*, Series F, No.45 (United Nations Publication, Sales No,E, 87. XVII. 6)

10）ILO (International Labour Organization) は労働政策，社会政策の国際的普及を主要な目的として設置されている国際連合の協力機関であるが，女性労働に関する統計の整

備，調査，公表そして分析，さらにそれらに基づく政策提言で貢献している。1986年にはINSTRAWとの共同研究の成果を *Women in Economic Activity: A Global Statistical Survey (1990-2000)* にまとめている。これは世界的視野で働く女性のプロフィールを統計に依拠して示し，経済活動の分析と今後の予測を行っている。ILOはさらに1985年に労働への女性の参加についての国際的傾向を要約した出版物を *World Labour Report* の第2巻として刊行した他，89年には *Women in the World of Work : Statistical Analysis and Projection to the Year 2000* を *Women and Development* の第18巻として公にし，1990年から2000年の半世紀にわたる地球全体の女性の経済活動を統計指標に基づいて整理し，予測し，問題提起を行っている。この頃の成果として注目されるのは，1987年の第14回国際労働統計家会議で行われた国際標準職業分類の変更である。標準職業分類を固めるその審議過程では，労働市場における女性の地位の分析や性別職業隔離克服の政策づくりに役立つ配慮がなされた。

11) OECD (Organisation for Economic Co-operation and Development) は加盟国が政策調整を推進していくことを目的としてつくられた先進諸国の相互調整機関である。この機関も女性問題に積極的に取り組んだ。OECDは，既に1974年に経済における女性の役割についての作業部会を設置し，女性問題の全般的検討に入った。作業部会の最初のレポートは1974年に *Equal Opportunity for Women*（女性にとっての平等機会）というタイトルで公にされ，そこでは雇用の面と男性との平等促進に影響を及ぼすいくつかの問題意識が確認され，そのために採用される政策の概括がなされた。また，1980年4月には同年7月の「世界会議」に先立ち，女性の雇用に関するハイレベル会議を開催し，女性の労働力への参加の増大と女性の特定の産業，職業分野への集中という問題について討論を行い，宣言を含むコミュニティを採択した。出版物は豊富であり，女性労働に関わるものとして *Women and Employment* (1980)，*The Integration of Women into Economy* (1985) などがある。

12) INSTRAW（国際女性問題調査訓練研究所：International Research and Training Institute for the Advancement of Women）は，1975年の国際女性年世界会議の勧告に従い，同年の国連総会の決定により設置が認められた機関（本部はドミニカ共和国の首都サント・ドミンゴ）である。この機関の目的は，女性が男性と平等のパートナーであり，開発にとって女性の参加は不可欠の要因であるとの理念のもとに，女性が社会の発展と進歩に加わっていくことを援助すること，そのための調査，情報活動を行うことに求められている。主な活動はプロジェクト・チームの編成による女性の地位向上，とくに発展途上国の女性問題の調査，研究であるが，他の国連諸機関との協力のもとに女性に関する統計と統計指標の改善，調査，普及を行っている。1979年に事業活動をスタートさせたINSTRAWは，早くも1982年に女性の状況に関する統計と統計指標を改善する作業計画に関与した。この作業計画は1980年の「国連女性の10年」後半期の行動計画における勧告，すなわち女性が実際に開発に参加している程度および貢献を把握するような，また両性間の平等に向けての進歩を反映する統計指標が確立されなければならないという勧告を受けて開始されたものである。この共同作業計画は，具体的に次の課題を掲げていた。その一つが現在，国別でまた国際レベルで利用できかつ既存の統計概念と方法に

もとづく統計から指標を編集する方法の精緻化，もう一つは長期的視野で女性の現状と両性間の平等の完全でかつ客観的な見取図を提供する統計概念と方法の改善であった。この両面からの成果は，国連から1984年に発刊された *Compiling Social Indicators on the Situation of Women* と *Concepts and Methods for Statistics and Indicators on Situation of Women* という2冊の technical study に結実した。前者は，既存の国別統計資料と概念を編集するための実践的ガイドである。後者では女性の地位に関するデータの質と適合性とを改善する概念的，方法論的アプローチの分析が意図されている。とくにそこでは女性の地位と両性間の平等の見取図を提供するための統計的概念，分類，定義に関する基本問題が経済活動の定義，世帯主の概念，失業者の定義および職業分類などの問題として具体化されている。また，この中には不足，欠如している統計分野として国と地域レベルの計画・政策決定における女性の参加，換金作物と自給農業・水と燃料の供給・市場取引と輸送における活動，家庭を基盤とする活動とその経済的社会的寄与，生活時間などがある，との指摘もある。INSTRAW が協力したこの分野での成果は1989年に発刊された *Compendium of Statistics and Indicators on the Situation of Women* である。この *Compendium* は，国連事務局が中心となって完成させたマイクロ・コンピュータのためのデータ・ベース「国連女性の指標と統計（WISTAT）」にもとづいて編集された。INSTRAW の組織，活動については他に，中野恭子（1994）「インストローと女性に関する統計」，伊藤陽一編『女性と統計─ジェンダー統計論序説─』梓出版社，参照。

13) 法政大学・日本統計研究所（1990），『国際労働統計家会議決議〈原文・邦訳対照〉』（２），89-90頁。
14) 第71回 ILO 総会「雇用における男女の均等な機会及び待遇に関する決議」(1985年6月)［労働省仮訳］。
15) 法政大学・日本統計研究所（1990），『国際労働統計家会議決議〈原文・邦訳対照〉』（１），10頁。
16) 法政大学・日本統計研究所，前掲，27頁。
17) ILO（1989），*Women in the World of Work: Statistical Analysis and Projection to the Year 2000*, Geneva, 1989, p.1.
18) ILO/INSTRAW, *Women in Economic Activity: Global Statistical Survey (1980-2000)*, Santo Domingo, pp.10-14.
19) 以下の叙述は，次の文献による。Richard Anker, M. E. Khan and R. B. Gupta, *Women's Participation in the Labour Fource: A Methods Test in India for Improving its Measurement*, ILO, Geneva, 1988.
20) ビルギッタ・ヘッドマン，フランチェスカ・ペルーチ，ペール・スンドストローム／伊藤陽一，中野恭子，杉橋やよい，水野谷武志，芳賀寛訳（1998），『女性と男性の統計論─変革の道具としてのジェンダー統計─』梓出版社。
21) 伊藤セツ（2008）『生活・女性問題をとらえる視点』法律文化社，91-97頁。他に，杉橋やよい（2006）「ジェンダー統計─ジェンダー統計の現段階と課題─」，経済統計学会編『社会科学としての統計学（第4集）』産業統計研究社，参照。

第6章

女性就業者と職業別性別隔離指数

はじめに

　本章の課題は，職業にみられる女性あるいは男性の就業率の偏りを示す性別隔離指数[1]の特徴と問題点を明らかにすること，次いでその検討をふまえて日本の当該指数を実際に計算し，女性労働の実態の一面（就業者の動向）を明らかにすることである。

　性別隔離指数の統計指標は，この指標が1960年代末のE.グロス，1970年代のV.フォックスなど欧米でかなり早く研究，活用された事実も含めて[2]，わが国であまり知られていない。しかし，この統計指標はヨーロッパやアメリカの女性労働に関する文献に，高い頻度で登場する。たとえば，OECDでは女性の職業隔離に関する分析が1980年に開催された女性雇用に関するハイレベル会議に向けて準備され，*Women and Employment* に公表されたし[3]，1985年に刊行された *The Integration of Women into the Economy* では，8章からなる全体のうち1章を割いて性別隔離の統計分析が行われている[4]。OECDから毎年刊行されている *Employment Outlook* の1988年版では初めて女性労働についての章が設けられたが，ここでも性別隔離の実態にたいし細かな指摘がある[5]。アメリカでは，性別隔離について系統的な研究がある。G.S.ベッカーの研究は，その代表的なものである[6]。ただし，アメリカでは産業別，職業別の性別隔離の研究に先だって，就業構造に見られる人種（白人と黒人）別の偏りに見られる差別現象についての研究成果がある。性別隔離の研究は，それらの成果を就業構造における性差別分析への適用という側面をもつ。

性別隔離には，水平的隔離と垂直的隔離とがある。水平隔離は同一の職業内あるいは同一の産業内のある特定のカテゴリーに一方の性の就業者が集中している状態を指す。垂直的隔離は同一の職業内での職位の上下関係（従業上の地位）に生じる一方の性の偏在を指す。本章は，職業上の水平的隔離の状態に絞って関連する諸問題を考察する。

就業構造の性別隔離は，なぜこのように取り沙汰されてきたのだろうか。この問いに答えることは，本章のテーマの意義を示すことにつながる。そこで，以下で，この点について簡単な整理を与える。

就業構造の性別隔離が問題とされなければならないのは，そこに種々の性差別の社会的要因が凝縮しているからである。特に男女の賃金格差が生まれてくる背景に就業構造の性別隔離の存在がある。「なぜ女性の賃金が低くおさえられているか。この主要な原因のひとつが，性による職場のセグリゲーション（性分離）である[7]」とするアメリカの調査結果は，イギリス，スウェーデンでもどこの国でも見られる事実である。「イギリス女性の雇用状況の3大特徴は，性別分離，低賃金，パート労働であるといえます…（そして）男性と女性の賃金格差が縮まらない主な原因は，性別分離就業で[8]」あるとするマーガ・クレッグの言明，また「スウェーデンの労働市場の特徴は，市場が男性と女性とで二つに分れていることである…男女の賃金格差を調べてみたら，賃金構造と労働市場構造との間に密接な関係があることが分かる[9]」とのジェストロームの言明は，社会現象としての性別隔離にメスをあてることが就業構造における性差別の除去にとっていかに重要であるかを教えている。

社会政策や労働政策の対象としてこの現象を直視することが不可欠であることは，雇用における男女の平等が最も進んでいるといわれるスウェーデンでも事態が次のようであることを示せば十分であろう。「女性の場合は，ルーティンの仕事，製造業の場合では訓練のいらない単純な仕事，そして単純な事務労働が次第になくなっていくような職業，あるいは低賃金の社会サービスなどの分野に多く働いており，逆にハイテクなど将来性のある仕事には少なくしか進出していないということである。…女性の雇用進出が進んだとしても，女性の仕事分野が狭くて小さく，将来性のない低賃金の領域に偏っていれば，たとえ

同一労働同一賃金の原則（スウェーデンは，1962年にこれに関するＩＬＯ条約を批准）が完全に実施されたとしても，男女の賃金格差はなくならないのみならず，労働の場の真の平等化は達成されない。したがって，スウェーデンの平等化政策においては，労働市場におけるセグリゲーションをなくしていくことが，大変大きな問題となっている」。[10]

性別隔離の現象が女性労働の実情の把握にとって重要であることを若干の文献からの引用によって確認してきたが，本章ではこのことを一般的に論ずるのではなく，統計指標でそれをどのように測定しうるのかを紹介する。次いで，それらの統計指標の意義と限界とを検討し，その検討をふまえて日本の国勢調査の職業別就業者数のデータを活用して隔離指数を試算する。以上の作業を通じて労働市場の性別隔離の一定の特徴と傾向が把握されるであろう。

もっとも性別隔離の統計指標は，それだけを単独で取り上げても指標としての有用性を引き出すのに十分ではない。それは，他の統計諸指標と結びつけて利用されることによって初めて効果的分析の指標となる。本章は，そうした分析のための予備的作業である。[11]

1 性別隔離指数の二類型

1 一般的定式[12]

性別隔離指数の計算には，女性表出係数（coefficient of female representation：CFR）と男性表出係数（coefficient of male representation：CMR）とが組み込まれている。CFRとCMRは，次のように定式化される。なお，以下で，

$$CFR = \frac{N_{fi}}{N_i} \bigg/ \frac{N_f}{N} = \frac{N_{fi}}{N_f} \bigg/ \frac{N_i}{N}$$

$$CMR = \frac{N_{mi}}{N_i} \bigg/ \frac{N_m}{N} = \frac{N_{mi}}{N_m} \bigg/ \frac{N_i}{N}$$

これらは職業カテゴリーごとの女性（男性）の就業者の比率を全就業者にしめる女性（男性）就業者の比率で除し，全体的にみた女性（男性）就業率と職業カテゴリーごとのそれとの比率で対比したもので，いわゆる特化係数と呼ば

れるものである。

二つの性別隔離指数,DI (dissimilarity index),CI (concentration index),の定式は,次のようである。

まず,DI は次のように定式化される。

$$DI = \frac{1}{2} \sum \left| \frac{N_{fi}}{N_f} - \frac{N_{mi}}{N_m} \right| \times 100$$

この式は,

$$DI = \frac{1}{2} \sum \left| \frac{N_{fi}}{N_f} \bigg/ \frac{N_i}{N} - \frac{N_{mi}}{N_m} \bigg/ \frac{N_i}{N} \right| \times \frac{N_i}{N} 100$$

と変形できる。

DI は職業カテゴリーごとに女性就業者の比率と男性就業者の比率との差を計算し,これを職業分類上のすべての職業について行い,それぞれを総和するという計算手続きを前提に,女性就業者と男性就業者との職業分布の偏りを指数化したものである。

他方,CI は WE 指数を基礎に得られる[13]。

$$WE = \sum \left| \frac{N_{fi}}{N_i} \bigg/ \frac{N_f}{N} - 1 \right| \times \frac{N_i}{N} \times 100$$

この式は,次のように書き改めることができる。

$$WE = \sum \left| \frac{N_{fi}}{N_f} - \frac{N_i}{N} \right| \times 100$$

この WE 指数の2分の1が CI である。CI は WE 指数に基づいて計算されるので,次項以降の計算では CI に限り,WE 指数の計算値を掲げるのは省略する。

$$CI = \frac{1}{2} \sum \left| \frac{N_{fi}}{N_f} - \frac{N_i}{N} \right| \times 100$$

この指数計算は,職業カテゴリーごとの就業者の全就業者にしめる比率と女性就業者についてのそれとを対比し,両者の差の絶対値の総和をもとめることで職業カテゴリーごとの女性就業者の分布の偏りを表したものである。

2 数値による例解

以下では上記の指数の意味を明らかにするため，それぞれの指数を数値で例解する。

表6-1は，二つの職業のうち女性就業者が職業1にのみ100人，男性就業者が職業2にのみ400人就業しているという仮定で作成された表である。男女の就業者の合計は500人である。職業別就業者の性区分は，極端な場合が想定されている。職業別就業者構成における性別隔離が完全に支配した例である。この例にしたがってDIを計算すると100になる。また，CIは80である。

[DI]の計算

職業1の女性就業者の全女性就業者にしめる比率	1.0	(1)
職業2の女性就業者の全女性就業者にしめる比率	0.0	(2)
職業1の男性就業者の全男性就業者にしめる比率	0.0	(3)
職業2の男性就業者の全男性就業者にしめる比率	1.0	(4)

$[|(1)-(2)|+|(3)-(4)|] \div 2 \times 100 = 100$

[CI]の計算

職業1の女性就業者の全女性就業者にしめる比率	1.0	(1')
職業2の女性就業者の全女性就業者にしめる比率	0.0	(2')
職業1の就業者の全就業者にしめる比率	0.2	(3')
職業2の就業者の全就業者にしめる比率	1.8	(4')

$[|(1')-(3')|+|(2')-(4')|] \div 2 \times 100 = 80$

次に**表6-2**は女性就業者合計数が100人，男性就業者のそれが400人で，この点では**表6-1**と同じであるが，職業別の就業者が男女とも半々に，すなわち職業1と職業2に就業する女性が50人ずつ，男性が200人ずつというケース

表6-1 就業モデルⅠ（完全隔離型）

	女 性	男 性	合 計	女性就業者の比率
職業1	100		100	100%
職業2		400		0%
合 計	100	400	500	20%

表6-2 就業モデルⅡ（非隔離型）

	女　性	男　性	合　計	女性就業者の比率
職業1	50	200	250	20%
職業2	50	200	250	20%
合　計	100	400	250	20%

である。DIとCIをそれぞれ上記の手続きにしたがって計算すると，計算結果は両者ともに0になる。以上の2つの計算結果から明らかなように，職業別性別構成に隔離の程度が進行しているほどDI，CIとも値は大きくなる。

表6-1と表6-2はいずれも極端な場合を，すなわち前者では完全な隔離が存在している状態を，後者では隔離が全く存在しない状態を示していたが，2つの指数の含意がそこに如実に表われている。DIは隔離の程度を100と0との間の数値で表し，100は完全な隔離が存在する状態を，0は隔離が全く存在しない状態を意味する。この値が100に近づけば近づくほど，隔離の程度が高い。指数は一方の性の就業者の職業分布を他方の性の就業者の職業分布に一致させるために前者の性の就業者をどの程度，他の職業に移動させればよいかをも示す。表6-1を例にとれば，DIは100であるから職業1の女性就業者をすべて（100%）職業2へ移動させるか，あるいは男性就業者400人を全て（100%）職業2から職業1へ移動させれば，性別隔離は計算の上では取り除かれる。

CIの値は隔離の程度が高ければその値も大きくなる点でDIと同じである。CIは隔離の存在しない状態を実現するために，当該の性の就業者のうち，現在就業している職業から他の職業へ移動させる必要がある就業者の割合である。表6-1で言えば，職業1で就業する女性就業者100人のうち，CI80に相当する80人が職業2に移動すると，全就業者の職業別割合，すなわち職業1の就業者の比率20%と職業2の就業者の比率80%とを女性就業者の職業別比率としても実現できる。もちろん，このケースで性別隔離を除去するためには男性就業者の職業別移動が対極でなされなければならない。表6-1で言えば，男性就業者のCIは20と計算されるから，この例で性別隔離の状態を取り除くには400人のうち2割に相当する80が職業1へ移動しなければならない。性別隔

表6-3　就業モデルⅢ（隔離型）

	女性	男性	合計	女性就業者の比率
職業1	20	100	120	16.7%
職業2	30	200	230	13.0%
職業3	40	20	60	66.7%
職業4	10	80	90	11.1%
合計	100	400	500	20.0%

離の除去は，このように男性就業者が支配的な職業への女性就業者の進出と，その逆の女性就業者が支配的な職業への男性就業者の進出とがあいまって現実となる。

　表6-1と**表6-2**は職業の数が少ないうえ，数値例としても一方は完全な性別隔離の状態が想定され，他方は性別隔離の状態が全くない例外的な状態が想定されていたので，さらに職業の数を四つに増やし，男女の職業別の就業分布もより散らばった状態を想定した**表6-3**の例で再度DIとCIとを試算してみる。DIは35，CIは28である。指数は就業構造における小さくない性別隔離の存在を示している。DIから判断できるのは女性就業者の35％の移動が性別隔離の除去に必要であるということである。全就業者100人のうち35人が，すなわち職業3の女性就業者40人のうち20人が職業2へ，10人が職業4へ，5人が職業1へ移動すれば，**表6-3**の女性就業者の職業分布は男性就業者のそれに一致する。しかし，この結果，総就業者の職業分布は大きく変化し，それは125人（職業1），250人（職業2），25人（職業3），100人（職業4）となる。

　他方，CIの値から知ることができるのは，性別隔離の除去のために女性就業者の28％の職業間移動が必要であるということである。女性就業者100人が就業者全体の職業構成比24％（職業1），46％（職業2），12％（職業3），18％（職業4）と同じ比率になるには，それぞれ24人（職業1），46人（職業2），12人（職業3），18人（職業4）となればよい。この数字と実際の20人（職業1），30人（職業2），40人（職業3），10人（職業4）とを対比すると，具体的には女性就業者のウエイトが66.7％と高い職業3の40人のうち28人が他の職業へ，すなわち職

表6-4　就業モデルⅣ

	女性	男性	合計	女性就業者の比率
職業A	50	300	350	14.3%
職業B	50	100	150	33.3%
合計	100	400	500	20.0%

業1へ4人，職業2へ16人，職業4へ8人移動すればよい。もちろん，既述のように，この対極で男性就業者も職業間移動し96人（職業1），184人（職業2），48人（職業3），72人（職業4）となることが必要される。特徴的なのは，CIに基づく両性の就業者の職業間移動は，総労働力の職業間分布を変えないということである。

次に隔離指数を時間の推移とともに変化する場合を考えてみたい。数値は比較検討が可能なように，既存のものを使う。

表6-4は，表6-3をもとに職業1と職業2とを括って職業Aとし，職業3と職業4とを括って職業Bとしたものである。今，ある年の就業状態が表6-4のようであったとして，その年をt_0とする。このt_0から一定期間を隔てた年をt_1とし，t_0の就業状態が表6-5のように変化したとする。すなわち，t_0からt_1の間に職業Aで女性就業者が80％（40人），男性就業者が10％（10人）増加した想定である。表6-4からもとめられるDIは25，CIは20，表6-5からもとめられる両指数は順に36.5，26.5である。全体として，女性就業者は50％増加し，就業者全体にしめる比率も20％から25％に増加したが，隔離の程度が高まったことをDIの変化から知ることができる。

以上でDI，CIの意味は，明確となった。これらの指数によって，現実の職

表6-5　就業モデルⅤ

	女性	男性	合計	女性就業者の比率
職業A	60	340	400	15%
職業B	90	110	200	45%
合計	150	450	600	25%

業間の性別隔離の状態は，数量的に表現できることがわかる。とくに，時系列的な比較が可能なまでに統計が集積されると，性別就業者構造の変化についての認識が可能である。

しかし，注意を要するいくつかの問題点もある。例解から明らかであるが，第一にこれらの指数は女性就業者と男性就業者が全就業者にしめる比率を前提としている点に関わる。女性就業者数が非常に少なく，例えば表6-1でその数が10人であり，表6-2でその数が職業1と職業2とで5人ずつ配分されても，隔離指数はそれぞれ100と0であり，表6-1の総数100人の場合と変わらない。したがって，性別隔離だけで性別就業者構造の状態を判断するのは早計であり，トータルな女性の就業状態の判断には女性の労働力率（経済活動率）の指標，あるいは職業別の性別就業者構成との併用が不可欠である。

第二は，これらの指標が政策的意味をもつ指標であるかのように言われることに関連している。すなわち，これらの指数は隔離の除去のため，それぞれの性の就業者の職業別配分比の変化は時間の経過のなかで資本のコスト節約の論理，固定的な性別役割分担の存在，種々の法的，制度的諸条件と言った諸要因と結びついており，それらを無視して構成比を変えようとしても現実的でない。これらの点を無視して，DI, CIの数量的意味を強調するのは無理である。これらの指数は机上の静態的な計算結果としてのみ解釈されるべきである。また，どの指数も結局，職業別就業者の性比を就業者全体の性比に一致させることに他ならない。この計算のプロセスでは就業者全体の性比を対等に1対1にもっていくこと，個々の職業別でもそれを実現することは，はじめから問題とならない。

第三にどの次元で計算するかによって，その値は微妙に異なる点に留意する必要がある。例えば表6-3ではDIが35，CIは20となる。これは実際の統計に基づく指数計算では産業分類ないし職業分類の大分類を使うか，中分類ないし小分類を利用するかという問題である。大分類では性別隔離現象がさほど顕著でなくとも，小分類では大きな性別隔離現象が確認されることがある。

最後に，性別隔離指数によって隔離の事実を明確に確認できたとしても，そこから性差別の事実認識にいたるまでの隔たりは大きい。この隔たりを埋める

には職業別の賃金格差など労働条件の実態を示す他の統計指標との関連づけが不可欠である。

わが国では，現象としての性別隔離にたいする認識さえ決して十分でない。性別隔離の事実をまず統計で示し，他の諸指標とも結びつけて，この視点から性差別の実態を確認することは重要な分析のプロセスである。そのことの分析をふまえて性別隔離がいかなる社会的要因によってもたらされたのか，性別隔離を社会構造のなかに定着させている契機は何なのかといった諸点をこれまでの女性労働論が明らかにしてきた成果と結びつけて再検討することが重要である。

2　日本の性別隔離指数の試算

1　指数試算の手順と結果

本節では，これまでに検討された性別隔離指数（DI, CI）の意義と限界についての認識をふまえ，日本の国勢調査［以下，国調と略］（1980年-2005年まで5年ごと）に基づいて隔離指数を試算した結果を，若干のコメントとともに示す。

職業別の性別隔離指数を計算するのに使用される統計は，国調のそれに関連した統計，すなわち「職業，従業上の地位，男女別15歳以上就業者数」である。この表をオリジナル表として，就業者と雇用者の指数計算を行った。なお，雇用者の隔離指数計算には，「役員」を含めた計算も行った。

また，上記のオリジナル表を使えば大分類，中分類，小分類のそれぞれの次元の計算が可能である。以下では大分類，小分類の次元での試算結果を示す。結論を先取りすると，大分類に基づく職業別性別隔離指数の試算は，実態が反映されにくい。試算のもとになる統計が大雑把に分類されているからである。表6-6がその試算結果である。

これに対し，小分類に基づく職業別性別隔離指数のほうは大分類のそれよりも，現実の性別隔離の実態を反映した結果がでてくる。大分類基準でも小分類基準でもどちらも同じ傾向が出てくることが最初からわかっていれば傾向を知るための手段として前者の計算だけですむが，そうならない。計算はできるだ

け細かな分類に依拠し，小分類基準で行うのが妥当である。

注意を要するのは，この分類基準である。職業分類には，国調の対象年次によって分類基準の変更がある。小分類では新しく職業が新設されたり，分割されたり，職業の名称が変わったり，削除されたり，一部の職業の掲載順に入れ替えがあるなど，微妙な改訂が施されている。一例をあげると，1980年国調の職業小分類にあった「採掘作業者」の「支柱員」「坑内運搬人」「選鉱員，採炭員」などは，2000年国調以降，存在しない。「保母，保父」は，「保育士」と名称変更されている。「俳優・舞踏家・演芸家」や「音楽家」などは，1980年国調では「個人に教授するもの」も「個人に教授するものを除く」も一括されていたが，近年では分割されて数字があがっている。1980年国調の「洋服仕立作業者」は，1985年国調で「男子服作業工」に，1995年国調以降は「成人男子服仕立作業者」になっている。その他，国調ごとに多くの相違があり，隔離指数の試算に若干影響がでるものと，そうでないものとがある。いずれにせよ，今回は比較を容易にするために，必要最低限の調整を行った。

ちなみに小分類の職業の数は，1975年に286，1980年に285，1985年に293，1990年，1995年に294，2000年に293，2005年に274である。

また，雇用者に関しては，それに役員を含める場合と，含まない場合とで分けて計算可能であるある。当然ながら，女性が役員につくケースは男性よりも機会が少ないので試算すると，雇用者に役員を含めたケースのほうが指数は高めになる。表6-7が小分類にもとづく職業別性別隔離指数の試算結果である。

職業別性別隔離指数全体の大きな特徴は，DIもCIも，大分類より中分類より小分類でその値が大きくなる。

就業者の職業別性別隔離指数はDI, CIともその値は1975から1995年にかけ，1990年でいったん足踏みしたものの傾向的に上昇している。しかし，1995年以降は低下傾向にある。近年では，性別隔離の傾向は縮小している。ほとんど同じことは，雇用者（役員を含む）のそれに関しても言える。雇用者（役員を含まない）でみても同じ傾向である。しかも，雇用者で指数をみる方が，就業者のそれでみるよりも，その縮小方向への動き方はやや大きい（図6-1）。

水平的隔離を測定する代表的指数である職業別隔離指数の試算結果は，以上

表6-6 職業大分類による性別隔離指数

		1980年	1985年	1990年	1995年	2000年	2005年
就業者	DI	27.1	25.3	26.2	27.8	28.1	29.2
	CI	16.8	15.4	15.8	16.7	16.6	17.0
雇用者(役員を含まない)	DI	27.2	30.2	28.3	29.5	29.4	30.2
	CI	17.1	17.1	17.2	17.6	17.1	17.1

表6-7 職業小分類による性別隔離指数の推移

		1980年	1985年	1990年	1995年	2000年	2005年
就業者	DI	50.4	51.2	51.6	52.3	51.1	49.5
	CI	31.3	31.3	31.2	31.4	30.2	28.8
雇用者(役員を含む)	DI	54.9	55.6	55.1	55.5	53.8	52.0
	CI	35.1	35.5	34.3	33.9	32.1	30.2
雇用者(役員を含まない)	DI	54.3	54.9	54.4	54.7	52.9	51.2
	CI	34.6	34.4	33.0	32.6	30.8	29.0

である。隔離の現状を知るには，他にも産業別，従業上の地位別など，多角的な試算を行わなければ全体像は見えてこない。指数はそれ一つだけで万能というものはありえないから，いろいろな試算を行い，就業上の性別隔離が進んでいるのか，解消しつつあるのかは，総合的な判断が必要である。

2　女性就業者の職業分布

性別隔離指数の計算プロセスでは，具体的にどの職業で隔離が定着しているかが明らかになる。そこで小分類基準で女性就業者の隔離の現実についていくつかの特徴点を指摘しておきたい（表6-8）。

全体として，女性就業者は1985年の2267.0万人から1995年には2563.6万人に，さらに2005年には2578.2万人に増加した。増加率は1985年基準で1995年に13.1％，200年に13.7％，1995年基準で2005年に0.6％であった。増加率はかな

第Ⅲ編　ジェンダー統計

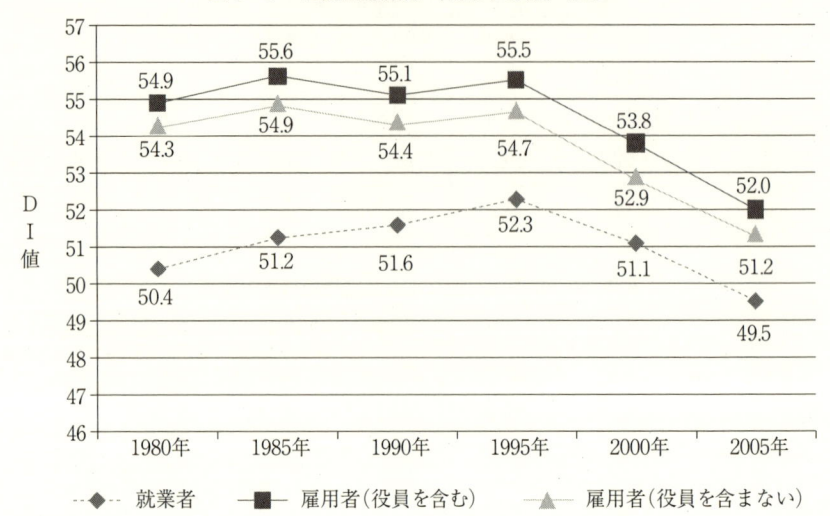

図6-1　性別隔離指数（職業小分類）推移

年	就業者	雇用者(役員を含む)	雇用者(役員を含まない)
1980年	50.4	54.9	54.3
1985年	51.2	55.6	54.9
1990年	51.6	55.1	54.4
1995年	52.3	55.5	54.7
2000年	51.1	53.8	52.9
2005年	49.5	52.0	51.2

注）「国勢調査」にもとづき試算

り鈍化している。参考までに雇用者に限定すると，1985年には1545.6万人だったその数が1995年には1,958.3万人に，さらに2005年には2,099.7万人に増加した。増加率は，上記と同じ基準でそれぞれ，26.7％，7.2％であった。2005年の雇用者は1985年基準で35.9％増であった。

　女性就業者の多い職業としては「一般事務員」と「農耕・養蚕作業者」とがきわだつ。しかし，前者は近年ますます増加傾向にあるのに対し，後者は逆に減少傾向にある。すなわち，1985年に376.0万人だった「一般事務員」は，1990年に474.3万人，1995年に525.1万人，2000年に517.0万人，2005年に540.8万人と（1975年：264.8万人，1980年：324.0万人）推移したのにたいし，「農耕・養蚕作業者」は1985年の220.7万人の水準から1990年の171.9万人，1995年の145.4万人，2000年の119.4万人，2005年の105.9万人（1975年：335.7万人，1980年：263.0万人）と減少の一途をたどっている。この2つの職業の他に100万人をこえる女性が就業している職業は「会計事務員」と「販売店員」で，1985年から5年ごとの職業者の推移は前者が210.0万人（1995年），203.4万人（2000年），

表6-8　女性就業者の多い職業；上位10　　(単位：万人)

1980年		1985年		1990年	
総　　数	2114.7	総　　数	2267.0	総　　数	2444.3
一般事務員	324.0	一般事務員	376.0	一般事務員	474.3
農耕・養蚕作業者	263.0	農耕・養蚕作業者	220.7	会計事務員	206.6
販売店員	216.3	会計事務員	197.8	販売店員	195.2
会計事務員	154.8	販売店員	190.7	農耕・養蚕作業者	171.9
調理人	80.5	調理人	84.3	調理人	87.2
給仕作業者	66.4	給仕作業者	68.9	看護師	74.7
ミシン裁縫者	54.5	看護師	59.3	飲食物給仕/身の回世話係	72.6
電気機械器具組立工＊	40.8	電気機械器具組立工	57.9	ミシン裁縫工	59.7
分類できない労務作業者	37.3	分類できない労務作業者	42.7	電気機械器具組立工	51.0
小売店主	35.6	小売店主	32.2	分類できない労務作業者	48.0

＊1980年は電気機械器具修理工を含む。それ以降の年は含まない。

(単位：万人)

1995年		2000年		2005年	
総　　数	2563.6	総　　数	2570.0	総　　数	2578.2
一般事務員	525.1	一般事務員	517.0	一般事務員	540.8
販売店員	210.4	販売店員	211.9	販売店員	220.0
会計事務員	210.0	会計事務員	203.4	会計事務員	178.1
農耕・養蚕作業者	145.4	農耕・養蚕作業者	119.4	農耕・養蚕作業者	105.9
調理人	98.7	調理人	106.5	調理人	105.7
看護師	87.6	看護師	93.7	看護師	105.3
飲食物給仕/身の回世話係	84.4	飲食物給仕/身の回世話係	88.2	飲食物給仕/身の回世話係	88.8
分類できない労務作業者	52.2	清掃員	52.7	清掃員	59.3
ミシン裁縫工	42.5	分類できない労務作業者	48.2	介護職員	57.8
電気機械器具組立工	35.9	その他食料品製造作業者	43.8	その他食料品製造作業者	49.5

178.1万人（2005年），後者が210.4万人（1995年），211.9万人（2000年），220.0万人（2005年）である。この他，女性就業者の多い職業は，直近の国調では「調理人」（105.7万人），「看護師」（105.3万人），「飲食物給仕・身の回り世話係」（88.8万人），「清掃員」（59.3万人），「介護職員」（57.8万人），などである。

　女性就業者の比率の高い職業をピックアップすると，まず女性就業者が100％である職業は1975年には「助産婦」「家政婦」「家事手伝い」「保健婦」であったが，1980年にはこれに「保母・保父」が，1985年には「歯科衛生士」が加わった（1990年以降，「保育士」に従事する就業者は女性が100％でなくなる）。しかし，女性就業者が100％である職業は2000年，2005年には「助産婦」と「歯科衛生士」のみであった。これらを含め女性就業者が90％以上の職業は1975年に16，1980年に15，1985年に18である。1990年，1995年には17，2000年に15，2005年に14であった。2005年国調でみると，それらは上記以外では「芸者・ダンサー」（97.2％），「栄養士」（95.8％），「看護師」（95.1％），「幼稚園教員」（93.8％），「ホームヘルパー」（93.6％），「接客社交従業者」（93.1％），「和服仕立作業者」（90.7％），「音楽家（個人教授）」（90.0％）などであった。

　女性就業者の比率が80％台の職業は，1975年に8，1980年に10，1985年，1990年に9，1995年に7，2000年に10，2005年に8であった。またこの比率が70％台の職業は1975年と1980年に6，1985年，1990年に8，1995年，2000年に11，2005年に10であった。これらの結果をもとに，女性就業者の比率が70％以上をしめる職業についている女性就業者の女性就業者全体に対する割合を計算すると，その値は1975年に17.5％，1980年に17.9％，1985年に26.8％，1990年に26.3％，1995年に26.9％，2000年に27.5％，2005年に28.3％であった。女性就業者の比率が60％にまで基準を下げて計算しなおすと，1975年に30.8％，1980年に40.59％，1985年に43.6％，1990年に40.1％，1995年に41.0％，2000年に42.3％，2005年に42.0％であった。2005年について指摘すると，女性就業者の比率が60％以上をしめる職業は職業小分類274のうち45であるから全体の16.4％に相当する職業に女性就業者全体ン42.0％が集中していたことになる。

　女性就業者が従事する職業で2000年から2005年にかけて最大だったのは「一般事務員」（23.8万人）であった。「ホームヘルパー」（17.4万人），「看護師」（11.6

万人）がこれに続いて増加数の多い職業であった。逆に減少幅が大きかった職業は，「会計事務員」(25.3万人)，「農耕・養蚕作業者」(13.4万人)，「電子機械等オペレーター」(13.2万人)，「ミシン縫製作業者」(11.9万人)，「一般機械器具修理作業者」(11.0万人)，「農林・水産業食品技術者」(10.0万人）であった。

　同じ統計（女性就業者が従事する職業で増加が大きいもの）を1995年から2000年にかけて拾うと，増加が最大だった職業は「介護職員」(29.1万人)，「ホームヘルパー」(13.3万人)，「その他の食料品製造作業者」(10.2万人)，「清掃員」(10.1万人）であった。大きく減少した職業は，最大のものから順に「農耕・養蚕作業者」(26.1万人)，「物品賃貸人」(17.3万人)，「ミシン縫製作業者」(15.7万人)，「一般事務員」(8.1万人)，「俳優・舞踊家・演出家」(個人教授)」(7.6万人)，「保険代理人・外交員」(7.1万人)，「会計事務員」(6.2万人)，「会社役員」(5.4万人）であった。

　全体として1995年から2005年にかけては，福祉関係，清掃関係の職業従事者の増加［「看護師」(17.7万人増)，「保育士」(10.7万人増)］が顕著である。「その他の食料品製造作業者」(15.9万人増)，「一般事務員」(15.7万人増)，「販売店員」(9.6万人増）の増加も目につく。反対に「会計事務員」は絶対数では多いものの，減少傾向 (31.5万人減少) が目立つ。「農耕・養蚕作業者」はその前の時期から一貫して，歯止めなく減少している。「会社役員」の減少にも注目する必要がある（1995年：22.3万人，2000年：17.0万人，2005年：14.5万人)。「会社・団体等管理的職業従事者」は，22.3万人 (1995年)，17.0万人 (2000年)，14.5万人 (2005年) と同じように低下傾向である。「管理的公務員」は，5,392人 (1995年)，6,263万人 (2000年)，5,812人 (05年) であった。「他の管理的職業従事者」は，7,742人 (1995年)，8,602万人 (2000年)，6,578人 (2005年) であった。

　女性就業者が従事する職業の1995年から2005年にかけての増減傾向は，以下の1975年，1985年の状況と比較すると大きな変化がある。以下に，そのことを確認する統計を提供する。

　さかのぼって，参考までに示すと，1975年から1980年にかけて女性就業者が増えた職業の第1は「一般事務員」で59.2万人，続いて「販売店員」が21.3万人で，この二つの職業での増加が顕著であった。「電気機械製品組立工」「看護

婦」「給仕従業員」がそれぞれ12.4万人，12.2万人，11.6万人増え，これらが10万人以上女性就業者の増加した職業であった。逆にこの時期に女性就業者が加速的に減少したのは，「農耕・養蚕作業者」の72.6万人であった。これほどではないが「会計事務員」が9.0万人，「婦人子供服仕立職」が5.1万人，「織布工」は3.4万人，「電話交換手」が3.2万人，それぞれ減少した。

1980年から1985年に目を移すと，「一般事務員」で52.0万人の増加で，その前の5カ年の上昇傾向を引き継いでいる。増減の変動が大きいのは70年から1975年にかけて減少の幅が大きかった「会計事務員」で，この職業は1980年から1985年までに43.0万人と増え方が顕著であった。1980年に一括して数字が示されていた「電気機械器具組立工・修理工」が1985年に「電気機械器具組立工」と「電気機械器具組立工」とに区分されたが，後者をひとまとめにし，「電気機械器具組立工・修理工」と比較可能な分類に組み替えると，この職業ではこの時期17.5万人増加し，増加の絶対数では第3位に位置した。以下「看護婦」の13.0万人までが10万人以上女性就業者が増加した職業である。同じ時期に女性就業者が減少した職業をあげると，減少の速度は落ちているが「農耕・養蚕作業者」の42.3万人で最も多く，「販売店員」が25.6万人減少した。「婦人子供服仕立職」の4.7万人，「織布工」の3.1万人，「小売店主」の3.5万人も減少の多かった職業である。

むすび

本章は性別隔離指数を計算することによって女性の就業状態，とくに女性の就業が特定の限られた職業に偏っていることを数量的に記述できるものの，しかしそこには多くの制約があるので，計算結果の扱いについては十分な配慮が必要であることを示した。また，実際に，国調の職業分類に関する統計を使って，隔離指数の試算を行い，傾向として微妙な上下動はあるが，指数の値の微減を確認することができた。とくに雇用者でその傾向がはっきり読み取れる。

もともと隔離指数は，その現状がそれぞれの職業の賃金水準と関連しているとの認識が背景にあり，男女の賃金格差を産み出す客観的要因を浮き彫りにし

ようというものであった。となると，男女の就業の実態そのものとあわせて，パート，アルバイトなどの非正規労働がそれぞれの職業でどの程度を占めるのか，またそれらの非正規労働の賃金水準を含めたそれぞれの職業の賃金構造を明らかにしなければならない[14]。隔離指数が縮小していることだけをとりあげて，現状を楽観視することはできない。

本章ではまた，参考資料として女性就業者の増加傾向の確認とともに，それがどの職業で進んでいるかについても資料提供した。これらの資料もあわせて，女性就業者の現状を理解することが必要であろう。

1) sex segregation は，性別隔離あるいは性別分離と訳される。筆者は別の機会にこの指数の基本性格について触れた。岩崎俊夫「女性労働」（伊藤陽一・岩井浩・福島利夫編著『労働統計の国際比較』梓出版社，1993年，所収）。
2) 次の Christina Jonung の文献は，従来の性別隔離に関する統計指標の研究を踏まえ，スウェーデンの経験を実証分析し，国際比較を試みている。
①C. Jonung (1984), "Patterns of Occupational Segregation by Sex in the Labour Market" in *Sex Discrimination and Equal Opportunity,* Great Britain. ② F. D. Blau and W. D. Hendrics (1979), "Occupational Segregation by Sex: Trend and Prospects", *Journal of Human Resources,* Spring. ③ *Economic Report of the President,* Washington: Us Government Printing Office, 1973. ④ V.Fuchs (1975), "A Note on Sex Segregation in Professional Occupations" *Explorations in Economic Research 2*, Winter. ⑤ E. Gross (1968), "Plus ca Change...? The Sexual Structure of Occupations over Time" *Social Problems 16*. ⑥ P. Roos (1981), *Occupational Segregation in Industrial Society: Twelve-Nations Comparison of Gender and Material Differences in Occupational Attainment,* Doctoral Thesis, UCLA. ⑦ Steven-son, "Relative Wages and Sex Segregation by Occupation" in C. Lloyd (ed.) (1975), *Sex Discrimination and Division of Labor.* New York, Columbia University Press. 日本で性別隔離指数を紹介し，また検討した文献は少ないが，以下の文献を参照。①大沢真理（1993），『企業中心社会を超えて―現代日本を〈ジェンダー〉で読む』時事通信社，53-62頁，②鎌田とし子編著（1987），『転機に立つ女性労働』学文社，45-51頁，③小川雅弘（1995），「性別隔離指数の問題点」『大阪経大論集』第45巻6号，④深川通寛（2000），「ローレンツ曲線と性別隔離指数」『石巻専修大学経営学研究』第11巻1，2号，⑤小野寺剛（2003），「性別職業分離指数の再検討及び推計」『法政大学大学院紀要』第50号，など。筆者は，この指数を簡単に解説したことがある。岩崎俊夫（1999），「女性」岩井浩・藤岡光夫・良永康平『統計学へのアプローチ』ミネルヴァ書房，25-27頁。また，次の文献にも当該指数に関する簡明な記述がある。木下滋・土居英二・森博美編（1998），『統計ガイドブック』第2版，大月書店，174頁。
3) OECD (1980), *Women and Employment,* Paris.

4) OECD (1985), *The Integration of Women into the Economy,* Paris.
5) OECD (1988), *Employment Outlook 1988*.
6) Gray S. Becker (1997), *The Economics of Discrimination,* The Univ. of Chicago Press, Chicago.
7) 女性労働問題研究会 (1992),『雇用平等の最前線―国際シンポジウム』(岩波ブックレット No. 277) 43頁のホーン川嶋瑤子氏の発言。
8) 同書, 32-33頁でのマーガ・クレッグ氏の発言。
9) リジェストローム他／槇村久子訳 (1987),『スウェーデン／女性解放の光と影』勁草書房, 16-17頁。
10) かながわ海外女性事情調査団派遣委員会・神奈川県立婦人総合センター (1989年3月),『かながわ海外女性事情調査報告書―欧州の女性労働・福祉政策』20頁。
11) それぞれの性別隔離指数の統計的解説は、次の論稿で詳しく解説されている。小川雅弘 (1995), 前掲論文。
12) 以下の叙述は OECD (1985), *The Integration of Women into the Economy,* Paris, に多くを依拠している。
13) WE 指数は、この指数を最初に意識的に取り上げた文献 OECD (1980), *Women and Employment,* Paris, のタイトルの頭文字による。
14) 次の論稿も参照されたい。小野寺剛 (2003),『性別職業分離指数の再検討及び推計』『法政大学大学院紀要』第50号。

あ と が き

　本書に収録した論稿にはそれぞれ思い出がある。第Ⅰ編については，恩師である故是永純弘北海道大学教授の構想を受け継ぐつもりで執筆した。是永教授は社会統計学の在り方を厳格に守ろうとされ，とくに数理統計学と安易な妥協をいさめておられた。現在の社会統計学の研究状況を見渡すと数理統計学が蔓延しているというよりも，経済理論に配慮のない統計計算が目立ってきている。経済学を無視しているというよりは，気にかけていないと言ったほうが正確かもしれない。経済理論に無関与な統計学，これも是永教授が懸念されていたことであった。わたしとしてはこの問題意識を10年間ほどずっと考え続けてきた。その証がこの2本の論稿である。

　第Ⅱ編の論稿は，「はしがき」でも触れたが，菊地進教授を代表としたプロジェクト研究のなかでわたしが担った部分の成果の一部である。菊地教授をを中心に，わたしがこれまでに経験がなかった自治体職員との聞き取り調査の積み重ねから生まれた論稿である。聞き取り調査が終わると，メンバーのそれぞれが報告書を執筆したが，本書に収めた論稿はわたしが担当執筆したペーパーがもともとの原稿である。これらの論稿を再読すると，メンバーとの，とりわけ菊地教授との地方出張のさいの充実した，かつ楽しかった思い出がよみがえる。

　第Ⅲ編の2本の論稿は，わたしが20年ほど前に，立教大学経済学に赴任した直後に，伊藤陽一法政大学教授（当時，現在は名誉教授）にお声をかけていただいた研究会での成果をまとめたもので，本書に収めた論稿のなかでは一番古い。今回は，試算のための統計を更新し，この分野でのその後の研究動向を一部加筆した。ジェンダー統計は今でこそ統計学の世界でも市民権を得ているが，この研究会のメンバーは1990年代前半当時，女性のための統計の国際的動向に遅れることのないよう，その普及に取り組んでいた。わたしが法政大学日本統計研究所，埼玉県武蔵嵐山にある国立女性教育会館（当時は国立婦人教育会館）に出入りしていた頃のことである。

以上とりとめもなく，各論文にまつわる事情について回顧的にふれた。わたし自身の研究としては，これら以外にも旧ソ連，ロシア統計に関わるものがあるが，それらをまとめる作業については別の機会を考えたい。

　各章の初出は下記のとおりである。本書への収録に際し，必要に応じて表題の変更，本文の加筆，修正，削除を行った。とくに，第**3**章，第**4**章は旧稿を大幅に再編した。また第**5**章では2本の論稿を改稿して1本とし，第**6**章では上記で指摘したとおり，指数試算のもとになる統計を最新のものに改めた。

第**1**章：情報環境の変容と社会・経済統計の可能性―「データ」・社会統計・経済理論―
　　　　（「情報環境の変容と社会統計学の課題―「データ」・社会統計・経済理論―」『社会の変化と統計情報』北海道大学出版会，2009年6月，所収）

第**2**章：価格指数論への公理論的アプローチ適用の問題点
　　　　（「『価格指数論への公理論的アプローチ』」に関する一考察）『立教経済学研究』[立教大学経済研究会] 61巻2号，2007年9月）

第**3**章：地方自治体の行政評価と統計活動―概観
　　　　（「地方自治体の行政評価と統計活動」『立教経済学研究』[立教大学経済研究会] 62巻2号，2008年10月）

第**4**章：行政の進行管理に果たす数値目標と統計の役割
　　　　（「地方行政の進行管理に果たす統計の役割」『立教経済学研究』[立教大学経済研究会] 63巻3号，2010年1月）

第**5**章：女性労働と統計―ジェンダー統計初期の動向―
　　　　（「女性労働に関する統計指標の国際的展開」『立教経済学研究』[立教大学経済研究会] 46巻1号，1992年7月；「女性労働と統計―経済活動人口の指標を中心に―」『賃金と社会保障』No.1108，労働旬報社，1993年6月）

第**6**章：女性就業者と職業別性別隔離指数
　　　　（「職業別性別隔離指数」，伊藤陽一編著『女性と統計―ジェンダー統計論序説―』梓出版社，1994年，所収）

事項索引

あ 行

- アウトカム指標……………71, 82, 84
- アウトプット指標……………71, 82, 84
- あすのちばを拓く10のちから…………109
- 新しい政策の指針………………111
- いきいき・躍動・山形プラン……………72
- 石川県新長期構想（改定）…………110
- 一般均衡論……………20, 21, 22, 23
- いわて希望創造プラン（2007年度～2010年度）……………73
- 因子分析………………11
- インフォーマル・セクター…………160, 162
- インフレーション………………55
- ヴィーン学派……………38
- ウォルシュ指数……………49, 50
- 宇都宮市第5次総合計画…………113
- 沖縄振興計画……………69, 107

か 行

- 回帰分析………………11
- 価格指数……………43, 49
- 価格指数論……………13, 32, 41
- 確率論………………40
- 家計調査……………96, 141
- 学校基本調査……………96, 122
- 貨幣数量説………………14
- 簡易活動時間調査……………164, 165, 166
- 関数論的アプローチ……………41, 42, 54
- 完全失業者………………169
- 北上市総合計画………………69
- 岐阜県人口・少子化問題研究会…………112, 143
- 岐阜県県長期構想………………111
- 岐阜県の将来構想研究会…………112, 143
- 逆行列係数表………………24
- 行政改革……………65, 90
- 行政機関が行う政策の評価に関する法律……………64, 67, 76
- 行政評価…63, 66, 67, 74, 77, 86, 103, 104, 105, 115, 116, 119, 120
- 「業務棚卸」方式……………81, 84
- 業務棚卸表……………83, 85
- 業務棚卸評価……………65, 66
- 均衡購入量……………45, 46
- 近似値理論………………44
- クラスター分析………………11
- クロスセクション・データ………………10
- 群馬県総合計画21世紀のプラン…………110
- 経済活動人口……160, 161, 162, 163, 164, 165
- 経済指標体系………………25
- 経済社会統計整備委員会………………64
- 経済統計学会………………13
- 経済のグローバル化………………105
- 経済理論的アプローチ………………42
- 計算可能な一般均衡（CGE）モデル……20
- 限界効用理論………………42
- 限界値理論……………44, 45, 47
- 元気とやま創造計画……………134, 135, 136
- 現在活動人口………………161
- 原子論的アプローチ……………41, 42, 43, 54
- 県民経済計算……………92, 96
- 県民しあわせプラン（第二次戦略計画）…91
- 原論（ストイケイア）………………35
- 工業統計調査……………92, 96, 135, 141
- 合計特殊出生率……………91, 125
- 公準………………35
- 公理……………33, 34, 35, 36, 49, 52
- 公理系……………36, 39, 40
- 公理系の無矛盾性………………39
- 公理的方法……………36, 37, 38, 40
- 小売物価統計調査………………96
- 公理論……………35, 36, 37, 39, 40
- 公理論的アプローチ……19, 32, 33, 34, 41, 49, 50, 51, 52, 53
- コーホート要因法……………123, 124
- 国際女性年……………155, 171

197

国際労働統計家会議 …………… 158, 159, 160
国勢調査 ……… 122, 123, 135, 185, 186, 190, 192
国民経済計算 ……………………………… 34
国連女性の10年 …………………… 155, 159
固定基準方式 …………………… 14, 16, 17

さ 行

財政危機 …………………………… 105, 142
札幌新まちづくり計画 ………………… 91
産業連関表 ………………… 21, 96, 122
産業連関分析 ……………………… 22, 24
産業連関論 ………………………………… 22
ジェンダー・エンパワーメント指標 …… 172
ジェンダー開発指数 …………………… 171
事業所・企業統計調査 …… 91, 134, 135, 141
市民アンケート ……… 72, 114, 139, 141, 144
事務事業評価システム ……………… 65, 81
社会勘定行列（SAM） ………………… 21
社会生活基本調査 ……………………… 91
社会統計学 … 3, 5, 11, 12, 13, 14, 19, 20, 23, 24, 25, 32, 33
社会保障・人口問題研究所 …………… 123
就業構造基本調査 ………………… 13, 168
住民アンケート ………………………… 127
需給バランス式 ………………………… 22
商業統計調査 …………………… 135, 141
商業動態統計調査 ……………………… 96
少子高齢化 ……………………… 105, 123
消費者選好論 ………… 14, 34, 41, 43, 47, 48, 49
消費者物価指数 …………………… 14, 15, 33
消費者物価指数マニュアル …………… 32, 33
情報環境 ………………………………… 6
剰余価値率 ……………………………… 23
職業別性別隔離指数 …………… 176, 185, 186
女性就業者 … 176, 179, 180, 181, 182, 183, 184, 185, 187, 188, 189, 190, 191, 192, 193
女性表出係数 …………………………… 178
女性労働 ………………………………… 153
女性労働統計 …………………………… 159
新茨城県総合計画：元気いばらき戦略プラン
 …………………………… 131, 135, 137

シンクタンク …………………… 111, 113
人口推計 ……………………… 121, 122, 123
人口動態統計 ……………………………… 91
新世紀へ飛躍～愛知2010計画 ………… 110
真の価格指数 ………… 34, 44, 48, 53, 54, 55
真の物価水準 …………………………… 50
垂直的隔離 ……………………………… 177
水平的隔離 ……………………………… 177
数値目標 ……… 103, 121, 126, 127, 134, 138
数理統計学 ………………… 3, 5, 11, 32
数理統計学研究の体系的受容 … 3, 4, 13, 20, 25
数値目標の設定 ………………………… 92
成果重視 ………………………………… 77
政策アセスメント ………………… 106, 133
政策評価 ………………………… 68, 75, 131
政策評価に関する標準的ガイドライン …… 68
政策マーケティング ……… 65, 66, 106, 118
性的ステレオタイプ …………………… 156
政府統計の総合窓口 …………………… 143
性別隔離 …………… 176, 177, 178, 181, 185
性別隔離指数 ……………… 178, 185, 187, 188
世界女性会議 …………………… 155, 159, 171
全国物価統計調査 ……………………… 96
全要素生産性 …………………………… 21

た 行

多変量解析 ……………………………… 11
男性表出係数 …………………………… 178
地域産業連関表 ………………………… 24
地方分権化 ……………………………… 105
中央省庁等改革基本法 ………………… 75
通常活動人口 …………………………… 161
ツルンクビスト指数 …………… 49, 50, 52
定 義 …………………………………… 35
ディビジア指数 ………… 16, 17, 18, 19, 42, 43
定 理 …………………………………… 35
データウェアハウス …………………… 11
データマイニング ………………… 8, 10, 11
デフレータ ……………………………… 16
転逆テスト ……………………………… 51
統計活動 ……………………… 63, 90, 96

統計行政の新中・長期構想............7, 8, 64
統計行政の中・長期構想について.........64
統計指標体系...........................26
統計情報プラザ.........................97
統計審議会..........................7, 8
統計調査等業務の最適化.................64
統計調査論.............................12
統計的アプローチ......................42
統計法..............................6, 64
道州制...............................105
投入係数表............................24
時のアセスメント..........65, 106, 133
とちぎ元気プラン..................92, 93
特化係数..............................178
鳥取県の将来ビジョン.................108

な 行

新潟県「夢おこし」政策プラン...74, 108, 129
農林業センサス........................141

は 行

パーシェ式.....................16, 49, 50
パーシェ連鎖指数.......................19
パネルデータ........................9, 10
パネルデータ解析.....................8, 10
パブリックコメント................72, 114
非ユークリッド幾何学..................36
品質調整..........................16, 19
フィッシャー式........................50
フィッシャー指数..................49, 50
不完全性定理......................36, 37
福井県新長期構想「ふくい21世紀ビジョン」
......................................109
平行線公準............................36
ヘドニックアプローチ..................42
ヘドニック指数....................16, 19
ベンチマーク..........................71
北海道新生プラン......................73
ほっかいどう未来創造プラン（新・北海道総
  合計画―北の未来を拓くビジョンと戦略―
 108

ま 行

マーケット・バスケット方式............49
マニフェスト......................73, 74
マネジメント・サイクル............71, 83
マルクス経済学........................23
三重県総合計画：県民しあわせプラン....77
みえ政策評価システム..................81
ミクロ経済学......................34, 45
ミクロデータ...........................9
ミクロデータ分析.......................8
魅力ある"しずおか"2010年戦略プラン―富
  国有徳，しずおかの挑戦―............81
ミレニアム開発目標..................172
民主的計画化..........................23
みんなでひらく2025年のちば―新しい世紀の
  幸せづくり・地域づくり―..........109
無差別効用曲線..............45, 46, 47, 49
盛岡市総合計画〜共に創る元気なまち県都盛
  岡〜...........................128, 138

や 行

有効求人倍率..........................92
ゆとりとチャンスの埼玉プラン（埼玉県5ヵ
  年計画）....................93, 121, 129
予算制約式........................45, 46

ら 行

ラスパイレス式..................15, 16, 49, 50
ラスパイレス連鎖指数..................19
ランカスター・モデル..............14, 19
リサンプリング・データ.................9
理論なき計測..........................24
連鎖指数..........................16, 17
連鎖方式....................14, 15, 16, 17
ロウ指数..............................49
労働力調査..................96, 167, 168

アルファベット

CI（concentration index）......179, 180, 181,
  182, 183, 184, 185

DI（dissimilarity index） ……179, 180, 181, 182, 183, 184, 185
EU……………………………………153
GDP デフレータ ………………14, 15, 16
ILO ……32, 33, 50, 52, 53, 153, 154, 157, 158, 160, 167
INSTRAW ……………………156, 157
NPM（新公共経営）理論
　　………71, 75, 76, 82, 97, 98, 115, 127
OECD ……………153, 154, 157, 176
WE 指数 ………………………………179

人名索引

あ 行

アインシュタイン, A. ……………… 38
アルキポフ, O. ……………………… 34
アルキメデス ………………………… 36
アレン, R. G. D. ……………………… 42
アンカー, R …………………………… 163
ウォルシュ, C. H. ………………… 14, 41
エッジワース, F. Y. ……………… 14, 41, 42
オークルスト, O. …………………… 34

か 行

倉林義正 ……………………………… 34
グロス, E. ……………………………… 176
ケインズ, J. M. …………………… 22, 54
ゲーテル, K. …………………………… 36
コニュス, A. A. …………………… 42, 44, 49
コルモゴロフ, A. …………………… 40
是永純弘 …………………………… 3, 25, 39

さ 行

佐々木力 …………………………… 36, 37
サミュエルソン, P. A. ……………… 49
ジェヴォンズ, W. S. ……………… 14, 41
杉森滉一 ……………………………… 40
スンドストローム, P. ……………… 171

た 行

ディビジア, F. …………………… 19, 43

は 行

ハーバラー, G. …………………… 14, 42, 43, 54
ピグー, A. C. ………………………… 42
ヒルベルト, D. …………………… 36, 38
フィッシャー, I. ………………… 14, 41, 51
フォックス, V. ……………………… 176
ブラウアー, L. ……………………… 36
フリッシュ, R. …………………… 14, 41, 44, 45

ベッカー, G. S. ……………………… 176
ヘッドマン, B. ……………………… 171
ベナール, J. ………………………… 34
ペルーチ, F. ………………………… 171
ボーレー, A. L. ……………………… 42
ボスキン, M. J. …………………… 15, 33
ボルトケヴィッチ, L. V. …………… 44

ま 行

ミンコフスキー, H. ………………… 38
メンガー, C. ………………………… 38
モルンゲンシュテルン, O. ……… 38, 39

や 行

ユークリッド ………………………… 35
吉田忠 ……………………………… 4, 25

ら 行

ラッセル, B. ………………………… 36
リヒター, M. K. …………………… 19, 43
ルザービン, G. ……………………… 37
レオンチェフ, W. …………………… 22
ロイ, R. …………………………… 19, 43

201

■著者紹介

岩崎　俊夫
いわさき　としお

東京都に生まれる
1974年　北海道大学経済学部卒業
1979年　北海道大学大学院経済学研究科博士課程単位取得退学,
　　　　北海道大学経済学部助手, 北海学園大学経済学部専任講師,
　　　　同助教授, 同教授を経て,
1991年　立教大学経済学部教授, 現在に至る
専　攻　経済統計学
著　書　『統計的経済分析・統計計算の方法と課題』八朔社, 2003年
　　　　『経済系のための情報処理』（菊地進との共編著）実教出版, 2010年
　　　　『経済系のための情報活用―Excelによる経済統計分析―』（菊地進との共編
　　　　　著）実教出版, 2009年
　　　　『社会の変化と統計情報』（共著）北海道大学出版会, 2009年
　　　　『統計学の思想と方法』（共著）北海道大学図書刊行会, 2000年
　　　　『女性と統計―ジェンダー統計序説―』（共著）梓出版社, 1994年, 他
訳　書　ヴェ・コトフ著『現代経済システムの再検討』（是永純弘との共訳）梓出版
　　　　社, 1983年

Horitsu Bunka Sha

2010年10月25日　初版第1刷発行

社会統計学の可能性
―経済理論・行政評価・ジェンダー―

著　者　岩　崎　俊　夫
発行者　秋　山　　　泰
発行所　株式会社　法律文化社
〒603-8053　京都市北区上賀茂岩ヶ垣内町71
電話　075(791)7131　FAX 075(721)8400
URL:http://www.hou-bun.co.jp/

Ⓒ 2010 Toshio Iwasaki Printed in Japan
印刷：西濃印刷㈱／製本：㈱藤沢製本
装幀　前田俊平
ISBN 978-4-589-03284-3

後 房雄著
NPOは公共サービスを担えるか
―次の10年への課題と戦略―
A5判・218頁・2625円

「官から民へ」「中央から地方へ」という公的諸制度の大改革のなか，NPO法執行後10年を経たNPOセクターの到達点をふまえて，今後，NPOは公共サービス提供の担い手になるべきであるとする著者の問題提起の書。

内山 昭著
分権的地方財源システム
A5判・290頁・6300円

行政分権改革をうけて，この間財政分権を図る「三位一体改革」により，地方への税源移譲が行われてきた。本書は，こうした国から地方への税源移譲の効果・影響をシミュレーション分析に基づき展開した政策研究である。

坪郷 實・ゲジーネ・フォリャンティ＝ヨースト・縣公一郎編
分権と自治体再構築
―行政効率化と市民参加―
A5判・260頁・3045円

分権性が強いとされるドイツと分権途上にある日本を比較し，自治体再構築をめぐる論点を分析。財源配分や権限委譲という問題以外に，〈行政効率化〉と〈市民参加〉をキーワードに市民自治の観点から再構築への道を模索する。

高橋 勉著
「公民」が苦手だった人のための
現代経済入門講義
A5判・144頁・1890円

中学校の「公民」の復習からはじめ，その基礎知識をもとに現実に進行している身近な経済現象を理解し，自分なりの意見がもてる力を養う。64の板書と臨場感あふれる語り口調の12講義で経済のストーリーを解説する。

津島昌寛・山口 洋・田邊 浩編
数学嫌いのための社会統計学
A5判・228頁・2940円

社会統計学の基本的な考え方やしくみを文系学生のためにていねいに解説する。見本的な研究事例を紹介することで「嫌い」な数学を学ぶことの意義を示す。社会調査士資格取得カリキュラムC・Dに対応。

―法律文化社―

表示価格は定価(税込価格)です